编 委 会

创享语文

——跃动生命的灵美之光

杨 丽 等/著

刘堂江 杨再隋 成尚荣
"名家荐读"

四川大学出版社
SICHUAN UNIVERSITY PRESS

图书在版编目（CIP）数据

创享语文：跃动生命的灵美之光 / 杨丽等著．
成都：四川大学出版社，2024. 11. -- ISBN 978-7
-5690-7077-4

Ⅰ. G633.302

中国国家版本馆 CIP 数据核字第 2024TK7917 号

书　　名：创享语文——跃动生命的灵美之光
　　　　　Chuangxiang Yuwen——Yuedong Shengming de Lingmeizhiguang
著　　者：杨　丽　等

选题策划：梁　胜
责任编辑：陈　纯
责任校对：王　锋
装帧设计：墨创文化
责任印制：李金兰

出版发行：四川大学出版社有限责任公司
　　　　　地址：成都市一环路南一段 24 号（610065）
　　　　　电话：（028）85408311（发行部）、85400276（总编室）
　　　　　电子邮箱：scupress@vip.163.com
　　　　　网址：https://press.scu.edu.cn
印前制作：四川胜翔数码印务设计有限公司
印刷装订：成都金龙印务有限责任公司

成品尺寸：170mm×240mm
印　　张：17
字　　数：325 千字

版　　次：2024 年 11 月 第 1 版
印　　次：2024 年 11 月 第 1 次印刷
定　　价：68.00 元

扫码获取数字资源

四川大学出版社
微信公众号

序一

杨再隋

语言是人类文化重要的组成部分。"祖国语言包含着本民族全部精神生活的特征。"（〔俄〕乌申斯基）。语言中词汇的变化常常是社会生活变化的晴雨表。语文教学刮一阵风，社会家庭就会掀起一层浪。因此，语文课改从来都是课程改革的重点。

毋庸讳言，这些年，语文课改取得了一定的成绩，但社会认同度不高，正当我们为此忧心忡忡之时，成都高新区杨丽老师及其"名师工作室"，在静心研习、反复实践之后，向语文界推出了他们的研究成果——《创享语文：跃动生命的灵美之光》。这不仅是跃动生命之光，更是点亮心灵之光；不仅铺展了语文课程从思想到实践再到启示的画卷，而且向我们展示了语文课程的格局、视野和境界。

翻阅书稿，感慨系之。老师们在繁忙的教学工作之余，琢磨切磋，集思广益，阅读了大量中外有关教育的理论书籍，吸纳了不少新鲜的信息和理论前沿的观点。理论来自实践，但在一定的时空中，理论也可引领实践，指导实践。为此，老师们结合教学，直面教学弊端，不掩饰，不回避，不畏缩，不矫情。在否定之否定中肯定，在不断反思中前行。正是在理论和实践的紧密结合上，反映了老师们非凡的理论勇气和探索精神。我曾多次表明过自己的观点：在追求真知的道路上，我们宁要"标新立异，独持己见"的"寂寞"，不要"人云亦云，众口一词"的"热闹"，宁要有缺陷的独特和新颖，不要无缺陷的平庸和浅薄。

诚如作者所言："吸纳前人语文教育改革成果，因应语文教育改革的走势，遵循学生语文学习规律和语文教育发展规律。基于创生、融通、共享的语文教学改革走向研判，自主建构并实践创享语文理念，持续完善了思想内涵、操作模型、评价系统，创造了新时代厚植核心素养的创享语文教学范式，把小学语文教育改革推向一个新的高度和境界。"

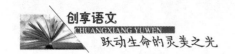

　　读完书稿，深受启发。由于学习语言主要不在技术层面，而在精神层面。语文教学，除了让学生获得语文能力，还要让祖国语言文字融入学生的灵魂，做堂堂正正的中国人。因此，语文课改必须依托宏大的社会历史背景，站在精神的高地和思想的前沿上，俯瞰语文，审视课改。这样，不仅有助于我们认清教学现状，也会看到诗和远方。书中的亮点很多，我只对书的"创意"说说我的看法，以求教于老师们。

　　思想是经验的改造和升华，创意是多种思想摩擦碰撞后的闪光。本书的创意主要是什么？

一、跃动生命灵美之光的创享语文

　　本书作者把"创"和"享"连缀成词，树起了"创享语文"的旗帜，本身就具有创造性。"创"有创立、创建、创设之意，即创立语文新思想，创建语文新模式，创设语文新生活；"享"有享用、享受、享有之谓，即享拥语文学习的快乐，享受语文审美的愉悦，享有语文学习的成果。简言之：创新语文，享受快乐。概言之：创享语文。

　　美国教育心理学家布鲁宁认为："创造性最重要的特征是新颖性和有价值。"德国心理学家海纳特说："创造力意味着从复述和反应式的狭隘思维和态度中解放出来，向灵活性、自发性和独立性方向发展。"我国创造学家段继扬对此做出了比较完整的阐述："创造性是一种综合能力，它包括创造思维能力，如敏锐的感知力，丰富的想象力，奇特的联想力，多向度的思维力，以及直觉思维能力，隐喻思维能力，重组重构能力，等等。其次是创造性个性倾向，如好奇、进取、探究、自信、专注、热情、坚韧、抗挫、自控、冒险，等等。其三是创造性表现能力，即和创造任务相关的知识、技能、方法，等等。"[①]

　　多年来，"培养创新精神从娃娃抓起"的呼声，不绝于耳。但对大多数学校和老师而言，依然是"两豆塞耳，不闻雷霆"。仿佛有一条看不见的绳索，捆住我们的手脚，有一个紧箍咒控制我们的大脑。使我们不敢越过"雷池"，也不敢突破老规矩，更不敢"另辟蹊径"，特立独行，致使思维疲惫，行为倦怠。或者"内卷"，煞费苦心，去做耗时低效的"无用功"；或者"躺平"，得过且过，今天重复昨天的故事。课堂上，教师没有热情，更没有激情。学生既不会感动，也不会激动，大脑皮层始终处于抑制或半抑制状态。学生无精打

---

　　① 段继扬. 创造性教学通论［M］. 长春：吉林人民出版社，1999.

采，课堂气氛沉闷。此情此景怎么会产生创新精神呢？儿童天生具有灵性、悟性，可惜这些与生俱来的内生性潜质，非但没有被发掘和唤醒，反而被成人们无情地压抑在摇篮中。因而作者要求让儿童的灵美之光跃动起来，飞翔起来，化为智慧之光、创新之光。"创建具有自主构建，学习激发力、学习创造力、学习共享力的学习模式，使学生从被动学习走向自主性学习，从接受性学习走向创享学习"（见本书）。

二、激发儿童生命活力的创生共享

《现代汉语词典》并未收入"创生"一词，但在有的学校的教改课题中曾多次出现这一概念。创生，顾名思义即创设良好的生态，创建语文教育的基石，创立语文教育的生命价值，创享语文教育生命体验。

创生的手段或策略是"融合"，创生的过程就是不断融合的过程。融合是一种思维方式，即对若干事物舍弃其非本质属性，抽出其本质属性，揭示其内在关系，并将这些隐蔽着的关系以新颖而奇特的方式重新组合，相互融合，就有可能发现新的事物样态，出现创新的雏形。

语文教学中，我们习惯于运用线性思维，即按逻辑顺序，逐层推进的思维方式，这种思维方式使教学过程层次清楚，条理分明，有利于儿童掌握书本上的知识，但鲜有创新思维的参与。所以，我们在运用线性思维的同时，也要运用整合思维和板块思维，即在多种事物关系和联系的相互交织、纵横交错中整体或板块式推进。这样，既有发散思维，又有整合思维；既有求异思维，也有求同思维；既有正向思维，也有逆向思维。多种思维互补互促，同生共长，各种关系和联系相互联结、缠绕。此时人的大脑皮层高度兴奋，多种暂时神经联系一旦碰触接通，就有可能闪烁智慧的火花，产生创新的冲动。

为了顺利实现从"融合创生"到"共享发展"，杨丽名师工作室建立了三维递进的"创享语文观"，即：

——融合创生思想。"创生"是目标、目的、指向，是基于行为的变革，是指人的健全发展的创造性发展。指向思想的生成，精神的创立，方法的创新和路径的创生，并通过多元融合实现语文教育的统整。多学科之间的相互渗透和跨学科的动态融合，在创生共享中真正实现以文立人，以文化人。

——涵育生态观念。涵育即涵养、化育之意，涵育生态的观念，意在构建具有创享特征的生态场域，让学校、家庭、社会融为一体，强调开放整合，以实现教育的生态平衡。生态即生命状态，生活状态，生长状态，应让其顺应自

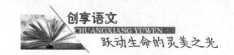

然，自由生长，如横加干预，粗暴压制，轻者被扭曲，重者遭摧残。因此，儿童教育应是春风化雨，润物无声，潜移默化的教育。

——共享发展理念。在语文教育中，只要融合了创生思想，涵育了生态观念，自会结出共享发展的果实。学生之间，师生之间，思想交流、情感交融、资源共享、智慧互补，以思想引领思想，以生命涵养生命，以促进儿童的身心健康成长。

三、展现灵动之美的创享课堂

创享语文自然派生出创享课堂。课堂是实施课程的主阵地，课堂不变，课改难见成效，学校难有变化。因此，改变课堂、改善课堂是课程改革的重中之重。"创享语文以'深耕学科育人，涵育语文素养'为引领，秉承'融合创生，生态涵育，共享发展'的思想，建构了'文化植根、语言奠基、思维炼能、审美铸魂'四位一体的课程体系，从'教学内容创享、课堂教学创享、学习时空创享'三条路径展开，建构了'语言思维、语言审美、语言文化'三类课型，实施了'情境创生、多向融合、问题驱动、生态滋养、评价激扬'五大策略，从而达成培育小学语文核心素养的育人目标"（见本书）。

杨丽和她的团队，来自教育实践，不仅有经验，有情怀，而且有追求，有思想。他们的思维一旦被激活，就会焕发出生命的激情和思想活力。书中对创享课堂的描绘以及对课堂的特点和规律的认知，已远远超过我的期望值。书中提示出创享课堂的五个节点，即预热点（自主探学，前置导学）—启学点（自学盘点，情境导学）—点拨点（独立探究，节点点拨）—生成点（互动激发，激扬生成）—升华点（反思构建，拓展升华）。五个节点，连成教学过程的主线，贯通教学活动的脉络。教学在瞻前顾后、左顾右盼中积线成面，板块推进。在整合中融合，在综合中提升，以全面提高学生的语文素养。

书中也出现过"模式""范式"词语，但并不十分强调一定要构建一个或几个创享语文的课堂模式或范式。模式强调规范，是一个相对稳定的实用性强的，便于普及的课堂样式。范式强调示范，旨在给老师们提供可资仿效和借鉴的样本。然而生动活泼的教学实践常常会冲破模式，异化为另一种样式，有人称之为"变式"。"模式"是相对意义上的动态平衡，变式是绝对意义上的发展变化。正因为如此，课堂才会有生机活力。

创享课堂关键是创新，而创新是没有"模式"的。因为没有束缚，学生的想象就会飞舞，思想就会翱翔，展现出课堂教学的灵动之美。当语言和心灵交融时，这种"浑然合一的情绪是流动的、缥缈的、绚缦的、音乐的。因世界在动，人心也在动，诗是动与动接触会合时的交响曲"①。美学家宗白华说的是诗，也适用于对创享课堂灵动之美的描述。因此，创享课堂要求教师首先改变自己，提高自己，让经验型教师转变为创新型教师。在课堂上以学定教，以教导学，顺势而教，因势利导，以点拨开窍之功，穿针引线之巧，灵活变通之妙，盘活课堂，激活学生。在和谐宽松的氛围中，让学生的想象自由驰骋，思想自由飞翔。学生奇思妙想，必有"奇谈妙论"，有可能发现创新的萌芽；学生言语交锋，思想碰撞，也有可能擦出智慧的火花。

写作至此，停笔遐想。移步窗前，看窗下几株玉兰树在冬日里依然傲然挺立。树枝上宽厚的叶片，绿得发亮。突然想到，我不就是一片树叶吗？平凡而真实。我如绿叶，也曾朝气勃勃，然而岁月匆匆，我也会像黄叶一样飘落地上，化为尘土，叶落归根。如今我已耄耋之年，看家乡年轻一代的老师们锐意进取，奋发有为，钦佩之意、欣喜之情油然而生。上周，杨丽老师给我发来信息，约我撰写序言，言辞恳切，不忍推脱，加之家乡情结，更难弗美意。于是认真阅读了两天书稿，思路打开，信笔所之，算是写了一篇读后感，聊以为序也。

于华中师范大学桂子山寓所
二〇二三年十二月六日上午

杨再隋，华中师范大学教授，中华文化促进会儿童文化委员会主任，中国语文报刊协会写作教学专业委员会学术顾问。曾任第七、八、九届湖北省人民代表大会常务委员会委员，湖北省人大教科文卫委员会委员，教育部义务教育语文课程标准和普通高中语文课程标准审议专家组成员，教育部全国中小学教材审定委员会审查委员，教育部课程资源专家委员会委员，教育部"国培计划"专家库首批专家，湘教版小学语文教材主编。长期从事基础教育研究，讲授课程教学论、教育美学、语文教学论等本科和研究生课程。参与多项国家级和省部级教育类课题研究及教改实验，出版著作多部。

---

① 宗白华. 艺境［M］. 北京：北京大学出版社，1989.

序二　开启本质意义的实践创生型语文教育新路

张泽科

当下风起云涌的中小学语文教学改革，正在打开一条从知识教学转向实践育人的全新之路。早在 20 多年前，新一轮基础教育课程改革发端之际，国家《义务教育语文课程标准（实验稿）》就指出，"语文是实践性很强的课程，应着重培养学生的语文实践能力，而培养这种能力的主要途径也应是语文实践"。2011 年版《义务教育语文课程标准》进一步强调"语文课程是实践性课程，应该着重培养学生的语文实践能力，而培养这种能力的主要途径也应是语文实践"。2022 年版《义务教育语文课程标准》直接定义语文课程是"一门学习国家通用语言文字运用的综合性、实践性课程"，强调"在真实的语言运用情境中，通过积极的语言实践，积累语言经验，体会语言文字的特点和运用规律，培养语言文字运用能力；同时发展思维能力，提升思维品质，形成自觉的审美意识，培养高雅的审美情趣"。

为什么二十多年来，国家课程标准一再强调语文实践？事实上，无论落实国家课程政策，还是践行语文课程的实践性本质，刀锋直指语文教学积重难返的知识中心、技能训练、思维牵引等弊端，迫切要求开启本质意义的实践创生型语文教育新路，创建具有典型意义和广泛影响力的中小学语文实践育人体系。

攻坚这一复杂艰巨的创新性工程，既要进行语文教育思想的拨乱反正，更要建构本质意义上的语文教育主张并引领语文教育目标建构，进而形成从思想主张、育人目标到教学内容、教学方式、教学环境、教学评价一体化的实践创生型语文教学体系。

近年来，我们欣喜地发现，一种立足实践体验、探究创生、共享共长的"创享语文"教学体系浮出水面。作为一种实践创生型语文教学形态，四川省杨丽名师鼎兴工作室自主创建的创享语文，正是对国家语文教育改革诉求的积极回应和主动作为，也是践行语文课程实践性本质的返璞归真和创新探索。

创享语文价值聚焦学科育人视野下的学生语文核心素养培养，着力"创造一种有价值和情趣的语文生活",促进学生语文素养与人文精神共生共育,形成了融合创生、生态涵育、共享共长的三维创享语文思想,并把这一思想指导下的素养目标、实践主体、实践途径、实践场域、引动力量,融聚为六大行动特征:教学从儿童出发,让每个生命真切在场;教学与生活链接,开掘素养生长的源泉;教学以问题导航,点亮思维的个性之光;教学重学导互动,知行统一获真知灼见;教学重拓展延伸,洞开语文学习时空;教学促创生共享,让语文生命情韵流淌。创享语文的思想建构及其行动特征淬炼,实质是践行语文育人本质、培育语文核心素养的思想与实践创新,突出了语文学习的融合创生途径、生态场域滋养、过程与成果的共享共长。

优质涵育学生语文核心素养生长,创享语文以整合、融合、创生三条基本路径,展开课程内容的创新性重构:基于学科内知识的主题式整合、问题式整合,是以整合性内容满足学生核心素养发展的需要;在坚持学科特质基础上的多元教学目标融合、跨学科内容融合、语文学习与生活实践融合、基于情境的课程内容融合,是以融合性内容满足学生核心素养发展的需要;源自兴趣激发、任务推动、难点突破、情境促进、评价驱动的课程内容创生过程,本身就是发展学生语文核心素养的过程,五条路径带来的课程内容创生结果更是满足学生核心素养生长的重要精神食粮。

创享语文教学实践从课堂学习创享、课外活动创享、特色社团创享三维空间展开,尤其把创享课堂建构实践作为主线,建立了创享课堂教学范式。目标指向语言素养、思维素养、审美素养、文化素养的融合共生,突出情境性、内源性、统整性、创生性、共享性特征,践行情境创建、统整融通、创生共享原则,抓住预热、启学、点拨、生成、升华等教学节点,运用自主体验、深度探究、仿创迁移、多元分享等学习方式,构建语言思维、语言审美、语言文化等基本课型,践行情境创生、问题驱动、多向融合、评价激扬、生态滋养等教学策略,由此形成了内蕴丰厚、路径清晰、可资借鉴的创享课堂教学范式。与此同时,"课外活动创享"打通了课本学习与生活世界的联系,通过主题活动、学科融合活动等展开多样化学习路径;"特色社团创享"从学生兴趣、特长出发,为学生自主选择学习提供了可行性平台。创享语文三维空间展开路径,洞开了素养生长的广阔时空,打开一片语文教育新世界。

针对传统语文教学忽视素养生长的生态场域建设弊端,创享语文的开拓者们将"生态场域"理论引入语文教改实践,注重文化引领、情感培育、行为规则、真实情境等学习场域要素培育,着力创生性动能培育与创造性活力激发,为学生语文核心素养生长创造了富于选择性的多样态优质场域。课堂空间的适切性、关联性、融通性、开发性建设，突破了学生语文学习的时空局限，实现了物理空间与虚拟空间相互融通；丰富的要素空间开拓，进一步开启了学生语文学习的生活时空、实践时空、自然时空、机会空间。

着力创建内生型评价体系，创享语文旨在通过科学人文的教学评价，导引素养生长的方向，拓展素养生长的内涵，唤醒语文发展的潜能，催生语文的关键能力，内生语文发展的动能。由此在评价思想和实践中实现了三大突破：将评价作为一种课程，融入教学全程全域；强化评价的情境性，将评价变成激发创生的策略；将评价结果变成正向能量，提供个性化跟踪指导方案。特别是在评价内容上进行了拓展丰盈与系统建构，从素养生长、课堂教学、课外语文学习活动、班级和家庭语文生态环境等方面创建了学生语文核心素养发展性评价指标体系。素养生长评价从文化自信、语言运用、思维能力、审美创造四大素养展开；课堂教学评价从教学设计、课堂生态、课堂活动、素养达成四维度着力；课外语文学习活动评价注重活动设计的适切性、活动开展的过程性、活动结果运用的提升性；从关系和谐、分工合作、程序清晰、氛围良好、活动积极等方面，展开班级和家庭语文生态环境评价，构建实施了激扬性评价策略、情境性评价策略、过程性深度评价策略。这就从评价思想、评价目标、评价标准、评价方式、结果运用等方面创建了创享语文评价体系，由此导引了语文教学改革的走向，激发了语文教学活力与创造力，优化了语文教学路径，全面提升了学生语文学习质量与效能，有效发挥了评价育人功能。

在语文教育改革创新的多角度聚焦中，我们不难发现：创享语文是一场践行语文教育本质、实现语文教学重大转型的根本性变革。在这场兼具开拓与创新意义的新型语文教学体系建构中，创享语文实现了两个方面的重大突破：一是总体回答了语文育人的本质性目标，包括创享中的整体育人目标、创享中的内生动能目标、创享中的关键能力目标、创享中的精神铸造目标。二是系统建构了语文创新性实践策略，包括融合创生的内容重构、实践创生型教学路径、交互性生态场域建设、评价活力激扬与价值提升等策略。

捧读《创享语文：跃动生命的灵美之光》，掩卷长思，创享语文在教育哲理和实践创新上更有几点值得圈赞：

一是实现了语文知识变为素养的实践路径阶梯性建构。针对小学语文长期存在的"重知识轻素养"的点线化、浅表化、功利化教学难以真实培养学生语文素养的问题，创享语文以"深耕学科育人，涵育语文素养"为目标导引，突出"实践体验""融合创生""共享共长"教学特质，在实践创生型教学过程中，引导学生回归知识诞生的原乡、问道知识运用的新乡、创生知识再生的梦

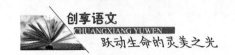

乡，阶梯递进的"三乡"建设，为知识向素养转化开创了广阔的实践体验场域、多样化的生长路径、可持续的内生性动能。

二是实现了语文教育立体性视角建构与行为落地。创享语文建立践行了语文教学三大视觉。一是飞鸟之眼：俯瞰和开启回归语文教育本质、培养学生核心素养的语文教育新路，遵循语文学习的本质规律，创建实践创生型语文教育体系，开启语文教育新世界，即"宏观之眼"。二是蜻蜓之眼：立足当下语文教育改革实践中的热难点问题，进行正面回应，创建运行实践策略，探寻问题解决之道，即"中观之眼"。三是蚂蚁之眼：于细微处见精神，解决语文教学的具体问题，如注重知识的本质系统把握，注重知识向行为转化的方法建构，注重解决问题的知识理解、拓展延伸、适时创生，注重学生心理建设与情感引导等，即"微观之眼"。"三眼"统整，使语文教育在大道至广与具体而微的交融转换中共生共长，开启本质聚焦、立体多维、情态万千的语文教育大世界。

三是打开了语文教师高质量发展的广角镜，即以语文教育"三个点"开启语文生命成长的"三道门"。实现学生语文核心素养优质生长与个性竞放，语文教育必须打开学生语文学习的智慧之门、情感之门、人性之门。正如美国著名作家弗格森所言："每个人心中都有一扇由内向外开启的门，无论别人如何动之以情晓之以理，都无法打开，只有自己才能开启"，但这并不意味着教育者们无能为力或无所作为。事实上，创享语文的开拓者们一旦开启了学生语文生命发展的正确方向，提供了素养生长的优质食粮和生态土壤，又有正确的路径导引和内源性学习动能开启，学生语文学习的智慧、情感和人性之门必将怦然而开。开启这几道门的教育行为关键在于：点燃心灵、点醒智慧、点亮人生，即在点燃心灵中打开情感之门，在点醒智慧中开启智慧之门，在点亮人生中开启人性之门。作为点燃、点醒、点亮学生语文生命的老师，必须使自己修炼而为一团火、一束光、一棵树。即燃烧起自我心灵的激情之火，才能点燃学生的心灵；照亮了教师自我的人生之光，才能照亮学生的灿烂人生；教师把自己变成一棵仰望星空而沐浴星辉、匍匐大地而吸纳源泉、立根深厚而宁静致远的智慧之树，才能点醒学生的生命智慧。创享语文的开拓者们拥有了这三个"一"，创享语文势必能像人民教育家于漪所说——"用中华文化的精髓滴灌学生的心灵之根"，势必跃动起语文生命的灵美之光——璀璨万千儿女语文生命的蓬勃世界。

张泽科 《教育科学论坛》副主编、全国教育好新闻特别奖获得者。

2023 年 11 月 28 日

坚持问题导引 建设教苑新风景

——写在《创享语文——跃动生命的灵美之光》出版之际

　　直面语文教学长期存在的知识中心、技能训练、思维窄化等问题，四川省成都高新区小学语文教研员杨丽带领老师们展开"创享语文"教改研究。"创享语文"崇尚自主、融通、创生和共享。自主，旨在激发学生主观能动性，培养其独立思考和问题解决能力；融通，重在打破学科间壁垒，让学生更全面理解和应用知识；创生，强调通过实践探索，习得个性化程序性知识；共享，追求优质资源获得公平性，让每一个学生都能充分享受成功，丰富审美享受。

　　本书是"创享语文"思想的凝萃。其成果具有情境性、内源性、统整性、创生性、共享性特质，具体表现为"五节点"（预热点、启学点、点拨点、生成点、升华点）、"三课型"（语言思维型、语言审美型、语言文化型）、"三空间"（课堂学习创享、特色社团创享、课外活动创享）中，凭借"四学法"（自主体验、深度探究、仿创迁移、多元分享）和"五策略"（情境创生、多向融合、生态滋养、问题驱动、评价激扬）进行有效探究。其结构严谨，语用朴实，案例鲜活，是对新课标精神的生动演绎，是高新教苑绽放的创造之花。

刘晓军（四川省教育科学研究院义教所副所长、小学语文教研员）

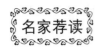

愿更多师生跃动语文生命的灵美之光

——《创享语文——跃动生命的灵美之光》著作阅读推荐

"创享语文"，是四川省特级教师杨丽老师领衔的省、市、区名师工作室团队提出的语文教学主张，是四川语文教育沃土上绽放的语文教育绚丽之花！

"创享语文"，一个富有激情和梦想的名称！"创享语文"，一个充满时代特质和气息的名称！多少年来，不少地方的语文教学缺少了创新、创造，缺少了情趣和意义，语文教学异化为知识灌输和机械训练，语文学习成为"读读背背、抄抄写写"的代名词，这是多么令人痛心的事！

语文是什么？杨丽老师提出"语文是生命的文字歌唱。语文教学应培养学生认识生命、发现生命、体验生命、歌唱生命的本领与情怀……""创享语文"是怎样的语文？杨丽老师所带团队做出了这样的表达："教学从儿童出发，让学生站在课堂中央；教学与生活链接，发掘素养生长的源泉；教学以问题导航，点亮思维的个性之光；教学重学导互动，知行统一获真知灼见；教学重拓展延伸，洞开语文学习的时空；教学促创生共享，让师生生命情韵流淌。"这些思想生长的源泉来自陶行知先生的"生活教育"，于漪先生的"德智融合教育"，叶澜教授的"生命教育"，朱小蔓老师的"情感教育"，李吉林老师的"情境教育"，等等。

祖国的语言文字蕴含的是民族精神与智慧，传递的是中华民族生生不息的血脉。随着时代发展，语言文字及其所承载的育人因子也在不断丰富、更新，我们的下一代，需要从中汲取营养，培植好这个"根"，从内心去爱语文、爱语文学习，还把这种文化和这种爱传递给下一代，建立文化自信，实现中华民族伟大复兴！

《创享语文——跃动生命的灵美之光》这部著作展现了以杨丽老师为代表

的一线语文教师从"探寻新时代小学语文教育的改革走向"到"确立'享拥一种有价值和情趣的语文生活'的教学主张，本质把握育人价值追求"，足见其炽热而深厚的教育情怀！"重构适宜核心素养生长的语文课程内容""创享语文的实践体系""创建适宜语文核心素养生长的生态场域""构筑引动语文核心素养蓬勃生长的评价体系""铺展创享语文生命原野的嘹亮笛音"，展现了老师们系统而深入的研究和鲜活有效的实践！

阅读整本书，时代精神的脉搏，育人方向的把握，语文课改的历史，教师个人的引动，团队智慧的彰显，实践精髓的提炼以及指向未来的反思，理论的牵引，鲜活的案例以及平实质朴的文字中透露出来的教育者的情怀，令我动容。足可见"创"在实处，"享"在真处，"创享语文"不是"理想国"，而是"实验田"，是值得所有追求"创享"的老师们静心捧读的一本书。

人民教育家于漪先生曾说："教育家是上课上出来的！""创享语文"正是当下弘扬践行教育家精神的源头活水濆流的"半亩方塘"。

（中国教育学会学术委员会顾问、《人民教育》原总编辑、《中国教师报》创刊总编辑、《未来教育家》创刊总编辑）

创享语文的美学品格

　　起步于个性化语文教学的前期探索，四川省成都高新区杨丽老师带领名师工作室的老师们持续发掘学科育人价值，涵育语文素养，激扬生命个性，让儿童享受有价值和情趣的语文生活，生成并凝练了"创享语文"，成功地将成果转化成著作。创享语文深植于中华优秀传统文化，汲取智慧，滋养心灵，以情感激发儿童创造潜能，引导儿童主动参与到语文教学过程，师生共创语文学习意义，丰盈人文生活，享受母语之美，折射出中华文明的创新性、和平性和美好性，体现中国美学品格，培植儿童美学精神，高质量地实施国家课程。创享语文立意崇高和宏阔，又有明确的实施路径、创新策略和评价工具，教师乐教，学生乐学，可学可用。总之，创享语文学习是美的历程。

成尚荣（江苏省教育科学研究院研究员、教育部基础教育课程改革指导组专家）

目　录

思　想　篇

实　践　篇

思想篇

第一章 创生共享

——探寻新时代小学语文教育的改革走向

第一节 语文突围，呼唤学习重构

《义务教育语文课程标准》（2022年版）（以下简称2022年版语文课标）指出，"语文课程是一门学习国家通用语言文字的综合性、实践性课程""语文课程致力于全体学生核心素养的形成与发展，为学生学好其他课程打下基础……促进学生德智体美劳全面发展及学生终身发展打下基础"。可见，小学语文的根本目的不在于让学生获得关于"语文"的系统知识、理论知识，而是要让学生在言语实践的真实情境中、在言语经验的不断积累和整合中发展言语能力，获得精神生长，培育民族精神。

学习是个体获得知识经验、发展能力、形成素养的过程，也是个体适应环境的过程。语文学习的过程是学生在实践性和综合性的语文活动中学习运用国家通用语言文字，提升语文核心素养的过程，是精神生长的过程，是学科育人的过程。语文学习应是学习主体自身的实践活动，没有学生自身主动积极的状态，任何教学都不能产生作用；实践是语文学习的生命，语文能力的形成依赖于学习主体的"事必躬亲"。

然而小学生语文学习现状不容乐观，普遍存在着学习动力不足、学习能力薄弱、学习方式单一、习惯问题突出等问题，导致小学生语文核心素养形成与发展缓慢甚至滞后，亟待重构学习观念与行为方式。

一、从"要我学"到"我要学"，隔着"千山万水"

早在1957年，苏联教学论专家姆·阿·达尼洛夫在研究激发学生学习积

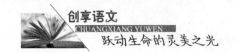
极性时，首次提出了"学习动力"概念。李洪玉老师在《学习动力》一书中指出，学习动力主要指非智力因素在学习过程中所起的重要作用，包括动机、兴趣、情感、意志、气质和性格等。

爱因斯坦曾说，兴趣和爱好是获得知识的动力。布鲁诺也曾说，学习的最大动力乃是对所学材料的兴趣。然而，对于小学生来说，要实现"要我学"到"我要学"，隔着"千山万水"。小学生对新知虽然抱有天然的新奇感，但往往流于表面的形式，兴趣难以持久；由于"学习"常常是以家长和老师"布置的任务"方式出现的，孩子自然对学习有着几分"抵触"；小学生获取知识的途径主要靠感知，缺乏深度参与的实践体验，难以体验到"知识"转化成"经验"和"素养"的成效……诸多原因，导致小学生难以建立起真正而持久的语文学习动机，学习主动性不强，缺失浓厚的语文学习兴趣。

二、从"知识建构"到"能力生长"，难以逾越门槛

皮亚杰建构主义观点认为，学习不是由教师把知识简单地传递给学生，而是由学生自己建构知识的过程。学生自我建构语文知识的过程便是习得语言理解能力、语言运用能力、思维能力和初步审美能力的过程。

小学生学习语文的时间不长，也没有大量、长期、有效的阅读积淀，语言理解、运用能力不足。课堂上，虽然老师竭尽所能点拨激趣，但很多小学生学习只能感知文字的表面意义，无法领会语言世界的美妙；而能够创造性运用语言的学生，更是少之又少。究其原因，主要是小学生思维方式比较单一，难以实现语文知识的迁移运用。加之多数小学生生活环境比较简单，对事物认知、审美过于单向，难以真正学会欣赏和评价语言文字及作品的美感，从而导致学习能力欠缺。学生实现从"知识建构"到"能力生长"，横着一道难以逾越的门槛。

三、从"方式单一"到"路径多维"，亟待"认知发展"

学习方式是指个体在进行学习活动时所表现出的具有偏好性的行为方式与行为特征，反映了个体在学习活动中的个性差异。语文学习方式指学生在进行语文学习活动中表现出的具有偏好性的行为方式与行为特征。很多小学生学习语文方式单一，往往停留于机械地记忆背诵、简单地抄抄写写，缺乏科学的语文学习方式，尤其缺乏实践学习、情境学习、探究学习，以至语文学习质效不

高。学习方式优劣取决于"元认知"能力的高低。美国儿童心理学家约翰·弗拉维尔在《认知发展》中指出，元认知是指个体对自己认知加工过程的自我觉察、监控、评价与调整。元认知策略的三个方面是互相联系的，一般是学习者先自我觉察当前的任务，按自己的理解预计、学习、实践、选择，自我监控问题的解决，最后自我评价与调整。元认知是学习能力的核心，能够帮助学生更好地了解自己的学习优势和劣势，从而选择更适合自己的学习方法，以提高学习效率，节省时间和精力。但是当下小学生语文学习远未实现从单一方式向多维路径的跨越。

四、从"自主自制"到"思维创新"，呼唤习惯奠基

中国青少年研究中心孙云晓教授认为：习惯决定孩子的命运。好习惯的养成与年龄的关系是密切的，一般来说，年龄越小习惯养成越容易，年龄越大越困难。语文课程作为学习其他课程的基础，其学习习惯的好坏将直接影响学习质量与效能。

现阶段，小学生语文学习习惯培养存在的突出问题是：自制力较差，易受外界干扰；依赖心理较强，缺少独立自主性；书写习惯不好，作业马虎；偏重零散知识的掌握，缺乏知识体系的主动构建；缺乏提出问题、收集信息、分析问题、解决问题的思维习惯；缺乏自我反思和学习的自我调控；缺乏挑战任务的信心与创新意识。

我国著名的语文教育家吕叔湘说：语文的使用是一种技能，一种习惯，从某种意义上说，语言以及一切技能都是一种习惯。凡是习惯都是通过多次反复实践养成的。

当下小学生语文学习实现从"自主自制"到"思维创新"，迫切呼唤"习惯奠基"。

五、从"被动学习"到"创享学习"，有待重构模式

2022 年版语文课标指出，义务教育语文课程培养的核心素养，是学生在积极的语文实践中积累、构建并在真实的语文运用情境中表现出来的，是文化自信和语言运用、思维能力、审美创造的综合体现。

当下小学生文化自信不足。主因是小学生系统学习文化知识的时间还不长，对中华优秀传统文化、革命文化、社会主义先进文化的关注、参与和学习

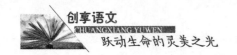

不够，还没有形成比较开阔的文化视野和一定的文化底蕴。

小学生语言运用欠缺。第一学段的小学生对图画的兴趣明显高于文字，而语言运用不够熟练。第二、三学段的小学生，大多课内阅读兴趣不高，课外阅读量不足，缺乏良好语感，整体语言运用能力欠缺。不少学生积累的语言材料，不能准确地运用到习作中或日常生活中。

小学生思维能力不足。在语文学习中，小学生未能获得联想想象、分析比较、归纳判断等思维能力的充分锻炼。这正如皮亚杰儿童思维发展阶段论所说："小学生年龄处于前运算阶段（2—7岁）和具体运算阶段（7—11、12岁），抽象思维能力、系统思维能力还没有得到发展。"

小学生审美创造不足。当下小学生受生活环境影响，往往认为电视上的明星、自媒体上的网红、漫画里的人物所表现出来的就是美，缺乏敏锐的审美感知力、审美鉴赏力、审美创造力，还没有形成健康的审美意识和正确的审美观念。

以上问题严重影响着学生小学阶段的语文学习，乃至初高中的语文学习和其他学科的学习。解决小学生语文学习存在的问题，需要创建具有自主构建力、学习激发力、学习创新力、学习共享力的新型学习模式，让学生从被动学习走向主动学习、从接受式学习走向创享性学习。

第二节　教学破局，呼唤课堂重构

教学是"教师的教"和"学生的学"有机构成的一种人类特有的人才培养活动。在语文教学中，教师有目的、有计划、有组织地引导学生学习和掌握语文知识技能，发展语文素养，使其成为社会所需要的人，教学对学生学习效果的达成至关重要，教学是实现立德树人的重要途径。

虽然语文教学改革进行了若干年，但现实教学中应试教育思想的影响与行为惯性依然余音不绝，存在诸多问题：偏离学科育人本质，过度关注知识讲授和技能训练，思维发展、情感培养、价值观教育粗浅，教学方式单一，缺乏实践教学、情境教学、探究教学的充分运用，课堂教学缺乏活力与创新力，语文核心素养培养不足。突破语文教学格局第一要务是实现课堂重构。

当下语文教学的突出问题主要表现在三个方面：

一、价值诉求单一，学科育人不足

长期以来，小学语文教学只注重学科知识的讲授，如"拼音怎么读""字怎么写""词语怎么造句""自然段怎么划分"等，停留于基础知识的简单填充和叠加。缺乏对教材内容育人内涵与价值的深入挖掘，未能优质高效地进行语文能力培养、情感价值观建构和文化涵育。

《中小学德育大纲》指出："寓德育于各科教学内容和教学过程之中，是每一个教师的职责。"叶澜先生认为，育人价值的主张与目的是："教学要从'教书'走向'育人'，从'知识传递'走向'生命价值的挖掘与提升'。"因此，小学语文教学应展现"工具性和人文性相统一"这一特性，着力实现"以文化人、语文育人"的学科价值。

二、过重知识教授，缺失素养导向

2022年版语文课标指出，义务教育语文课程培养的核心素养，是学生在积极的语文实践活动中积累、建构并在真实的语言运用情境中表现出来的，是文化自信和语言运用、思维能力、审美创造的综合体现。

而传统小学语文教学以"教课文内容和语文知识"为中心，让学生机械识记语言材料和语文知识，灌输式讲授语文学科方法和学习方法，将语文实践异化为大量模仿和反复训练，导致语文课堂学习目标窄化、泛化、散乱、游离，偏离语文学科本质和素养取向，继而使学生学习主体性、自主性、主动性、生长性、创造性不足，显然难以实现学生语文核心素养的培育。

三、"牵引"主导教学，制约个性释放

传统的小学语文教学往往是教师"牵引"学生完成教案的过程。盛行"手把手"引导、"搀扶"式提问、"填鸭"式教学，语文知识满堂灌，教师滔滔不绝，学生成为课堂知识的被动接受者、完美倾听者，以至学生被动灌输的书本知识不能与思维培养、实践运用结合，更不能与生活生命交融，难以开发学生语文学习的潜能和个性，发展语文创造力。

2022年版语文课标强调语文思维能力培养，引导学生在语文课堂学习过程中养成联想想象、分析比较、归纳判断等能力。因此，小学语文课堂教学必

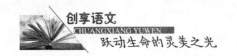

须遵循小学生思维发展规律，加强思维能力培养，注重潜能开发和个性发展。

第三节　教师成长，呼唤行为革命

一、思想观念与行为方式相对滞后

面对一次次语文教育改革浪潮，一部分愿意尝试的小学语文教师，由于自身专业素养薄弱，缺乏独立的教育思想和行为建构，往往照搬"流行"的教育方式，不懂精髓、不究根底，跟着别人走，跟着感觉走。一旦"流行"过了，什么也没学到，什么也没留下，何谈先进语文教育思想与行为策略的自我建构？一部分小学语文教师因年龄较大、地处偏远等，固守落后的教育观念和教育方式，不愿意改变，"一本教材打天下"，满堂灌、满堂训，一切都是为了语文考试的高分数。

二、教育情怀与使命担当亟待提振

习近平总书记多次强调，课程教材要发挥培根铸魂、启智增慧的作用。语文课程兼具工具性和人文性，语文教师不仅要"教书"，更要"育人"。但目前不少小学语文教师更多看到的是短期效益，教育情怀与担当不足，没有看到语文里丰厚的文化底蕴和深刻的育人价值，把语文简单等同于语文课本，等同于课本上的字词句篇段，不对教材进行育人价值与意义的深入挖掘，不能对课堂进行德美渗透，不能对学生进行情感润育、人文熏陶、价值建构、精神提升，难以肩负起语文铸魂育人、以文化人的责任与使命。

三、改革进取与创新精神尤须升华

语文课程是一门学习国家通用语言文字运用的综合性、实践性课程。语文课程突出内容的时代性，充分吸收语言、文学研究的新成果，关注数字时代语言生活的新发展。语文的时代性和实践性，要求小学语文教师必须树立终身学习理念，不断进行教育观念、知识结构、教育方式的升级迭代。

但目前小学语文教师传统教学观念与行为惯性根深蒂固，未能主动自觉地进行培养语文核心素养的课程体系、教学模式、评价方式的创新性建构实施。不少教师不愿改革、不敢改革、不会改革，缺乏改革进取和创新精神，只能依靠以往的教育教学经验故步自封，跨不出语文教学改革创新的有力步伐。

四、知识结构与学生需求相差甚远

林崇德教授认为，学生的全面发展在很大程度上取决于教师文化知识的广泛性和深刻性。2022 年版语文课标指出，语文教师要不断丰富语言学、文学、教育学、心理学等方面的知识，提升自身文化修养，不断完善优化自身的知识结构。

随着时代的发展，学生德智体美劳全面发展已成为教育界的广泛共识，大语文学习、跨学科学习、项目式学习、情境性学习、实践性学习等学习方式成为学生学习成长的必需。然而相当一部分小学语文教师知识结构单一，缺乏本体性知识（语文学科知识）、文化知识（多学科的广博知识）、实践知识（教学经验机智）、条件性知识（教育学与心理学等）的优化统一，难以适应新型课程教学与导引学生语文学习成长的需要。只有让知识回到自己诞生的故乡（来源）、创造知识运用的新乡（应用）、走向知识创生的梦乡（创生），小学语文教师才能真正实现知识结构化、生活化、实践化、个性化，才能化知识为能力和素养。

五、能力结构与课程目标难以匹配

新时代教师能力结构包括学习能力、实践能力、研究能力、创新能力，尤其是信息技术融入教学的能力、教育教学反思的能力、自我更新的发展能力等。小学语文教师能力结构是根据时代发展、教育需求不断优化发展的。

目前很多小学语文教师能力结构不完善、功能发挥不充分，跟不上课程教学改革和学生的发展需求。不少小学语文教师学习能力不足，过多依赖教学参考书，教材独立领悟能力不强；实践能力薄弱，缺乏对接生活的实践教学能力；研究能力欠缺，缺乏把日常教学和教育科研联动起来的问题研究与解决能力；创新能力不强，用老套的教育教学方式教授当下的学生，难以调动学生的积极性、激发学生的创造性。

小学语文教师是儿童学习的重要奠基人，教育思想与观念落后、教育情怀

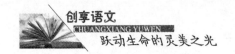
与担当不足、知识结构与能力结构发展滞后，导致小学语文教师不能适应新时代教育教学改革发展的需求，迫切呼唤小学语文教师，从儿童出发，重视儿童语文生命发展，在回归教学本质的创新性课堂教学重构中，实现观念变革、情怀深植、能力提升、素质重构。

第四节　语文课改，呼唤模式创新

一、语文课改从学科教学走向学科育人

随着时代的发展、教育的进步，语文课程教学改革逐步推进，从"双基"到"三维目标"，再到"核心素养"培育，语文课程改革更加重视"人"的发展价值，更加注重面向未来。

语文学科明确提出"双基"是在 20 世纪 60 年代初期。1961 年和 1963 年《人民教育》先后发表文章，反映了语文教育界要求克服忽视语文基础知识教学和基本技能训练倾向的态度。语文"双基"重视语文知识传授与技能训练，提高了语文教学质量，但也在一定程度上导致知识灌输、纯技术训练，忽视情感态度价值观教育的倾向。

2001 年教育部颁布的《全日制义务教育语文课程标准（实验稿）》，提出了"知识与能力""过程与方法""情感、态度与价值观"三个维度的课程目标。"三维目标"着眼于人的全面发展，期望学生在语文学习过程中掌握方法，获取知识，形成能力，培养情感态度价值观。

核心素养是全球教育的共同选择。核心素养兼具稳定性、发展性和开放性，是面向未来，促进终身学习的素养。2016 年《中国学生发展核心素养》提出的语文核心素养，包括语言建构与运用、思维发展与提升、审美鉴赏与创造、文化传承与理解。2022 年版语文课标提出义务教育语文课程培养的核心素养，是学生在积极的语文实践活动中积累、建构并在真实的语言运用情境中表现出来的，是文化自信和语言运用、思维能力、审美创造的综合体现。

语文课程改革从"双基"到"三维目标"，再到"核心素养"培育，从语文学科教学转向学科育人，已成为语文教育改革的时代潮流。

二、"大语文教育"成为时代趋势

教育部统编中小学语文教科书总主编温儒敏指出，母语学习是语文的核心，从这个内核往外辐射，诸如语言、文学、文字、文化等方面，都和母语学习紧密有关。语文教育不仅是母语的学习，还有更大的外延。陶行知先生也曾说过，学校即社会，学校即生活，语文即生活，生活即语文。这个观点正是对"大语文"教育观念的诠释。

"大语文教育"是著名特级教师张孝纯提出的一种创新型、突破性的语文教育思想，主张语文教育以课堂教学为轴心，向学生生活的各个领域开拓、延展，全方位地与学校生活、家庭生活和社会生活有机结合起来，并把教语文同教做人有机结合起来。大语文观着眼整体教育，在语文教育中做到"德智体美劳的和谐与统一"；大语文观着眼学生终身发展的需要，重视语文实践能力培养，关注听说读写思各方面的协调发展。

"大语文教育"重视语文课程的灵活整合，进行学科内渗透式整合、学科间融合式整合、超学科创新式整合。学生在学习语文表达的同时，通过主题式综合学习、项目式专题学习等促进思维方式、心理认知、人格素养的全面提升。

"培养全面发展的人、终身学习的人"是新时代教育的使命。教育的本质是增进人类的幸福、学有所得、学有所成。新时代以人为中心，指向完整的人、具体的人、差异的人的"大语文学习"，成为时代发展的必然选择。

三、语文课堂从知识本位转向素养导向

2022年版语文课标指出，语文教师应理解核心素养的内涵，全面把握语文教学的育人价值，突出文以载道、以文化人。语文课堂从培养学生的核心素养出发，注意在识字与写字、阅读与鉴赏、表达与交流、梳理与探究的过程中，整体提升学生的核心素养。

以核心素养为导向的小学语文课堂，是为积累语言经验，培养语言文字运用能力，发展思维能力打基础的课堂；是为学好其他课程，为学会学习打基础的课堂；是为丰富文化底蕴，提高审美情趣打基础的课堂；是为培养创新精神和实践能力打基础的课堂。总而言之，核心素养导向的小学语文课堂，要为学生具有适应未来生活、工作所需要的语文素养打下坚实的基础。

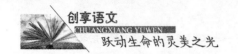

目前，随着语文课程改革的发展，语文课堂逐步由知识型课堂转向以核心素养为导向、以关键能力为核心的新型课堂。以素养为导向的课堂具有生活的意义和生命的价值，课堂成为生命成长的真实情境与实践场域。

四、语文课程走向综合性评价

2022年，中共中央、国务院印发的《深化新时代教育评价改革总体方案》指出，教育评价事关教育发展方向，有什么样的评价指挥棒，就有什么样的办学导向；提出了"四个评价"：改进结果评价，强化过程评价，探索增值评价，健全综合评价，提高教育评价的科学性、专业性、客观性。

随着新课程改革的不断深入，小学语文教学在形式、内容上发生了翻天覆地的变化。如何激励学生学习语文的主动性、激发学生语文学习的兴趣、改进教师的语文教学方式、提高教师的语文教学质量，成为小学语文教育的重要目标。构建合理的评价体系，能帮助学生树立语文学习的自信心，帮助教师改进语文教学的方式方法，充分发挥评价的导向、激励、诊断功能。

2022年版语文课标指出，语文课程综合性评价包括过程性评价和终结性评价。过程性评价贯穿语文学习全过程，终结性评价包括学业水平考试和过程性评价的综合结果。语文教学评价应关注评价内容的丰富多彩、评价方式的适切多样、评价主体的多元互动。

第五节　语文课改，呼唤创生共享

随着时代的发展、教育的进步，语文教学改革步伐一路向前。近年来，四川省杨丽名师鼎兴工作室创享语文实践研究团队，吸纳优秀的语文教育改革成果，因应语文教育改革走势，遵循学生语文学习规律，基于创生、融通、共享的语文教学改革走向研判，自主建构、持续完善了创享语文价值观念、操作模型、评价系统，建构了新时代厚植核心素养的创享语文教学范式，把小学语文教育教学改革推向一个新的高度与境界。

一、价值引领，塑造语文教育灵魂

习近平总书记多次强调，课程教材要发挥培根铸魂、启智增慧的作用。课程教材体现国家意志，在立德树人中发挥着关键作用。王崧舟认为，引领价值是语文的灵魂。在语文教学中，价值是一个原则性、根本性的问题，语文教学不能异化、湮没了教学内含的"人文价值"，更不能淡化、剥离了语文固有的"本体价值"，要以语文教育教学实践推动价值引领，塑造语文教育的灵魂。

语文教育不仅是教给学生实用的语文基础知识，更要注重价值引领，创造语文学科知识能力与价值共生的小学语文教育，让语文学习成为一段追寻理想的生命成长旅程。创享语文以语文教育的育人价值引领，增强文化自信、提高语用能力，提升思维能力和审美创造力，系统建构语文核心素养育人目标。

二、内容为王，奠定语文教育基石

"内容为王"是传媒界理念，指的是在信息大爆炸时代，谁能提供优质内容，谁就能占得先机。教育的本质是"思想"的输送，而内容是思想的载体，同样需要强调"内容为王"。随着多媒体技术、大数据等在教育领域的运用，教育在内容之外多了很多抓人眼球的东西，虽然在一定时间内吸引了学生的注意力，但过分重视形式创新而淡化了本质性内容，这不是教育改革的应有之义。语文教育要始终关注内容的优质，实现"教材—教学—价值"体系的转化，内容为王的教学定律从来都是教育改革创新之本，"内容为王"堪称语文教育的基石。

创享语文重视语文课程内容，突出课程内容的生本适应性、生活对接性、实践体验性、创生共享性，通过课程内容的有机关联、整体贯通、综合建构，实现语文内容的优质精良，满足学生语文核心素养的发展需要。

三、实践为要，创享语文教育价值

如何将课程内容转化为学生的学习过程和自我建构？创享语文以"实践是语文学习生命"这一底层逻辑推进教学方式变革，促进学生在学习过程中不断创生和共享语文教育的价值。

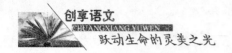

（一）逆向教学，坚持学生立场

1999 年，美国课程与教学领域专家格兰特·威金斯和杰伊·麦克泰格提出了一种新型教学模式，其核心理念是"以终为始"，从想要的结果（目标或标准）开始，首先明确预期的结果，其次确定能够证明到达结果的证据，最后来设计教学体验，这是一种从教学目标—教学评价—教学活动设计的"逆向"教学模式。

"逆向教学法"坚持学生立场，课程应站在学生的角度来思考以适应学生的发展需要，教学活动的开展从教师中心转向学生中心，真正把学习变成学生自己悟出来的经验。在"逆向教学法"中，创享语文突出儿童立场，让儿童站在课堂中央，深入践行"从教走向学、从学走向创、从创走向享，让儿童享受有价值和情趣的语文生活"的教育主张。

（二）问题驱动，淬炼思维品质

以"做中学"为理论基础，杜威倡导问题解决教学模式，即问题教学法。问题教学法引导学生运用智慧去探究或探索以解决问题。"问题教学"为学生提供了一个交流、合作、探索、发展的平台，在教学活动中以"问题"为线索，让学生基于问题情境发现探索知识，掌握技能，学会思考、学会学习、学会创造，促进创造思维的发展。

问题教学法以"问题"为线索，关注思维能力培养。2022 年版语文课标坚持以问题为导向，特别注重对实际问题的有效回应，发展学生的实际问题解决能力。创享语文以问题探究为主轴，引导学生主动质疑、聚焦核心问题，在问题探究中与文本、作者、同伴、教师充分对话，在习得、运用、探究学习过程中，融通多种知识和思维方式，实现问题发现与解决，获得系统性知识能力建构、创造性成果享受、审美性情感体验。

（三）体验教学，深耕情境育人

体验式学习始于 20 世纪 40 年代的英国，运用于户外学习中。帕克·巴默尔说过，深入而持续的体验对我们的影响最大，在我们自己的身体和意识中留下了持久的烙印。体验式教学是根据学生的认知特点和规律，通过创造实际的或重复经历的情境和机会，呈现或再现、还原教学内容，使学生在亲历过程中理解并建构知识、发展能力、产生情感、生成意义的教学观和教学形式。体验式教学中的学习过程不是"坐而受道"的过程，而是"行而体道""做中学"

的过程。

体验式教学注重真实情境的创设，让学生在活动体验中习得知识和能力，培养核心素养。创享语文关注学生的自主体验，进入文本情境或联结生活的任务情境，在情景中体验感悟，经历言语输入、理解、生成、输出、反馈等过程，获得思维历练、情感体验、经验积淀。学生在创享语文中得到从认知到实践、情感的全面体验，在真实体验中赢得认知觉醒、思维觉醒、创新觉醒。

（四）情感共生，丰盈生命体验

我国情感教育研究的先驱朱小蔓教授认为，情感教育是指在学校教育、教学中关注学生的情绪、情感状态，对那些关涉学生身体、智力、道德、审美、精神成长的情绪与情感品质予以正向引导和培育，感情是学生发展的动力之源、创造力之源、分享之源。

情感教学强调教学生态的作用，学生在和谐、民主且有规则的教学环境里，更容易学习。在有情感共鸣和支持的环境里，学习效果更佳。美国课程改革专家罗伯特·马扎诺提出了学习五维度论：态度与感受、结构取向、扩展与精炼知识、有意义的知识运用、培养良好的思维习惯。态度与感受直接决定学习的质量。以情感教学为主线的教学关注学生的情绪、情感状态，学生的语文学习更有深入生命的体验。

四、评价牵引，撬动学教变革

随着建构主义教育理念的不断深入，教学评一体化越来越深入人心。从价值功能看，评价不再是对学习结果的价值判断，而是借助纸笔测试、过程记录、学习任务与实践活动等方式，搜集学生学业行为的表现特征，以检验和改进学生的"学"和教师的"教"。评价的诊断、反馈和激励功能，驱动着语文教育改革向前发展。

创享语文重视评价驱动，倡导评价育人。创享语文的学习评价包括创享课堂教学评价和创享活动评价两大部分。创享课堂教学评价包括教学设计评价、课堂生态评价、教学活动评价、素养生长评价。创享活动评价包括语文学习活动评价和语文生态评价。

创享语文将评价作为一种课程，融入教学全程全域，强化评价的情境性，将评价变成激发创生的策略，将评价结果变成正向能量，提供个性化跟踪指导方案。也就是通过评价促进创生、融通、共享，实现导引语文素养生长的方

向、内生语文学习的动能、拓展语文素养生长的内涵、唤醒语文发展的潜能、催生语文的关键能力等评价育人功能。

创享语文针对小学语文教育的诸多困境展开研究。如学生学习动力不足、能力薄弱、学习方式单一、学习习惯问题突出，导致小学生语文核心素养形成与发展缓慢甚至滞后的问题；如小学语文教学缺失学科育人、素养导向、个性释放的问题；如小学语文教师教育思想与观念滞后、教育情怀与担当不足、缺乏改革进取精神、知识能力结构与学生发展需求错位等问题。纵观大语文观的发展、语文教育评价改革、语文教育素养导向等改革走向，梳理提炼问题式教学法、体验式教学法、情感式教学法等国内外先进教法之精粹，萃取其实践体验、融通创生、共享共长等教学智慧特质，融入创享语文的教育思想和实践建构。源于对语文教育的执着和改革创新的使命与责任担当，把握语文教育改革之大势，四川省杨丽名师鼎兴工作室开启了突出"创生、融通、共享"特质的创享语文教学改革新路，架设了语文与生活、语文与生命、语文与世界的融通桥梁，基于真实的情境创设、问题牵引，让学生经历语文问题发现、提出、探索、求解的过程，经历一种真实而富于价值意义的体验言语运用实践过程，获得语文知识、能力、情感、价值观念的创生性建构、发展性共享，实现语文核心素养的朴茂生长和语文生命的优质发展。

第二章　意义重构

——享拥一种有价值和情趣的语文生活

致力于语文教育的本质回归和意义重构，四川省杨丽名师鼎兴工作室的老师们，在语文教育的现实批判中，展开了创享语文内涵特征和教育思想主张的自主性建构。

第一节　创享语文：学生与现实世界生动循环的教育活动

一、创享语文的内涵构建

创享语文是一种新型的语文教育思想及实践模式，它强调语文学习注重实践体验、融合创生、共享共长，以学生语文核心素养发展为导向。

创享语文着力创建互动融通、共振激发、个性激扬的生态场域，将教材单元转化为大情境、大任务统领的教与学单元，拓展学习的时空，让学生经历真实情境下的自主、融通、创生、共享的学习过程，通过场域与内容的创生、时间与机遇的赋予，实现学生语文素养的生长。

人的发展过程不是一个封闭的过程，而是发展主体在构筑与现实世界的多维关系基础上丰富人本质的过程。创享语文努力构建学生与现实世界生动循环的教育活动。

二、创享语文的价值确认

"语文课堂"不应是"休闲场"，也不是"读背抄写做习题"训练场，语文

学习只有走出传统的知识灌输、能力训练教学，遵循学科本质，回归素养培育，关注学习生命的生长，才能让学生真正亲近母语、热爱母语，从而实现"培根铸魂"之目的。

创享语文力图打破学生局限于单一的认知过程、知识训练和课堂教学内在要素之间的封闭循环，为学生建立起语文学习与现实世界的价值关联，以达成培养完整的人的本质诉求。

创享语文注重发挥语文学科的育人功能，架设语文与生活、语文与生命、语文与世界的桥梁，在言语运用实践中实现教师引导下的学科价值引领，融入生命价值，实现语文素养与人文精神共生共育。

创享语文致力于"为学生发展奠基"的价值实现，坚持小学语文素养培养走向，强化现代课堂注重"自主生长力、实践创造力、协同发展力"培养的特征，帮助学生打下厚实的精神底蕴、语文功底、关键能力。

创享语文着力于建构新时代创享语文实践范式，推动小学语文教育实现认知与实践、情感与价值观融合发展的改革创新，让创享语文教学主张、价值取向、理想图景变成富有质效的课堂实践和丰富鲜活的语文生活，赢得新时代小学语文教学的优质高效和学生语文核心素养的优质生长。

创享语文追求创造一种有价值和情趣的语文生活，让学生在真情投入、潜心探究、实践体验、互动激发、自主建构中，实现语文知识、思维方法、情感情意、价值观念的创生建构与共享共长，提升语文生命质量，既优化知识结构、发展思维能力，又丰厚语文情感、提升价值观念，形成生机勃发的语文生命样态。

第二节　核心主张：深耕学科育人　涵育语文素养

一、寻找培养核心素养的语文教育途径

致力于探索语文教育与素养生长的根本途径，杨丽工作室提出了"在创享语文中培育核心素养"的语文教育策略。

（一）创享语文是核心素养生长的重要场域和途径

语文核心素养是在语言实践活动和真实的语言运用情境中发展起来的。学生核心素养的生成呼吁学习过程中的实践感。所谓"实践感"是指学生的学习是以缔结教学主题与现实世界之间的价值关系为基础，朝向现实设计并丰富主体体验的实践信念、实践场域和实践样态。它反映的是教学主体、教学价值观、教学内容以及教育环节等朝向现实世界的信念、态度和习惯，体现学科学习的实践属性、实践意识和实践指向性。创享语文着力创建真实的语言运用情境、开展丰富的语言实践活动，注重素养导向的目标引领、学习内容的统整优化、真实情境的有机创建、教学流程的交互推进、学习成果的交流共享，为语文核心素养提供适宜的生长场域和途径。

（二）创享语文旨在"让儿童享受有价值和情趣的语文生活"

创享语文把人的发展作为目的，着力实现从知识教学中心转向学科育人本位，既关注学生能学到什么，达到什么学业水平，更关注学习过程质量，注重学生在学习活动中的状态、体验和感受。创享语文通过创建有激发力、探究力、创生力、共享力的语文教学生态——"从教走向学、从学走向创、从创走向享"，让学生享受一种有价值和情趣的语文生活，培养语文学习力、创造力和精神生长力，提升语文生命质量，发展语文核心素养。

（三）创享语文注重培育创新素养，促进学生精神成长

创新素养是个体在提出和解决问题时所表现出来的创新精神和创新能力，是创新思维、创新方法和创新人格的综合，是创新的基因和基础。随着国家和社会对创新型人才的要求逐渐提升，培养学生的创新素养越来越成为学校教育的重要任务之一。创新素养也是世界各国制定核心素养标准的关键要素之一。2021 年 3 月，教育部等六部门印发的《义务教育质量评价指南》中，将"创新精神"作为学生"学业发展"的重要部分之一。创享语文将课程内容同生活世界有意义地联系起来，把学科内容与活动整合，利用主题牵引课程教学，让学生在做中学、学中做，在课堂经历的学习过程中培养问题解决、创新、合作与交流等素养。

创享语文注重积极的情感培育，促进知识从获取到内化并有意义地灵活运用，突出创新素养尤其是创新性思维和创造性人格培养，让学生共享学习意义和审美体验，发展协同、包容、理解、尊重、担当、分享等积极情感和人文精神。

二、从"融合创生"到"共享发展"：润育创享语文思想

凝练、升华创享语文思想，杨丽工作室建立了三维递进的"创享语文"思想。

（一）融合创生思想

"融合"是手段，是基础，是意识转变和理念更新，既是学习主体与客体的融合，又是学习主体知、情、意、行的集合；"创生"是目标、目的、指向，是基于行为的变革、策略的构建，是"人无我有"和"人有我优"的创造性生长、变通与发展，指向思想的创意、精神的创立、方法的创新和路径的创生。创享语文在价值取向上，追求"以整体的语文教育培养整体的人"，主张融合创生，通过多元融合实现语文教育的统整性，通过积极创生真正实现学科育人。

（二）生态涵育思想

郭沫若倡导："教育要顺应儿童的自然天性，体现天人合一""教育应突破教育的围墙，与社会、家庭融为一体，强调开放整合，实现一种教育的生态平衡"。"生态"强调系统中各因子之间的相互联系、相互作用以及功能上的统一，含有系统、整体、联系、和谐、共生和动态平衡之意。《宋书·顾觊之传》："夫圣人怀虚以涵育，凝明以洞照。""涵育"即涵养、化育，是适性而育。创享语文主张培育和谐的"教与学"的关系以及"教学与环境"的关系，构建具有创享特征的生态场域，使其成为语文教育的一部分，发挥隐性力量。

（三）共享发展思想

共享发展理念是新发展理念的出发点和落脚点要求。共享发展理念蕴含着公平、正义的价值要求，共享发展的目的是现实的人的发展。共享发展强调人人参与，人人尽力，在发展中实现共享，在建设中体现共享。这一思想引入创享语文，以促进学生主体之间也包括学生与教师之间的学习交互、思想交流、情感交融，促进学习主体的知识、能力、素养等全面发展。共享发展以学生的自我创生为前提，以学生情感、思维的相互交融为特征，以涵养生命为目的。

第三节　行动指针：坚守原则的创享语文行为特征

一、六条原则导航创享语文实践

践行创享语文的思想主张，杨丽工作室提出了"创享语文"的六条行动原则：

> 教学从儿童出发，让每个生命真切在场
> 教学与生活链接，开掘素养生长的源泉
> 教学以问题导航，点亮思维的个性之光
> 教学重学导互动，知行统一获真知灼见
> 教学重拓展延伸，洞开语文学习的时空
> 教学促创生共享，让语文生命情韵流淌

（一）教学从儿童出发，让每个生命真切在场

创享语文遵循主体教学及具身学习理论，强调教学从儿童出发，即以儿童为中心，关注每个学生的成长和发展。在教学设计中做到心中有人，准确把握学生的学习起点、学习兴趣、学习困惑及认知特点，设计多样化的教学内容和活动，激发学生的学习兴趣和主动性；在教学过程中关注学生的真实体验和全程参与，关注学生在学习场域中的生命体验和情感表达，通过创设积极、互动的学习环境，展开丰富而深刻的对话和思考，让儿童的自然生命、社会生命和精神生命在课堂上绽放。

（二）教学与生活链接，开掘素养生长的源泉

教学不是由单一的以书本知识传授或知识供给为中心的教与学关系构成的。教学充满着主体与客体、物质与精神、个人与社会、历史与现实、语言与文化、书本与生活、感性与理性、认知与实践等多维复杂关系。构筑发展主体与现实世界的实践关系，是彰显学科教学发展性的根本基础。教育要通过生活

21

才能发出力量而成为真正的教育，生活是语文课程的整个世界。语文教学如脱离生活，便成了无源之水、无本之木。教学与生活链接才能让学习真实发生。这一主张弘扬了杜威的"教育即生活"思想，也发展了叶圣陶的"生活即教育"主张。

（三）教学以问题导航，点亮思维的个性之光

教育家波利亚曾说："问题是教学的心脏。"教师应根据学生的实际情况和教学内容设计主问题，利用问题导航的形式，以主问题为明线，以学科核心素养为暗线展开教学。主问题的引导帮助学生在自主学习中获得知识，从而发展学生的学科思维，提高核心素养。创享语文把教学过程看作"情境"之中的问题解决过程，是师生发现问题、提出问题、分析问题和解决问题的闭环学习过程。"情境"即李吉林老师提出的"有情之境"和"活动之境"。创享语文认为，启发性问题更能激发学生从浅表学习走向深度学习，促进学生深入思考问题，进而把握事物的本质和规律。创享语文强调，真实而富有意义的情境是学习走向本质的必然条件，这一主张契合了皮亚杰儿童认知发展理论中的建构主义思想。

（四）教学重学导互动，知行统一获真知灼见

在课堂教学中，教师的"导"与学生的"学"构筑起了教学的"双边"；是教师的"导"与学生的"学"同频共振、联动共生奏出的交响乐。明代思想家王阳明提出了"知行合一"的主张，他认为，"知是行的主意，行是知的功夫；知是行之始，行是知之成"。对于学生发展与学习而言，存在着感性与理性、理论与实际、认识与实践、科学世界与生活世界、思维与存在之间的关系，即"知行关系"。在创享课堂上，学生在课堂规则护航下，与他人、与媒介、与社会交往对话，形成"互动融通""共振激发"的教育生态，一种以学生为本、高扬课堂生命价值、激扬生命优质成长的生态型课堂。

（五）教学重拓展延伸，洞开语文学习的时空

学生在完成课本学习目标的基础上不断积累同类型语言知识，并注重知识迁移运用，实现举一反三、触类旁通，这是奥苏贝尔认知结构迁移理论在创享课堂中的实践运用。与此同时，语文知识的迁移拓展、实践运用，离不开广阔的语文学习实践空间与场域，创享语文注重打通语文与生活实践、语文与自然生态、语文与人文社会的通道，既扩展着语文的学习资源与内涵，也不断拓展

着语文学习的广阔时空。

（六）教学促创生共享，让语文生命情韵流淌

创享语文注重从儿童出发，强调民主的氛围营造、尊重差异和个性，激活学生学习的原动力；关注课堂文化营建，培育平等、协同、友爱的师生关系、生生关系，遵循"自学、共研、共享、共建"的学习规则，形成创享课堂运行机制。这也是哲学家尤尔根·哈贝马斯的"交往行为理论"在创享语文中的实际运用。

二、"五大特征"刻画创享语文特质

（一）生态滋养性

生态滋养指构建具有创享特征的生态场域，具体表现为重视课堂关系建设，优化教与学的辩证统一，课程内容要适宜教与学的需要，教学与环境的关系要优化，向以学习为中心的新型课堂培育转型，使语文学习保持良性态势发展。课堂生态是在一定的教学时空内，以课堂教学为中心的教师、学生和教学环境相互影响、相互作用的具有信息传递功能的统一体。

（二）实践体验性

创享语文强调真实的语言运用情境和积极的语言实践。教师通过创建对接生活实践、真实问题导引、生动形象、情趣交融的学习情境，激发学生学习的兴趣与热情；学生在人与自我、人与媒介、人与他人、人与社会、人与自然等多主体、多元素、多时空的实践体验中，加深了对语文知识和技能的理解和应用，提升了学习效果和创新能力，实现了学习资源、学习方式、学习经验、学习成果的互动共享。

（三）融合创生性

融合是指通过学科与生活的融合，学科与学科的融合，知识与事物的融合、知识与知识的融合、知识与行动的融合以及知识与心灵的融合，促成学生语文核心素养的多维发展和整体生成。创生是指学生在语文实践活动中，特别是在问题发现与提出、分析与求解过程中，创造性、自主性建构知识体系、提炼思想方法、形成价值观念、抒发情感情意，进一步促进思维能力发展，提升

问题解决的能力。

（四）时空拓展性

随着元宇宙时代的来临，人类尝试通过数字世界拥有无限的时间和空间，按需要缩短时空的距离或者跨越时空的限制，甚至不受时空的约束。比如不断拓展新的空间、同一时间身处不同的空间、让时光倒流或者情境重演等。获此启迪，创享语文的学习不限于教室内、课堂内、教材内，包括物理空间拓展、虚拟空间拓展、结构要素拓展、生活空间拓展、实践空间拓展、机会空间拓展。

（五）深度探究性

深度学习是一种高品质的学习方式、学习状态和学习结果，提倡主动性、批判性的有意义学习，要求学习者在真实的社会情境和复杂的技术环境中更加注重批判性地学习和反思，通过深度加工知识信息、深度理解复杂概念、深度掌握内在含义，主动建构个人知识体系并有效迁移应用到真实情境中以解决复杂问题，最终促进全面学习目标的达成和高阶思维能力的发展。探究式学习是一种科学的学习过程，是指从学科领域或现实生活中选择和确立主题，在教学中创设类似于学术研究的情境，学生通过动手做、做中学，主动地发现问题，通过实验、操作、调查、收集与处理信息、表达与交流等探索活动，获得知识，培养能力，发展情感与态度，特别是发展探索精神与创新能力。创享语文着力体现"深度探究"学习特质，注重学生的主动参与，让学生在核心问题或关键任务驱动下，主动参与实践体验、讨论碰撞、拓展应用等积极的语言实践活动，在探究中主动获取知识、应用知识、解决问题。

第四节　理论支撑：叩问语文育人本质的哲理之思

创享语文是培养学生语文核心素养的新型育人模式，重视"育人"本质，重构"育人"过程，尝试回答新时代教育背景下语文核心素养培育问题。本节重点从教学思想、教学内容、教学方式、教学环境着手，阐述创享语文的理论支撑。

一、回归学科育人本位的教学思想转向

创享语文把人的发展作为目的，突破知识教学中心的传统教育教学思想，关注学生、关注学习过程，实现学科育人本位的转向。在文化引领、课程构建、课堂实施、课堂评价上，均紧紧围绕"发展学生核心素养"的目的，尝试促进学生思想文化修养提升、建立文化自信、"五育"发展，回归"育人"本质的思想。

（一）以学生为主体

以学生为主体，除关注学生作为自然人的主体性外，还强调教育教学措施围绕"学生"中心展开。著名教育家卢梭关于自然、自然人及自然教育的论述，阐明了一个深刻的道理：教育就是要服从自然的永恒法则，任人的身心自由发展。在教学中，他批判灌输和强制，强调根据儿童的个人爱好和兴趣，让儿童从个人活动中自然地获得知识。围绕"学生中心"展开的教育教学，是要实现以"教师中心"或者以其他为中心的价值取向的转变。赵炬明教授通过整合各方要素，将以"学生为中心"具体定义为"以学生发展为中心、以学生学习为中心、以学习效果为中心"。[①]

教育要关注学生的个性发展、因材施教，抓住其闪光点，极力弘扬学生的个性，使学生得到全面的发展。毋庸置疑，教学的核心是学会学习，依据这一教学本质，引导学生学会自主学习、学会创造性地学习、学会享受学习。这一教学理念，转变了传统教学弊端和新课程改革以来课堂教学仍以工具理性为价值追求的现实，使课堂教学顺应现代社会对教育发展的更高要求，充分满足人在教育场域中的精神需要和价值实现目标，充分体现出教学关注个性、提倡自主、尊重人性的意蕴，以及"为了人、发展人、成就人"的价值旨归。[②]

（二）以学习为本位

"以学为本"的思想可以追溯到《学记》。"学者有四失，教者比知之，或失则多，或失则寡，或失则易，或失则止，此四者，心知莫同也。"教者必须

---

① 赵炬明，高筱卉. 关于实施"以学生为中心"的本科教学改革的思考［J］. 中国高教研究，2017（8）：36—40.

② 马维林. 以学为本的教学内涵阐释与形态建构［J］. 教育理论与实践，2016，1（36）：53.

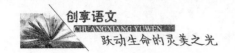

对学习者的失误深入分析，做到知心、知性、知学，才能"救其失者也"。"君子之教，喻也，道而弗牵，强而弗抑，开而弗达。"教师只有根据学情诱发启导，才能调动学的主观能动性。《学记》提出的"预""时""序""孙"等学习原则，《中庸》提出的"博学之、审问之、慎思之、明辨之、笃行之"的学习过程阶段论，都说明教的过程必须遵循学的过程。①

现代教学论认为，教学过程是学生的特殊认识过程，是促进学生发展的过程。它必须以学生学习的过程及其规律为基础。正如陶行知所讲的"教的法子，必须依据学的法子"。叶圣陶也说，"教是为了达到不需要教"。

人本主义教育心理学家罗杰斯提倡的"以学习为中心的非指导性教学"主张教育的目标应该促进变化和学习，培养能够适应变化和知道如何学习的人。建构主义学习理论认为，在具体问题的解决中，需要针对具体问题的情境对原有知识进行再加工和再创造。个人对知识的理解，需要个体基于自己的知识经验而建构，需要取决于特定情境下的学习历程。因此，学生不是简单被动地接受信息，而是主动地建构知识的意义。基于这种学习观，教学不能无视学习者已有的知识经验，不能简单地灌输，而应该把学习者原有的知识经验作为新知识的生长点，引导学习者从原有的知识经验中，主动建构新的知识经验。教学不是知识的传递，而是知识的处理和转换。②

法国著名思想家埃得加·莫兰提出复杂思维范式。他认为教育是一个复杂的、开放的社会系统，教育活动是最具有复杂性的一种活动。其中自组织教育认为教育的机制是通过学生的生命活动实现的，通过符号实践而提升生命层次。在教育过程中应该一切为了学生，高度尊重学生、全面依靠学生，将学生看作最大的教学资源，让学生成为教育的出发点与归宿。

2022年版语文课标也指出学生是学习的主体。语文课程必须根据学生身心发展和语文学习的特点，爱护学生的好奇心、求知欲，鼓励自主阅读、自由表达，充分激发他们的问题意识和进取精神，关注个体差异和不同的学习需求，积极倡导自主、合作、探究的学习方式。

① 潘莉娟，乔炳臣. 从教与学的关系谈现代教学论研究的理论基础 [J]. 高等师范教育研究，1996 (1)：45.

② 建构主义学习理论 [EB/OL]. https：//baike. baidu. com/item/％E5％BB％BA％E6％9E％84％E4％B8％BB％E4％B9％89％E5％AD％A6％E4％B9％A0％E7％90％86％E8％AE％BA/10810164?fr=aladdin.

（三）以创享为特征

"创"聚焦课堂动力与活力激发、学习力和创造力培育，"享"指向"学习过程与成果共享"，二者互动交融，形成"创享语文"教与学的特质。

从哲学家尤尔根·哈贝马斯的"交往行为理论"来看，教师与学生之间发生的相互作用行为，涉及平等的主体间的交往行为关系。在交往过程中，主体间是"相互理解、彼此信任、相互依存"的真诚状态。创享语文的教学过程是遵循教学规律、符合约定学习规则的师生平等对话，是个性化的主体间进行文明互动交流和共创共享的过程。

群体动力学也指出，群体不是简单的个体的集合，而是由一群相互关系的个体形成的有机整体，群体内的成员相互依赖并相互影响。群体中存在着各种不同的动力因素，推动着群体的演化和发展。创享语文从学生出发，强调民主的氛围，尊重差异和个性，激活学生主动学习的原动力；关注课堂文化，建设平等的师生关系、友好合作的生生关系，遵循"自学、共研、共享、共建"的学习规则，形成创享课堂运行机制。内在追求和外显文化汇集形成群体驱动力，促进群体的发展演化，实现个性发展、共同发展。

"创生""共享"是充满个性化的生命交往互动，是富含驱动力的群体共进发展，二者共同交织出创享语文学习的生命线，共同促进课堂从教走学、从学走向创、从创走向享，通过以享促创、以创促学、以学促教，实现教、学、创、享共生共进。

二、拥抱生活经验意义的教学内容发掘

杜威提出"教育即生活"的思想，他认为最好的教育就是"从生活中学习、从经验中学习"。叶圣陶指出"生活即教育"，教育要通过生活才能发出力量而成为真正的教育。语文教学如若脱离生活，便成了无源之水、无本之木。语文教育如果远离了生活这个课堂，就意味着失去了课程的另一半世界。

2022年版语文课标深刻体现"语文教学生活化"的思想，"结合上下文和生活实际了解课文中词句的意思""积累在生活中获得的语文材料""能提出学习和生活中的问题""解决与学习和生活相关的问题"。

创享语文以课标为依据，聚焦核心素养导向，将语文学习与生活有机链接，以全面提升学生的语文素养为目标，培养学生主动探究、团结合作、勇于创新的精神。

（一）语文学习的过程就是生活的过程

刘国正指出，教学的四壁不应成为水泥的隔离层，应是多孔的海绵，通过多种孔道使学生和生活息息相通。应打破教学与生活的壁垒，变自我封闭性为开放性，使学生联系丰富多彩的生活学习语文，从而提高语文素质，提高生活质量。于漪老师说过：语文教学要"变自我封闭性为开放性，开发语文教育空间，面向生活，面向社会，面向活泼的学生，不用机械的训练消磨学生的青春"。由此可见，教学与生活链接，才能让学习真实发生。因为学生学习语文的过程，实际就是不断激活生活体验的过程，同时生活的体验又能从不同的方向解读语文学习的内容。学生生活体验越丰富，对语文学习内容的解读就越深刻。因此，教学中应当尽量为学生创设生活化的情境，使语文学习回归生活。与生活实际相符的交际情境，容易使学生产生一种身临其间、似曾相识的感觉，学习情绪也会因此变得高涨起来。

（二）开发生活中的语文教学资源

美国著名教育家华特指出，语文学习的外延与生活的外延相等。教学与生活链接，就是要开发生活中的语文教学资源。各地区都蕴藏着自然、社会、人文等多种语文课程资源。社会时时是语文课堂，处处有语文信息。吕叔湘说："语文跟别的课不同，学生随时随地都有学语文的机会。逛马路，马路边的广告牌，买东西，附带的说明书，到处都可以学习语文。"教师在教学中可以结合乡土历史、乡土地理、乡土经济、乡土文化，根据学生各自的兴趣爱好，选择不同的问题进行研究，为学生创设一个动态的、开放的、主动的、多元的学习平台，让他们在生活中汲取营养、增加生活阅历、孕育乡土情感、汲取文学素材，从而提高文化素养、丰富文学情感、增加语文学习能力的储备。

（三）把学生引向生活，把生活带进语文

教学与生活链接，就是要把学生引向生活，把生活带进语文，让学生触摸鲜活的、亲切可感的生活化语文。在教学实践中，通过观察生活、模拟生活、体验生活，可以让学生有更强的理解能力、感受能力和感悟能力，以及浓厚的学习兴趣。卢梭早已提出，学生只是被动接受书本知识及教育者的口头训示即"填鸭式"的教育是毫无效果的，重要的是要身临其境、身体力行。显然，这种身临其境就是生活教育。教师通过创设主题让学生深入实践、了解生活，品味生活，在生活的大环境中汲取文化营养，构建大语文学习体系。同时也让他

们在实践中"用自己的心灵去领悟、用自己的语言去表达、用自己的观点去判断、用自己的思维去创新"。

教学与生活链接，就是要实现学习资源与学习者之间的"融合、创生、共创、乐享"。突破教材、学科为中心的体系，丰富语文教学，拓展语文学习空间。让学生放眼世界，启迪学生智慧、挖掘学生的潜能、激发学生的创新意识，让学习走向生活的拓展和延伸，为新型语文课堂带来勃勃生机。

三、沉浸语言运用情境的语文实践路径开拓

2022 年版语文课标指出，义务教育阶段语文课程培养的核心素养，是学生在积极的语文实践活动中积累、建构并在真实的语言运用情境中表现出来的。课程的实施注重"语文学习的实践性"，语文学习情境"符合学生认知水平"，"源于真实需求"、服务于"解决真实问题"。基于此，创享语文在核心素养培养方式上强调"基于问题"创建真实情境，突出"深度参与""经历挑战""自我建构"。

（一）学习的过程是意义建构的过程

著名心理学家皮亚杰认为，"儿童是在与周围环境相互作用的过程中，逐步建构起关于外部世界的认识，从而使自身认知结构得到发展"。儿童的认知结构通过"同化"与"顺应"逐步建构起来。

建构主义源自皮亚杰儿童认知发展理论，其学习观强调，学习不仅是"从外到内"的知识转移和传递，而是学习者主动地建构自己知识经验的过程，即通过新经验与原有知识经验的相互作用，来充实、丰富和改造自己的知识经验。[①] 在教学过程中，教师所扮演的角色，是学生知识建构的引导者、帮助者和合作者。教师要巧妙地激活学习动机，适时地引发学生学习，灵活地激励学生思考与质疑。创享语文课堂范式建构，依循建构主义学习观，教学充分掌握学情、尊重规律，学生知识的学习与内化在意义建构的过程中自主发生。创享语文在教学方式上，强调基于学习主题、核心问题及大情境、大任务展开自我建构的学习。其创生性也体现在问题发现与提出、分析与求解的过程中，学生产生知识建构、思想方法、价值观念、情感情意。

---

① 郑金州，吕洪波. 教师不可不知的教育流派 [M]. 上海：华东师范大学出版社，2012.

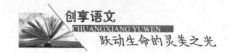

（二）学习的过程是问题解决的过程

雅斯贝尔斯在《什么是教育》中指出：某种意义上，课堂应该成为师生人格自我实现的舞台，课堂经历应该是一种令人兴奋的具有挑战性的智力生活，是一种充满智慧的精神体验，是一种"富有生命的交往"。显然，这种"富有生命的交往"与传统意义上被牵引的沿着既定路线的交往方式截然不同，这种交往是基于学生真实有效的问题。可以说，没有问题的学习就是假学习。

语文具有工具性和人文性双重属性。学生的语言能力只有在实践中才能不断巩固、发展，在实践中才能提高。而传统意义上的语文课堂，往往以教师先入为主的难点、重点为主导，忽略了学生真正感兴趣、富有挑战性的思维实践，这种思维实践的前提就是问题。陶行知先生主张，"解放小孩子的嘴""儿童应当有言论自由，有话直接和先生说，并且高兴心甘情愿和先生说"。在语文教学中，注意引导、启发学生"每事问"，多给他们创设发言的情景。小孩子得到言论自由，才能充分发挥创造力，较好地训练口头语言和思维。

2022年版语文课标提出，语文课程必须根据学生身心发展和语文学习的特点，爱护学生的好奇心、求知欲，鼓励自主阅读、自由表达，充分激发他们的问题意识和进取精神。爱因斯坦说："提出一个问题往往比解决一个问题更重要！"因此，培养学生的问题意识，倡导勇于提问的精神，教会学生提问是培育语文关键能力的一个重要组成部分。通过问题进行学习，让学生把问题看作学习的动力、起点和贯穿学习过程的主线；同时强调在学习中产生问题，把学习过程看成发现问题、提出问题、分析问题和解决问题的过程。

（三）启发性问题是引导和伴随深度学习的伙伴

美国心理学家布鲁姆指出：许多学生在学习中未能取得优异成绩，主要问题不是学生智慧欠缺，而是没有适当的教学条件和合理的帮助。因此，在教学中积极创设各种情境，提供合适的学习条件和合理的帮助是教师的根本任务。适当的学习条件很大一部分就是富有启发性的问题。问题的启发性是语文教学走向思维型课堂的基础，是教师激发学生思维的基本方式。因为思维往往以完成某个具体的任务为目的，具体指向某个或某几个问题的解决。彭华生在《语文教学思维论》一书中指出，思维具有问题的性质，并往往表现为一种有目的、有组织、颇为紧张的过程。[①] 可见，课程中教师的启发性问题也非常重

---

① 彭华生. 语文教学思维论［M］. 南宁：广西教育出版社，1966.

要。问题既是引发学习的前提，也是推进学习进程的推动器，是激发学生思维走向纵深的引擎。启发性的问题，不管是教师提出还是学生提出，都能激发学生从浅表学习走向深度学习。因为问题的启发性往往与思维的深刻性相结合，所谓思维的深刻性，就是指能深入地思考问题而把握事物本质和规律的一种思维品质。

小学语文课堂"深度学习"就是追求学生的自主学习与深度建构，课堂教学走向融合，丰盈语文课堂的密度；走向多元，充实语文课堂的厚度；走向简约，追求语文课堂的"纯度"；走向内核，指向语文课堂的高度；走向自主，抵达语文课堂的深度。

（四）真实而富有意义的情境是学习走向本质的必然条件

著名儿童教育家李吉林教授指出情境教育之情境，是"有情之境"，是"活动之境"，是一个师生互动、有情有趣的网络式的广阔空间。它将教育以及教学内容容纳在一个多姿多彩的大背景中，是促使儿童能动地活动于其中的环境，是根据教育目标优化的环境。"这种人为优化的环境，促使主体的能动活动与现实环境优化的统一，激发儿童潜能与培养塑造的统一，最终达到素质的全面提高与个性充分发展的统一。"[①]

2022年版语文课标在"课程理念"中明确指出，增强课堂实施的情境性和实践性，促进学习方式的变革。课程实施要从学生语文生活实际出发，创设丰富多样的学习情境，设计富有挑战性的学习任务。在"教学建议"里也明确提出"创设真实而富有意义的学习情境，凸显语文学习的实践性"。

在真实的情境中，通过发展真切的情感、解决真正的问题，让学习回归本质、回归本真，学生的能力和品格才能得到切实发展，语文教学才能肩负起"建立文化自信""培育时代新人"的任务。

四、舒展生命个性的语文生态场域培育

创享语文注重素养导向的目标引领、学习内容的统整优化、真实情境的有机创建、教学过程的交互推进、学习成果的交流共享，为语文核心素养提供了适宜的生长场域和途径。

---

① 李吉林. 儿童情境学习范式建构的历程［M］. 北京：教育科学出版社，2018.

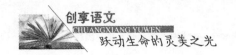

（一）情感和谐、关系民主

我国当代情感教育理论倡导者朱小蔓教授将情感教育的内涵定义为"关注人的情感层面如何在教育的影响下不断产生新质、走向新的高度，也是关注作为人的生命机制之一的情绪机制，如何与生理机制、思维机制一道协调发挥作用，以达到最佳的功能状态"。[①] 从教育教学的过程来看，情感教育指向创设情境调动学生情感因素，以此生成学生的情感体验；从教育教学的目的来看，则指向发展学生的感受理解能力，丰富其情感世界，促进学生全面、协调发展。创享语文的学习发生在群体多元多向的平等、民主的交流共享中。语文学习中的情感生成、体验与共鸣是学生学习的动力之源、创造力之源、分享之源。在教师的情境创设和情感激发中，学生由自发的情感投入到情感发展与升华，精神世界得到丰盈，其核心素养得到生长。

美国课程改革专家罗伯特·马扎诺提出了学习五维度论：态度与感受、结构取向、扩展与精炼知识、有意义的知识运用、培养良好的思维习惯。基于积极的情感调动与情感培育，创享语文实现知识从获取到内化并有意义地灵活应用，培养良好的思维习惯。强调基于扎实的知识建构，突出问题解决能力培养、价值观与情感发展，并在此基础上强化学习力、创造力和培根铸魂的精神生长力培养，从而发展了五维度学习思想。

（二）互动融通、共振激发

课堂教学生态是包括诸多教学环境在内的由课堂生命体和课堂教学环境所进行的多维多向互动的综合体。生态型课堂强调以学生为本，高扬课堂生命价值，关注生命成长。

柏拉图曾说过："教育的任务在于发现各人的特长，并且训练它尽量发展自己的特长。"2022 年版语文课标在过程性评价原则中提出"应发挥多元评价主体的积极作用"这一原则，要"充分尊重学生主体地位，关注学生在兴趣、能力和学习基础等方面的个体差异，引导学生开展自我评价和相互评价""帮助学生处理好语文学习和个人成长的关系，发掘自身潜能"。

创享语文鼓励教学生命体的个性释放，倡导教学生命体之间、教学生命体与环境之间联系互动、协同发展，让语文教学焕发生命力。创享课堂文化体现"教学从儿童出发，让每个生命真切在场""教学重学导互动，知行统一获真知

---

① 朱小蔓. 情感教育论纲 [M]. 南京：南京出版社，1993.

灼见""教学与生活链接，拓展素养生长的源泉""教学以问题导航，点亮思维的个性之光""教学促创生共享，让语文生命情韵流淌"等原则。课堂规则遵循"学生主体"，坚持教学积极、适时"让位于学生自主"；师生关系平等，教师是学习者的一员，积极参与学生的问题探究，助力问题解决；生生关系和谐，互相充分尊重个体差异、共有发言机会、欢迎质疑和建议、大方肯定与赞扬。于课堂文化、规则的护航下，学生在与他人、与媒介、与社会的交往对话中，形成"互动融通""共振激发"的教育生态。

实践以理论为依据，反过来又让其更加鲜活。创享语文的探索是双向的，理论和实践的碰撞，赋予了其生长的内核。回归育人本质，以语文核心素养为导向重构课堂教学，进行"创享课程""创享课堂""创享型评价"的一体化改革，则是其生命力展开的时代答卷。在创生共享的理念下，学生语文学习效能涌动，智慧涌流，素养生长，情感丰盈，生命激扬。

实践篇

第三章　融合创生
——重构适宜核心素养生长的语文课程内容

创享语文追求彰显"融通、创生、共享"特质的教学形态，成为一种语文知识、能力、情感、价值有机建构的大语文学习过程与活动。创享语文以"融合创生"思想引领，建构具有生本适应性、生活对接性、实践体验性、创生共享性的课程内容，实现课程内容的有机关联、整体贯通、综合建构，满足学生语文核心素养的发展需要。

第一节　探寻适宜素养生长的课程内容改革走向

一、语文课程由重视高效率向重视高质量转变

改革开放以来，我国小学语文课程经历着持续的变革与更新，既有诸多成就，也暴露出诸多问题：过于注重知识与能力教育，忽视语文素养培育，忽略学生语文学习原动力和持续动力的培育激发，缺失学生个性潜能开发的策略路径；"教"为中心依然在很大程度上占领着语文课程教学高地；非此即彼的二元思维仍然阻碍着语文课程工具与人文的和谐共进；结构单一仍是语文课程实践的突出问题。

2022年版语文课标提出，当今世界科技进步日新月异，网络新媒体迅速普及，人们生活、学习、工作方式不断改变，儿童青少年成长环境深刻变化，人才培养面临新挑战。围绕核心素养目标培育的需要，建构适宜、优质的课程体系是学校教育高质量发展的必然要求。教育部原部长陈宝生指出："我国经济社会发展进入新阶段，社会主要矛盾发生新变化，在受教育机会得到充分保

障、解决了'有没有'的问题后，人民群众对公平优质教育的需求日益强烈，对教育'好不好'的关注更加迫切。"坚持高质量发展观，形成更加包容、更具活力和张力的课程体系，才能有效落实"立德树人"根本任务，解决教育"好不好"的问题。因此，如何由重视高效率向重视高质量转变，是当前学校课程内容建设亟须回答的问题。

当前语文课程正向以学生语文素养发展为核心、以唤醒学生学习原动力为关键、以寻找学生个性化发展最佳路径为目标前行。创享语文主张凸显学生主体地位、关注学生个性发展和多样化的学习需求，注重增强课程内容的适宜性、融合性、创生性。

二、传统课程内容难以满足学生核心素养的发展需要

与以往几版课标相比，2022年版语文课标首次提出以学习任务群架构义务教育语文课程内容，学习任务群中的第一个词是"学习"，是"学习任务群"而不是"教学任务群"，凸显了"学生为主体""学为中心"的教学理念。学生在识字与写字、阅读与鉴赏、表达与交流、梳理与探究等语言文字的学习过程中，应成为语文学习活动的亲历者、实践者、探索者。

调查显示，当下仍有大多数教师为追求考试分数，依然按部就班地依照教材内容进行课堂教学，甚至反复重复"重点内容"，过于简单粗暴地处理了"教什么"的问题，对课程素养导向的实践更无从谈起。这样的处理混淆了"教学内容"与"教材"的客观关系，无视核心素养培养目标，以考试分数为中心，反复讲解和操练知识点、能力点，忽略了学生在学习中的主体地位及其创生性、建构性。

华东师范大学教育心理学教授杨向东指出："领域知识不是现代课堂教学的直接目的，而是发展学生素养的必备工具。这改变了我们过去对知识的认识，也是新的教学观形成的必备基础。所有这些，都建立在学习方式变革的基础上。"创享语文的课程建构强调在真实情境下创设任务，让学生在解决真实问题的过程中获得对事物的认识、形成和理解概念，发展核心素养。

核心素养的发展本身具有综合性，需要综合性、实践性强的语文课程为之提供生长土壤。学生在创享语文学习实践中，不是单纯地学习某个知识点，也不是单纯培养某一方面的能力，而是相关学习要素的有机整合融通，学生自主观察、发现、梳理、提炼、总结，需要开展调查、参与设计、解决问题、制定

决策、提炼成果等。在此过程中，学生学习运用语言、发展思维能力、增强文化自信、促进审美创造，形成语文核心素养。

三、构建优质适宜的课程内容奠基学生终身发展

语文课程对学生终身发展具有多重功能和奠基作用，为学生正确世界观、人生观、价值观及良好个性、健全人格的形成打下基础，尤其是奠基创新精神、实践能力、合作交流能力的培养。过去那种以知识技能训练、考试分数为中心的告知式、训练式课堂，那种牵引式、浅表性的语文教学，直接造成了课堂低质低效，挫伤了学生学习动力、能力和创造力。

什么样的语文学习才能吸引学生，激发学习动力和创造力？创享语文提出了"放歌生命"的精神追求，落实到课程建构中，着眼学生终身发展，将学生看作完整的人、差异的人、成长中的人，关注语文课程的多重功能，强调在语文学习中不仅培育知识、能力，还要培育品德、情感、审美素养，构建优质适宜的课程内容。创享语文的课程建构从语文核心素养四个维度出发，通过教学目标的融合创生、课程内容的融合创生、课堂结构和教学方式的创生优化，实现学习过程的愉悦享受、课堂价值的交流分享，使学生语文课堂学习兴趣得以激发、学习能力得以提升、情感得以丰盈、价值观念得以升华，让语文学习过程成为生命的文字放歌。

第二节　构建创享语文课程内容体系

基于当下语文课程改革的宏大背景，我们立足创享语文培养学生核心素养的理念和目标诉求，建构了文化植根课程、语言奠基课程、思维炼能课程、审美铸魂课程四位一体的创享语文课程体系。四大课程的育人内核与国家新版语文课程标准提出的"文化自信、语言运用、思维能力、审美创造"四大核心素养不谋而合。

一、文化植根课程

2022 年版语文课标将"文化自信"核心素养位列其首，是指学生要认知

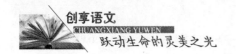
认同中华文化，对中华文化生命力有坚定信心。引导学生通过语文学习，热爱国家通用语言文字，热爱中华文化，继承和弘扬中华优秀传统文化、革命文化、社会主义先进文化，关注和参与当代文化生活，初步了解和借鉴人类文明优秀成果，具有一定的文化底蕴和开阔的文化视野。

"文化自信"核心素养的提出，其深远意义不言而喻。自人类社会诞生以来，"文化"一直伴随着社会发展与更迭，可谓无处不在。因此课程不仅是一种助力学生全面发展的教育性经验，也是文化的一种载体。而语文课程更承担着引导学生认识、理解、热爱中华文化，建立自觉自信的文化意识的重要任务。

需要说明的是，文化自信中的"文化"主要指"中华文化"，包括"中华优秀传统文化""革命文化""社会主义先进文化""改革开放文化"。文化自信是对中华文化的高度认同、自觉接纳、衷心热爱，是对中华文化生命力的坚定信心、持久信念、崇高信仰，它包括文化认同、文化积淀、文化理解、文化参与等丰富内涵。

除此之外，要求学生文化视野必须更加开阔，人类文明优秀成果也是学生需要汲取的文化养分。

基于上述理解，文化植根课程是创享语文课程体系中的重要组成部分。课程内容主要指向中华文化基础知识的积淀、中华文化价值观念的形成，以及域外经典文化的认识了解等。我们希望通过实施文化植根课程，丰厚学生的文化素养，培育积极的核心价值观，开启世界眼光。在课程形态呈现上，文化植根课程包括古诗词积累、汉字书法、字理识字、红色经典、地域文化等。

以古诗词课程为例

【课程目标】

古诗词作为我国传统文化的重要组成部分，是全人类文化遗产的瑰宝，兼具语言和文学典范价值，是小学生语文学习重要的素材来源，承载着中华民族特有的语言魅力、精神追求、人文素养和智慧力量，是滋养我们走向复兴、走向远方的文化支撑。在创享语文教育理念引领下，古诗词课程以"积累—理解—赏析"为学习主线，引导学生开展系统、多元、渐进的创生性学习活动，共享传统文化的魅力，厚植优秀传统文化素养（表3-1）。

表 3-1　古诗词课程具体目标

目标＼年段	低段	中段	高段
积累	积累、背诵优秀古诗词不少于 25 篇	积累、背诵优秀古诗词不少于 25 篇	积累、背诵优秀古诗词不少于 30 篇
理解	初步感知古诗词中的画面	初步领悟古诗词意思	大致理解古诗词意思
赏析	获得初步情感体验，感受优美语言	体验感情、展开想象，初步领悟古诗词中蕴含的思想与智慧	能够想象古诗词描述的情景，体会作者情感，了解古诗词文化的丰富多彩、源远流长

【课程设计及实施】

根据文化植根课程理念、古诗词课程目标，我们以语文教材中的古诗词教学内容为基础，在遵循学校课时安排的基础上，将古诗词课程分为"诵读积累课""品鉴赏析课""拓展分享课"三类。

诵读积累课利用晨读、午读、班级活动等途径开展，低段以诗词打卡、诵读展示为主，中段以诗词打卡、诗词接龙为主，高段以诗词打卡、诗词大赛为主。

品鉴赏析课主要以课堂教学途径开展，低段以诵读演唱、诗画创作为主，中段以赏析阅读为主，高段以读写结合为主。

拓展分享课利用课堂教学、线上分享、课外交流等途径开展，如收听诗词故事、开展专题分享、进行诗词主题阅读。各年段根据不同目标、不同特点选择相应的内容。

二、语言奠基课程

2022 年版语文课标指出："语言运用是指学生在丰富的语言实践中，通过主动的积累、梳理和整合，初步具有良好语感；了解国家通用语言文字的特点和运用规律，形成个体语言经验；具有正确、规范运用语言文字的意识和能力，能在具体语言情境中有效交流沟通；感受语言文字的丰富内涵，对国家通用语言文字具有深厚感情。"

语言是人类文明的重要载体之一，人类社会发展历程也是人类语言的发展

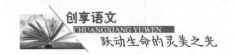

历程。一个人从出生那刻起，就开启了语言学习之旅。实际上，语言学习主要有两大途径：一是源于学习者的日常生活与社交；二是源于学习者有目的、有计划的系统性学习，它具规范性、严谨性、统一性。语文课程承担了后者的主要学习任务。

课标中的"语言运用"核心素养培养，首先要进行大量的语言积累，引导学生在梳理与整合文质兼美、丰富多样的语言材料过程中进行识记储备，建构良好的语感，进而了解掌握国家通用语言文字的特点和运用规律，达成语理的习得。在此基础上，引导学生根据不同需要，用恰当的语言表达自己的见闻、体验和想法，体现语言的表现性、创造性，最终感悟祖国语言文字的情感内涵，并热爱祖国语言文字。

基于上述理解，创享语文课程体系建构了语言奠基课程。"奠基"意为打好语言学习根基，正所谓"万丈高楼平地起"。这里的"根基"不能用笼统性、普遍性、概论性的"基础"一语带过，其内涵更为丰富、多元，它包括知识之基、习惯之基、兴趣之基、行为之基、情感之基。知识之基指语言文字的基本常识、基本规律等，即我们常说的语理。习惯之基指学生在语言整理与积累的方法学习与习惯培养中，将习惯养成贯穿语言学习的始终。兴趣之基是通过课程实施，持续激发学生对国家语言文字学习的浓厚兴趣，从小形成探究学习祖国语言文字可持续的强劲动力。行为之基是在课程实施过程中，通过多元教学途径，提供广阔的语言运用平台和多种机会，让学生在不断深入的语言实践过程中，夯实语言运用的基本能力。通过语言知识规律的积淀、语言积累习惯的夯筑、语言学习兴趣的培养、语言运用能力的锤炼，奠定对祖国语言文字的自豪、热爱等情感底色，厚植情感之基。

可以说，语言奠基课程目标非常明确，即厚植语言素养，培养运用能力，浸润语言情感。它是课程目标中"语言运用"核心素养目标的创享表达。在课程实践过程中，我们通过识字写字、口语交际、词句段运用等方式，分解目标、多维推进、逐一落实。

以识字写字课为例

【课程目标】

识字写字课以 2022 年版语文课标为基准，将识字写字作为贯穿小学阶段的重要教学内容，旨在让学生认识和书写常用汉字，热爱国家通用语言文字，感受语言文字的独特价值与魅力（表 3—2）。

表3-2 识字写字课程具体目标

年段	具体目标
低段	1. 喜欢学习汉字，有主动识字、写字的愿望。认识常用汉字1600个左右，其中800个左右会写。 2. 学会汉语拼音。能读准声母、韵母、声调和整体认读音节。能准确地拼读音节，正确书写声母、韵母和音节。认识大写字母，熟记《汉语拼音字母表》。 3. 掌握汉字的基本笔画和常用的偏旁部首，能按基本的笔顺规则用硬笔写字，注意间架结构，初步感受汉字的形体美。努力养成良好的写字习惯，写字姿势正确，书写规范、端正、整洁。 4. 学习独立识字。能借助汉语拼音认读汉字，学会用音序检字法和部首检字法查字典。
中段	1. 对学习汉字有浓厚的兴趣，养成主动识字的习惯。累计认识常用汉字2500个左右，其中1600个左右会写。有初步的独立识字能力。能用音序检字法和部首检字法查字典、词典。 2. 写字姿势正确，养成良好的书写习惯。能用硬笔熟练地书写正楷字，做到规范、端正、整洁。用毛笔临摹正楷字帖，感受汉字的书写特点和形体美。 3. 能感知常用汉字形、音、义之间的联系，初步建立汉字与生活中事物、行为的联系，初步感受汉字的文化内涵。
高段	1. 有较强的独立识字能力。累计认识常用汉字3000个左右，其中2500个左右会写。感受汉字的构字组词特点，体会汉字蕴含的智慧。 2. 写字姿势正确，有良好的书写习惯。硬笔书写楷书，行款整齐，力求美观，有一定的速度。能用毛笔书写楷书，在书写中体会汉字的优美。

【课程设计及实施】

根据语言奠基课程理念、识字写字课程目标，我们以教材内容为主，将识字写字课程分为"随堂识写""综合活动""书法品鉴"三大板块。

随课识写主要依托教师日常课堂教学开展，落实各年段教材课文中的识字写字任务。

综合活动主要通过开展各种主题式学习活动，引导学生自主识字、自主写字，进一步落实各年段识字写字课程目标。低段以趣味性高的游戏闯关类活动为主，如汉字超市、识字大王挑战赛等；中段以突出情境性的识字写字比赛活动为主；高段以探究性综合活动为主。

书法品鉴主要通过课堂教学、主题活动等形式进行，低段主要引导学生通过观察、临摹初步感受汉字的美；中段主要引导学生通过观察、临摹、探究，在感受汉字美的基础上初步了解汉字文化；高段主要引导学生通过临摹、探究，进一步感受汉字的艺术魅力和文化内涵。

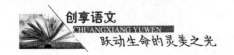

三、思维炼能课程

2022年版语文课标指出："思维能力是指学生在语文学习过程中的联想想象、分析比较、归纳判断等认知表现，主要包括直觉思维、形象思维、逻辑思维、辩证思维和创造思维。思维具有一定的敏捷性、灵活性、深刻性、独创性、批判性。有好奇心、求知欲，崇尚真知，勇于探索创新，养成积极思考的习惯。"

"课标"明确了思维能力主要包括直觉思维、形象思维、逻辑思维、辩证思维、创造思维等几种类型。

（1）直觉思维：是对一个问题未经逐步分析，只是依据内因的感知迅速对问题答案做出判断和猜想；或在对疑难问题百思不得其解时，突然有了某种灵感和顿悟，甚至对未来事物的结果产生某种预感。其实，无论语言理解还是语言运用，都是从直觉思维开始的。

（2）形象思维：是在认识世界的过程中，用直观形象的表象去解决问题的思维方法。它是在对客观形象体系进行感受、储存的基础上，结合主观认识和情感进行识别，并用一定的形式和手段创造、描述形象的思维类型。

（3）逻辑思维：是在认识事物的过程中，借助概念、判断、推理等思维形式能动地反映客观现实的认识过程，又称抽象思维。只有经过逻辑思维，人们对事物的认识才能达到对具体对象本质规律的把握，进而认识客观世界。它是认识的高级阶段，即理性认识阶段。

（4）辩证思维：是以变化发展视角认识事物的思维方式，通常被认为是与逻辑思维相对立的一种思维类型。在逻辑思维中，事物一般是"非此即彼""非真即假"，而在辩证思维中，事物可以在同一时间里"亦此亦彼""亦真亦假"，但并不妨碍思维活动的正常进行。辩证思维的主要特征是事物普遍联系的观点、发展变化的观点、对立统一的观点。

（5）创造思维：是以新颖独特的方法解决问题的思维过程。通过这种思维，能突破常规思维界限，以超常规甚至反常规的方法、视角思考问题，提出与众不同的解决方案，从而产生新颖、独到、有社会意义的思维成果。

在语文教学中，学生的思维能力究竟该如何培养？创享语文用"思维炼能课程"给出了回答。

我们认为，语言和思维密不可分。人们常说，语言是思维的外壳，思维是语言的内核。语言能将一个人的想法、思考、内心活动等抽象化的东西，用可视、可听的形式传达出来，让人知晓。因此，语言和思维相互依存，相互成就。"思维炼能课程"首先指向语言思维能力，它是学生内在的一种自我思维梳理、自主语言组织的能力，它是思维炼能的第一步。其次，通过听说读写能力训练，进一步锤炼语言思维能力，提升思维表达能力。

在此基础上，思维炼能课程内涵还指向发现、提出、解决问题的能力培育。这是因为，虽然思维与语言有着天然不可分割的关系，但思维并非只与语言成为密不可分的"好友"，它承担着更为重要的作用，即帮助人们发现生活中的诸多问题，并能启动思维寻求问题的解决之道。

由此可见，思维炼能课程的目标在于，培养学生识别与推测、分析与整合、释疑与创新的能力，而这些能力是不同类型的思维赋予学生的。需要强调的是，不同类型的思维训练并非割裂、独立的，而常以融合、统整的形式存在于不同的课堂形态之中，例如常态阅读课、常态习作课、演讲与辩论课、文学创作课、思维训练课等。

以常态阅读课为例

【课程目标】

将常态阅读课纳入思维炼能课程体系，是创享语文对接 2022 年版语文课标的实践探索。我们将常态阅读课与语文发展型学习任务群中思辨性阅读与表达、拓展型学习任务群中的整本书阅读相结合，以常态阅读课为基础，开展系列教学活动。其目标与新课标相契合，引导学生在语文实践活动中，通过阅读、比较、推断、质疑、讨论等方式，梳理观点、事实与材料及其关系；辨析态度与立场，辨别是非、善恶、美丑，保持好奇心和求知欲，养成勤学好问的习惯，负责任、有中心、有条理、重证据地表达，培养理性思维和理性精神（表 3-3）。

表 3-3　常态阅读课中的"思维炼能"课程目标

年段	具体目标
低段	1. 结合上下文和生活实际了解课文中词句的意思。认识课文中出现的常用标点符号，在阅读中体会句号、问号、感叹号所表达的不同语气。借助读物中的图画阅读。 2. 阅读浅近的童话、寓言、故事，关心自然和生命，对感兴趣的人物和事件有自己的感受和想法，并乐于与他人交流。 3. 听故事、看影视作品，能复述大意和自己感兴趣的情节。能较完整地讲述小故事，能简要讲述自己感兴趣的见闻。积极参加讨论，敢于发表自己的意见。

续表3-3

年段	具体目标
中段	1. 能联系上下文，理解词句的意思，体会课文中关键词句表达情意的作用。能借助字典、词典和生活积累，理解生词的意义。在理解语句的过程中，体会句号与逗号的不同用法，了解冒号、引号的一般用法。 2. 能初步把握文章的主要内容，体会文章表达的思想感情。学习圈点、批注等阅读方法。能对课文中不理解的地方提出疑问，乐于与他人讨论交流。 3. 能复述叙事性作品的大意，关心作品中人物的命运和喜怒哀乐，与他人交流自己的阅读感受。 4. 诵读优秀诗文，注意在诵读过程中体验情感，展开想象，领悟诗文大意。 5. 阅读整本书，初步理解主要内容，主动和同学分享自己的阅读感受。
高段	1. 能联系上下文和自己的积累，推想课文中有关词句的意思，辨别词语的感情色彩，体会其表达效果。在理解课文的过程中体会顿号与逗号、分号与句号的不同用法。 2. 在阅读中了解文章的表达顺序，体会作者的思想感情，初步理清文章的基本表达方法。在交流和讨论中，敢于提出看法，做出自己的判断。 3. 阅读说明性文章，能抓住要点，了解文章的基本说明方法。阅读简单的非连续性文本，能从图文等组合材料中找出有价值的信息。尝试使用多种媒介阅读。 4. 阅读整本书，把握文本的主要内容，积极向同学推荐并说明理由。

【课程设计及实施】

根据思维炼能课程理念，结合2022年版语文课标中"思辨性阅读与表达"等学习任务群要求，我们以语文教材教阅读课文为基础，拓展课外阅读文本，实施阅读课程，包括"单篇阅读课""群文阅读课""整本书阅读课"等。

单篇阅读课以教材精读课文的阅读教学为主，授予学生相应的阅读方法，启迪阅读思维，培养阅读能力，为学生进行更为广泛的阅读做足准备。

群文阅读课主要是教师基于教材内容的深入解读，对教材内的阅读文本及教材外的阅读文本进行组联，围绕思辨性议题进行群文教学，进一步巩固教材中梳理出的相关阅读方法，拓展学生的阅读思维，促其阅读能力进一步提升。

整本书阅读是思辨性常态阅读课的高阶实践形式，它延展了常态阅读课的实践场域，使阅读从课堂走向课外，同时将教材中习得的阅读方法、思考方法迁移运用在整本书的阅读中，进一步强化学生在常态阅读中的思维能力培养。

四、审美铸魂课程

2022 年版语文课标指出："审美创造是指学生通过感受、理解、欣赏、评价语言文字及作品，获得较为丰富的审美经验，具有初步的感受美、发现美和运用语言文字表现美、创造美的能力；涵养高雅情趣，具备健康的审美意识和正确的审美观念。"

语文审美不同于艺术类审美，绘画、音乐等艺术形式的审美主要依靠视觉、听觉等直观形式进行，语文审美则是以语言文字为载体、在语言实践活动中实现的。根据 2022 年版语文课标，语文教育中的审美创造主要包括审美感受、审美理解、审美鉴赏、审美欲望、审美表现等几个环节。

审美感受是一切审美活动的基础，以学生直观感受到的语言文字及作品作为审美起点，需要学生具有较强的语言感受力，如感受语言的音韵美、文字的造型美、语言文字表达的画面美等。审美感受是学生对语言文字最直接的感性认识，常常体现在学生精神上获得极大的满足感、愉悦感。

审美理解是学生通过丰富的想象、深入的回味，将语言美的画面在头脑中呈现并直觉把握其意义的过程。学生以自己的审美与语言作品中产生美感的元素互相作用，由此产生浮想联翩的效果及对美的辨别，并获得审美享受。

审美鉴赏是学生以独特的审美价值观对语言文字的内涵和特征做出价值判断的过程。在语言文字的理解过程中，审美鉴赏主要是对文本的真实性、真理性、道德性，以及风格的独创性所作的一种价值判断。在语言文字运用过程中，审美鉴赏主要是将自己的审美价值观渗透融入立意、选材、谋篇布局、遣词造句的过程中，并通过人物塑造、环境刻画、情节叙事、意象选择等形式表现出来。

审美欲望是在语言文字相对理性的评价和判断过程中，即在美的认识过程中引发的一种爱的情感。这种情感驱使学生对语言文字作品中的语言、形象、情感、思想等产生持续的回味、怀恋和向往。情感永远是审美的核心，审美欲望使原本伴随着审美感受产生的短暂的情感体验，升华为深刻而长久的审美心境，它是促使学生追求美、创造美，为了美奋斗不息的精神动力。

审美表现是学生在原有文本的启发下，发挥主观想象，对文本中有价值的信息进行假设、推想、创造的过程。它的出发点是审美感受，并在丰富的语言实践过程中不断完善审美感受，它的落脚点是对语言形象、语言意境的重塑。例如，通过对叙事环境的重新构想、人物关系及情节的重新设计，完成对文本

空白的创造；通过对外貌、心理活动及行为的想象，完成对人物形象的塑造。

一般而言，审美过程包括准备、观照、效应和外化四个阶段。准备阶段，主要是审美对象——语言文字及作品的呈现；观照阶段，是对语言文字及作品的审美感受与理解，形成直接的审美经验；效应阶段，是在脱离具体的语言文字及作品后对审美经验的理性鉴赏与认识，并形成持续的审美欲望；外化阶段，是运用语言文字表达美、创造美。

基于上述理解，创享语文在建构审美铸魂课程中，立足在理解和运用语言的过程中涵育审美素养，在感性与理性的融合中培植审美素养，在发现美与创造美的统一中提升审美素养，在审美过程中厚植语文情感，提升学生语文兴味，彰显语文学习个性。借助"常态阅读课""文艺融合课"，直指学生发现美的共情力、评价美的鉴赏力、想象美的创造力。需要特别说明的是，常态阅读课与文艺融合课高度关联，一体推进，因此在制定课程目标时需将两者有机融合。

【课程目标】

审美铸魂课程中的文艺融合课，同样是在深入解读 2022 年版语文课标创造性地将语文发展型学习任务群的文学阅读与创意表达、拓展型学习任务群的整本书阅读相结合，以及与发展型学习任务群的跨学科学习进行融合共生，旨在引导学生在语文实践活动中，通过整体感知、联想想象，感受文学语言和形象的独特魅力，获得个性化的审美体验；了解文学作品的基本特点，欣赏和评价语言文字作品，提高审美品位；观察、感受自然与社会，表达自己独特的体验与思考，尝试创作文学作品（表 3—4）。

表 3—4　审美铸魂课程目标

年段	具体目标
低段	在阅读中向往美好的情境，关心自然和生命，融入科学生活、融入社会生活；展开想象，获得初步的情感体验，感受语言的优美，融入艺术体验
中段	在阅读中，初步感受作品中生动的形象和优美的语言，关心作品中人物的命运和喜怒哀乐，诵读优秀诗文，注意在诵读过程中体验情感，展开想象，领悟诗文大意，初步掌握审美方法，提升审美素养，激发创美愿望
高段	在阅读中说出自己的喜爱、憎恶、崇敬、向往、同情等感受；阅读诗歌，大体把握诗意，想象诗歌描述的情境，体会作品的情感。受到优秀作品的感染和激励，向往和追求美好的理想，进一步拓展审美方法，提升审美创美能力

【课程设计及实施】

根据审美铸魂课程理念，结合2022年版语文课标中"文学阅读与创意表达""跨学科学习"学习任务群要求，我们在语文教材和常态阅读课的基础上，通过综合实践活动、跨学科活动等形式，实施文艺融合课程。

在文艺融合课程中，常态阅读课可作为前置课程，主要以文学阅读教学为主，通过阅读教学让学生充分感受文本中文字、情感的内涵美，挖掘文本中的美术、音乐等艺术元素，让学生直观感受美，激发审美情趣，铺垫审美创美基础。在此基础上，我们通过梳理教材中的综合实践活动，结合创享语文综合实践活动及适切的跨学科活动，将文学阅读引向更为广阔的学习空间，以智慧发现审美、创美的学习为切入点，让学生在探究实践过程中，充分感受文学、生活、自然、艺术等多元维度的美，为学生提供更大的审美、创美舞台，提升学生审美创美素养。

第三节　践行创享语文课程内容的基本策略

一、坚持基本主张

创享语文是一种语文实践理念，它以课程建构为基础，以课堂为主阵地，以评价为导向，以教师儿童观和教学观的变革为撬动点，聚焦学生语文学习动力与活力激发，着力学生学习力、创造力和精神生长力培育；拓展学生语文学习的时空，引导学生经历语言建构、问题解决、创意表达、互动共享的学习过程，实现语言素养、思维素养、审美素养、文化素养融合共生。创享语文坚持如下主张：教学从儿童出发，让每个生命真切在场；教学与生活链接，开掘素养生长的源泉；教学以问题导航，点亮思维的个性之光；教学重学导互动，知行统一获真知灼见；教学重拓展延伸，洞开语文学习的时空；教学促创生共享，让语文生命情韵流淌。

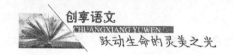

二、遵循课标精神

2022年版语文课标反映了国家对学生语文学习结果的期望，是国家意志在语文义务教育领域的重要体现。因此，义务教育语文课程标准是国家在实施义务教育中的顶层设计。

2022年版语文课标较上一版发生了五个明显变化：第一，提炼了核心素养内涵，明确了义务教育语文课程培养的核心素养包括文化自信、语言运用、思维能力、审美创造四个方面的重要内容，强化了课程育人导向。第二，新增课程内容部分，并优化了课程内容结构。第三，新增了学业质量标准。第四，在课程实施部分增加了教学研究与教师培训，更具指导性。第五，加强了学段衔接。

2022年版语文课标坚持创新导向，既注重继承我国课程建设的成功经验，也充分借鉴国际课程改革新成果，更新教育理念，体现中国特色，增强课程时代性、综合性、实践性，引导育人方式变革，着力发展学生核心素养。

义务教育课程标准是纲领性、引领性、指导性、规范性的国家教学文件，一线教师理应重视、吃透并深入落实。因此，创享语文实践者们在对新课标研读、实践的过程中，以新课标为准则建构了创享语文课程体系。

三、聚焦素养发展

在创享语文研究之初，我们便以素养为导向，展开促进学生全面发展的课堂变革。参照高中课标中对语文核心素养的表达，我们把小学生语文核心素养确定为语言、思维、文化、审美四大素养。随着新课标发布，进一步明晰语文核心素养内涵为文化自信、语言运用、思维能力和审美创造。

创享语文课程内容建构旨在为学生提供适宜的学习内容，并体现在教学设计、教学过程点拨调控、学生学习评价、内容整合融通与创生之中。我们在深入解读、研究学习内容的基础上，将核心素养导向具体化、阶段化、可视化、可测化，刻画具有语文学科性质和育人价值的质量特征。充分挖掘学习内容中的素养内涵，凸显语文学习对学生终身成长的本质性支持，发展学生语文核心素养。

四、突出创享特质

创享语文以创生为前提和途径，以共享为目标和机制，在课程环境、课程内容、课程评价各个环节突出"创享"特质。"创"即创生，依据学科素养的内涵，创生语文知识结构、内容体系、思想方法、情感情意；"享"即共享，全员共享语文学习的过程与成果，即在聚焦语文核心素养培养的小学语文课程体系建构实践中，创建真实的语文情境，引导学生进行语文知识建构、问题解决、创意表达和互动共享，突出合作能力、创新精神和实践能力培养。

课程内容以"文化自信、语言运用、思维能力、审美创造"四大核心素养培养为导向，突出对中华优秀传统文化、革命文化、社会主义先进文化及当代文化生活等内容的整合创生，设计学习任务群，以任务驱动创生，让学生在任务进行与完成的实践中创造、生成，实现学习过程、结果生成共享。

我们将创享型评价贯穿学习全过程，对接新课标从三方面突出"创享"特质：强调语文核心素养的整体性评价、整体性的语文课程评价、整体性的育人方式评价；强化过程性评价，将语文学习深度、效度、精度评价结合起来；将过去枯燥单调的评价变成情境性评价。

五、恪守六条原则

创享语文课程内容体系建构，恪守如下六条原则。

（一）坚持学科本质

创享语文是一种培育语文核心素养的学科育人模式，注重发挥语文学科育人功能，架设语文与生活、语文与生命、语文与世界沟通的桥梁，在语言运用实践中实现教师引导下的学科价值引领，融入生命价值，实现语文素养与人文精神共生共育。

（二）突出儿童中心

在创享课堂探索之初，我们提出了"教学从儿童出发，让儿童站在课堂中央"的教学主张。从学生的学情、立场、特点与需要出发，连接儿童经验，创设多元情境，以真实问题为教学起点设置问题串并贯穿教学全程，让学生经历发现问题、求解问题、深入思考、形成判断、梳理统整、创意运用等真实的学

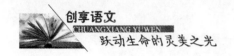

习体验，发展语文核心素养。

（三）注重开放融通

创享语文以系列化活动载体、活动路径、活动机制，打通课堂与课外、书本与生活的壁垒，以开放融通思想和途径将语文素养培育场域情境化、生活化，让生活成为学生语文学习的实践场和大舞台，从而激发学生学习热情，促进语文素养生长。

（四）注重整合创生

建立系统化、序列性思考意识，不局限于某一单元、某一课的内容建设，系统分析学生六年乃至九年的发展特点和需求，充分把握教材的逻辑结构，建立适应学生发展的内容体系，揭示目标与内容之间的内在关联，运用内容整合、创生、融通的策略，将内容整合创生体现在教学实施过程中，并将内容转化融入教学实践活动。

（五）注重联结生活

设计、实施学生真实参与的语文课堂学习与生活实践活动，让学生在问题求解的创生、共享过程中习得语文知识、能力、情感、价值观，发展语文核心素养。创享语文课程建设倡导教学内容融入时代特征、地域文化、学校特色和学生生活，使课程内容丰富多彩，贴合学生的生活实际。

（六）注重激扬个性

针对长期以来语文教育缺失个性、创造力培养的问题，创享语文通过构建优质适宜的课程激活潜能，深耕优势领域，找到学生最近和最佳发展区，开掘每个学生语文生命发展的独特路径，让每一个生命都出彩。

第四节　开创课程内容建构的基本路径

在创享语文的课程内容建构中，我们突出了整合、融合、创生三条基本路径。

一、整合

整合是学科内知识的整合，整合包括主题式整合、问题式整合，目标是以整合性内容满足学生核心素养发展的需要。

（一）主题式整合

语文核心素养中的知识技能培养不同于一般意义上的知识与技能培养，要求我们在日常教学中既要注意语文知识和基本技能教学，又要有整体意识，对教学内容进行统整。郑桂华指出："基于关键能力的知识学习，应该对某个范围的知识做出选择，抓住那些对这一范围的知识、能力有统领作用的知识或能力，通过一段较长时间的学习，一个单元、一个学期甚至跨学段的学习重点突破、反复强化反而可能带动整个范围的学习。"对教学内容进行统整可以从基于教材单元的整体教学设计入手，依据学科课程标准和区域课程指南，研究各学期相关课程材料的内容与逻辑结构，整体设计每个单元的教学目标、教学内容、实施策略和评价方式，形成系统性、可操作性的单元分课时学习方案。

统编教材重视口语交际教学内容独立编排和目标精准达成，强调内容的相对独立性和系统性，遵循学生口语交际能力发展规律和能力提升逻辑，致力于学习并运用交际礼仪、提升对象意识和交际功能的达成，并在阅读教学和综合性学习中有所呼应。以独白型口语交际为例，可以利用"课前三分钟"开展，结合本册口语交际教学内容，设计与之搭配的学生口语交际板块。例如四年级下册"说新闻"，要运用前面学过的"用普通话表达""注意说话的速度"等交际要素。还可以设置班级特色交流平台，如"生活万花筒"，让学生口头介绍生活中有意思的事；开设"金话筒"社团模拟广播站等。在学生口语交际实践中，通过师生、生生互动的方式落实评价，强化口语交际训练要点评价，促进学生在口语表达的长期实践中发展语文核心素养。

（二）问题式整合

语文学习任务群具有高度统整性。无论语文课程内容如何描述，教材都是"文选式"的，主体由一篇篇课文组成，语文学科知识是在具体文章中呈现的，如果只是教"这一篇"，而没有"'这一篇'不过是能体现'任务群'部分要求的例子"的意识，就容易陷入就文讲文、重复做题、低效训练的困境。新课标指出，教师首先要明确学习任务群的定位和功能，准确理解每个学习任务群的

学习内容和教学提示，综合考虑教材内容和学情，设计出不同类型的学习任务，整合学习情境、内容、方法、资源，安排连贯的语文实践活动。这决定了学习任务群不是传统以一个人文主题统整几篇文章的教学，也不是以一组文字材料训练某个能力点的教学，而是围绕学生核心素养培育的高度统整型教学组织方略。

学生在语文学习过程中难免会产生各种各样的问题，以问题统整语文教学内容是创享语文课程组织的重要策略。怎样才能引导学生高效、精准地解决问题，充分体现语文学习的主体性、灵活性、融创性？树牢"问题意识"，打破教学困境是第一步。"问题意识"是教育学中一个重要的教育理念和教育思想，它充分体现了教师立足学生真实的学习需求、问题困惑而进行系列教学行为。创享语文在课程内容建构中，有意识地把问题意识与课程内容有机结合起来展开实践，通过与语文学习要点相合的问题梳理与整合，引导学生通过探索问题，将已有的学科知识、学科技能融入素养培养的过程中，在知识综合运用中发展核心素养。

二、融合

融合是在坚持学科特质的基础上进行多元教学目标的融合、跨学科内容的融合，以及语文学习与生活实践的融合、基于情境的课程内容融合。

2022年版语文课标指出："语文是母语教育课程，学习资源和实践机会无处不在，应该让学生更多地直接接触语文材料，在大量的语文实践中掌握运用语文的规律。"创享语文以"融创、乐享"为文化特征，倡导在教学内容的选择中融合时代特征、地域文化、学校特色和学生生活，使课程内容丰富多彩，贴合学生的生活实际。

（一）学科内融合

在坚持学科特质的基础上，通过多元教学目标的融合可以达到优化课程内容的效果。针对儿童口语表达能力明显强于书面表达能力的特点，低年级写话教学常采用从说到写、说写结合的方式，先口头表达清楚再落笔写。二年级上册第六单元安排有口语交际《看图讲故事》，要求学生根据图片想象接下来会发生什么，在口语表达练习中渗透了想象力、合理预测能力训练。之后的第七单元写话"小老鼠在干什么"，考查学生看单幅图，想象写话。二者在能力培养方面有共同之处，即在口语交际中敢于说、说完整，后面的写话才能大胆想、写清楚。

习作能力训练点对口语表达的发展可以起到相辅相成的作用。以五年级上册习作《二十年后的家乡》为例，要求列提纲、分段叙述，把重点写具体。与第三学段口语交际讲清细节、恰当组织材料、观点要简明、讲究层次的要点相通。因此，可以把口语交际与写作联系起来，从写到说、以写助说。就口语交际教学而言，首先要留给学生一定的思考空间，使其思维条理化。其次让学生写作，而后在此基础上交谈。以写助说的方式主要有：讨论记录——将小组讨论的要点进行记录，并根据记录进行小组汇报，这可以提高学生的语言归纳表达能力；记者访谈——先列问题提纲，再进行访谈，可以提高学生组织语言的逻辑性。

（二）学科间融合

义务教育语文新课标在课程理念中提出：关注数字时代语言生活的新发展，体现学习资源的新变化，注重课程内容与其他学科的联系，促进知识与能力、过程与方法、情感态度与价值观的整体发展。

在创享课堂实践中，老师们创生教学内容，积极探索语文教学与音乐、美术、科学等相关学科的融合。杨丽老师执教课例《古诗二首》尝试语文与音乐学科融合的"唱经典"，学生在优美音韵中加深对经典诗词的感悟，实现美的熏陶。陈燕老师设计低段古诗学习任务，学生为古诗配画，发展审美创造力。谭琳老师在科学学科任务中发现了语文素养生发点，引导学生为自己设计制作的桥写解说词，学生在综合性任务实践过程中想表达、练表达、会表达，实现了语言运用和思维能力的发展。

在创享课堂探索实践中，我们发掘了创享语文课程内容两条学科间融合的路径：一是从语文教育出发，基于语文课程内容创造性地融合相关学科，使学习任务更加灵活生动，激发课堂活力与创造力；二是横向比较其他学科任务，从中发掘语文素养的生成点，让学生在相关学科任务学习中运用语文，在具体的语言情境中发展语言运用及思维素养。

（三）跨学科融合

当代教育家成尚荣指出，综合是课程改革的走向。课程的综合不仅有利于有限时间的充分利用和开发，更有利于学生创新精神、实践能力等核心素养的发展，因为创新常常发生在课程的交叉地带、边缘地带。正因为此，决不能将核心素养简单地与学科一一对应，而是每个学科对核心素养做出整体应答，以

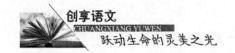

课程的综合形态回应核心素养的综合性特征。

新课标将"跨学科学习"作为语文拓展型学习任务群之一，跨学科融合的语文课程内容建设涵盖多学科，是基于生活性、实践性主题的整合型拓展，因为只有基于生活、对接实践的难题才需要多门学科知识的运用，如给诗配画是学科间融合，设计一个校园宣传手册则要用多学科知识技能，属于拓展型学习任务。

创享语文以系列化活动载体、活动路径、活动机制，打通课堂与课外、书本与生活间的壁垒，以融通的思想将语文素养培育场域情境化、生活化。课程内容的融合路径主要有语文学习的活动化改造，跨学科学习活动的植入，社团活动的丰富，从而在环境与时空上突出学生与他人、与媒介、与社会的互动融通、共振激发与个性激扬，实现语文学习的课内外高效融通，学生核心素养的生长。

（四）能力素养的融合

统编教材口语交际把表达想法、说清理由、边听边思考、使用肢体语言、整理意见、有条理汇报等作为学生第二学段的训练要点，注重交际方法的指导。以三年级下册综合性学习单元《中国传统节日》为例，要求"学生自由组成小组，商量活动方案，收集、整理、补充资料，交流展示活动成果"，这些内容包含之前学习的口语交际内容，如"商量""把了解到的信息讲清楚"等。

关联课程目标与每一次综合性学习的具体目标，我们可以发现每一次学习活动重点指向的关键能力培养点，有搜集整理资料、小组分工合作、交流讨论、制订活动方案（计划）、展示活动成果等。其中，搜集、整理资料是综合性学习的关键能力之一。统编语文教材五年级上册口语交际《我最喜欢的人物形象》要求学生在交流前搜集并整理你最喜欢的人物形象的相关信息，照样子填写在表格里，交流时要利用好表格里整理的信息，有条理地讲述。五年级下册口语交际《走进他们的童年岁月》要求学生针对不同的对象，列出问题清单，一边听一边做简单的记录；提问之后整理记录。这些口语交际训练点都指向"搜集、整理资料"的综合性学习能力。由此可见，口语交际能力培养与综合性学习能力培养可以交融、相得益彰。

（五）基于情境的融合

创造或利用生活实践情境，可以有效地进行创享语文课程内容融合。2020年全国抗击新冠传染疫情之际，杨丽工作室第一时间组织成员探讨疫情背景下语文课程资源开发与运用，开展《当疫情来临》征文，鼓励学生书写"抗疫保学"期间的生活。徐洪玉老师让学生围绕"特殊的春节"话题创作手账，在此过程中了解防护知识，实现关注生命的自我教育，同时锻炼学生筛选、组织信息的能力。黄贺平老师引导学生以写《我的英雄妈妈（或爸爸）》记录这段特殊的时光，孩子们在观察记录中有了这样的感悟：父母虽不是抗疫一线的医护人员，但是都在用自己的行动为抗疫出力，主动承担自己的职责。谭琳老师将抗击疫情中涌现的人物事迹作为教育内容，激发学生对自己未来的愿景描绘，给15年后的自己写封信，以语文的方式鼓励学生从小立大志。

总之，培育语文核心素养应以课程标准为指导，挖掘教材与自然、生活、社会的联系点和育人价值，开发有学科拓展性的教学内容，使学生的学习兴趣得以激发、潜能得以开发、能力得以提升、素养得以生长。

三、创生

如果说"融合"是一种由外而内将时代生活与语文教学打通的方式，那么"创生"可以说是一种由内而外，从教学实践的真问题出发，通过创生教学内容来实现问题的思考、探索与解决。

根据素养目标、课程标准、教材及学情，创生具有适切性、激发性、丰富性、选择性的教学内容，以厚植素养之根。主要从两个方面展开创享语文的内容创生：一是以统整实现创生。以主题和问题统整，从教学实践的真问题出发，对接学生生活实际，将教材内容进行适宜的优化改动、增删变更，既包括教学展开前教师对内容的加工，也包括在学生学习过程中将课堂生成的知识、情感等及时转化为新的学习内容，引导激发学生围绕学习主题再次创生，使学习内容由传统的老师提供变为源于学生自己和同伴参与创生，从而使教学内容变成适宜素养生长的学材。二是以融合实现创生。挖掘教材与自然、生活、社会的联系点和育人价值，融合时代特征、地域文化、学校特色和学生生活，开发有学科拓展性的教学内容，使课程内容丰富多彩、贴合学生的生活实际。

我们在创享语文课程内容创生性建构中，发掘了5条创生路径：兴趣激发创生、任务推动创生、难点激发创生、情境促进创生、评价激发创生。

（一）兴趣激发创生

从语文学习任务群的内容特质、相互关系和功能指向出发，我们在设计统编教材二年级上册第四单元时，从融合文学体验、日常生活、跨学科学习三个

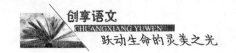

维度来创生学习内容，建构学习情境，创生单元学习任务。模块一："跟着课本去旅行"包含三个任务，分别是领略古诗中的祖国河山、认识车票里的信息、标记地图中的风景，从短小的《古诗二首》学习入手，激发学生对祖国美景的向往；以认识车票的一组活动培养学生在生活中识字的兴趣。紧接着以"标记地图"的任务，引导学生预习单元课文，为后续学习做准备。学习任务"认识车票里的信息"激发了学生认识票据信息的兴趣，学生通过活动比较从家里收集的车票或机票、船票，认一认、比一比，说说发现。学生在认车票的过程中学习生字，实现了教学内容的创造性延伸。

（二）任务激发创生

义务教育语文课程内容主要以学习任务群组织和呈现，新课标指出：教师首先要明确学习任务群的定位和功能，准确理解每个学习任务群的学习内容和教学提示。然后综合考虑教材内容和学情设计出不同类型的学习任务，再整合学习情境、内容、方法、资源，安排连贯的语文实践活动。一个又一个的小任务叠加起来，实现单元整体教学目标。学习任务群需在学习主题的统领下，聚焦核心任务，并分解成若干子任务，即对教材内容、语文学习资源的任务化整合，从而推动语文课程内容创生。创享语文以特定主题引领，以具有逻辑关联的大小学习任务为载体，以真实的学习情境为场域，以系列语文学习活动为主线进行语文课程内容创生，落实语文学习实践过程。

（三）难点激发创生

聚焦问题，预设难点。课堂生成的问题、学生遇到的问题都是创生的生发点。中华传统文化经典是民族精神的核心和力量源泉，但由于传统文化经典博大精深，小学生学习以文言形式呈现的经典难度更大。传统的小学语文经典教学往往采用"不求甚解"的诵读式，或"文白对照"的机械理解式，形式单调、缺乏活力，很难让经典蕴藏的思想、情感、智慧真正走进儿童的精神世界。怎样解决儿童读经典理解难的问题？创享语文课程研发团队通过广泛阅读、研究，选取了以漫画教学经典的尝试，借蔡志忠经典漫画创生国学经典教学内容，在儿童学习经典的过程中搭建了一道桥。2018年11月，杨丽名师工作室应遂宁市教育科学研究所及遂宁市高升实验小学教育集团邀请，在遂宁高升实验小学开展了"聚焦语文课堂，走近国学经典"研讨活动，工作室成员黄玉军、陈燕老师以同课异构的方式教学"漫画经典"，借助漫画创生、丰富教学内容，引导学生进行对比阅读，促进对经典的感知、理解。

（四）情境促进创生

一年级学生生活经验少，语言表达单一，课堂上经常出现知识复制和表达内容单一的情况。在创享语文教学过程中，通过增补、创设贴近学生生活、适宜素养发展的真实情境，促进语文教学内容创新生成。执教一年级上册第十课《大还是小》时，为了帮助孩子突破"大""小"仅表示物体体积的固有经验。老师增补了孩子们在家扫地、洗碗、倒垃圾、收拾房间的情境；在学校积极举手、认真书写、专心听课、当午餐管理员的情境；在路上拾起垃圾、主动让座，帮妹妹提书包等链接他们真实生活的情境。然后教师通过"从这些照片中我看到了小小身体大大的孩子"的谈话，启发学生思维，引导学生谈一谈"什么时候你会觉得自己大？"教学内容与生活链接，让学生的理解和表达变得丰富而富有深度："我帮妹妹提书包的时候，我觉得自己大！""当我自己会整理书桌和书包的时候，我觉得自己大！""当我改正了自己的缺点，变得能干的时候，我觉得自己大。"

（五）评价推动创生

创享语文评价一评素养生长，二评课堂教学，三评课外语文学习活动，四评班级和家庭语文生态环境、家庭语文生态环境，以评价实践研究细化倒推课程内容创生。在创享语文评价探索过程中，老师们展开量表式评价、反馈式评价、访谈式评价、信息技术跟进式评价，开发了四类激扬型评价量表，侧重评价课程内容、课堂结构及教学方式、课堂氛围和语文核心素养的达成度。注重全程评价，充分发挥评价的教学诊断、矫正、激发等功能。通过结果运用，根据学习达成度进行原因追踪，增补、创生课程内容，完善核心素养培育的教学实践体系。

第四章　路径导航

——绘制创享语文的实践图景

第一节　创享语文实践路径

创享语文以"深耕学科育人，滋养语文素养"为价值引领，秉持"融合创生、生态涵育、共享发展"的思想，建构了"文化植根、语言奠基、思维炼能、审美铸魂"四位一体的课程体系，从"教学内容创享、课堂教学创享、学习时空创享"三条路径展开，建构了"语言思维、语言审美、语言文化"三类课型，实施了"情境创生、问题驱动、多向融合、生态滋养、评价激扬"五大策略，从而达成"培育小学生语文核心素养"的育人目标（图4-1）。

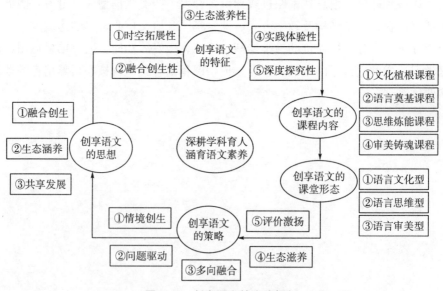

图4-1　创享语文的实践框架

创享语文践行文化育人、课程育人、方式育人、评价育人思想，根据场域、教学侧重点、教学组织方式的不同，构建了创享语文学习之"课堂学习创享、课外活动创享、特色社团创享"三维空间。"课堂学习创享"是主阵地，着力落实国家课程及教材规定的学习任务；"课外活动创享"着力打通课本学习与生活世界的联系，通过主题活动、学科融合活动等展开学习；"特色社团创享"从学生兴趣、特长出发，为学生自主选择学习提供平台和时空。

一、创享语文课堂画像

课堂教学是课程育人、学科育人的主渠道，也是促进学生发展的重要途径。教育改革只有进入课堂的层面，才真正进入了深水区。课堂不变，教育就不变，教育不变，学生就不变。我们首先以"创享课堂"实践为着力点推进创享语文，让学生在课堂学习中获得"创享"体验。

（一）创享课堂的内涵与特点

创享课堂是以学科育人、发展语文生命为价值引领，以培育语文核心素养培养为目标，以课堂动力与活力激发，学生学习力、创造力和精神生长力培育为着力点，引导学生经历语言建构、问题解决、创意表达、互动共享的学习过程与活动，实现语言素养、思维素养、审美素养、文化素养融合共生的课堂。"创"聚焦课堂动力与活力激发，突出学习力、创造力、精神生长力培育；"享"指向"学习过程与成果共享，让学生享受课堂生活"。二者互动交融，共同促进课堂从教走向学、从学走向创、从创走向享，实现教、学、创、享共生共进。

创享课堂具有五大特点：情境性，创建对接生活实践、真实问题导引、生动形象、情趣交融的学习场域。内源性，注重主体意识唤醒和内在力量激发。统整性，以学科核心素养内涵进行教学目标统整，以学习主题、核心问题、大概念教学等进行内容统整，以核心素养发展指标进行教学评价统整。创生性，在问题发现与提出、分析与求解过程中，产生知识建构、思想方法、价值观念、情感情意。共享性，通过互动交流展示共享创生的过程与成果，包括个体创生的交流分享、双向互动的交流分享、群体多元多向的交流共享。

（二）创享课堂的三大原则

创享课堂遵循"情境创建、统整融通、创生共享"三大原则。情境创建即

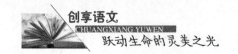

创建对接生活实践、真实问题导引、生动形象、情趣交融的学习情境。统整融通是以学科核心素养内涵进行教学目标统整，以学习主题、核心问题、大概念、任务群教学等进行内容统整，以核心素养发展指标进行教学评价统整。创生共享是在问题发现与提出、分析与求解的过程中，产生知识建构、思想方法、价值观念、情感情意，尤其是发展思维能力和问题解决能力。强调人与自我、人与媒介、人与他人的关系，突出师生、生生之间对学习资源、学习方式、学习经验、学习成果的互动共享。

（三）创享课堂的五个节点

创享课堂突出五个节点，具体实施中教师可根据教学内容、学情适当调整（图4—2）。

预热点（自主探学 前置导学）　启学点（自主盘点 情境导学）　点拨点（独立探究 节点点拨）　生成点（互动激发 激扬生成）　升华点（反思建构 拓展升华）

图4—2　创享课堂的五个节点

预热点是通过学习愿景、内容、学法指导，引导学生课前预习，自主解决简单问题，发现、提出疑难问题，教师据此调整、优化教学设计。

启学点是通过自学诊断，明晰重点内容、核心问题和学习路径。注重情境创设、问题导学，让学生在适宜的情境中学习探究、求解问题，发展语文素养。

点拨点是学生在自主、合作、探究过程中，教师适时点拨、引导学生调整思路、深入思考，发展思维能力和问题解决能力。

生成点是教师从学科知识、思想方法、情感和价值观等方面捕捉生成，引导学生学习借鉴、深度探究、互动分享，拓展提质生成。

升华点是引导学生反思建构，形成知识、方法、情感和价值系统，对接生活、拓展升华。

（四）创享课堂的三类课型

根据"语文是学习语言文字运用的实践性、综合性课程"的学科特性，依据文化自信、语言运用、思维能力、审美鉴赏四方面素养的逻辑关联，我们以语文核心素养培育为目标，构建了语言思维型、语言审美型、语言文化型三类基本课型。三类课型以语言生长（语言积累、理解、运用）为基础，既各有侧重，又相互融通，共同促进学生语文核心素养生长（图4—3）。

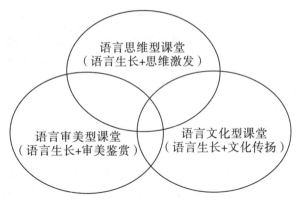

图4-3 三类课型的关系

三类课型列表如下（表4-1）：

表4-1 三类课型对比

课型	价值	目标	环节	方法	反馈	典型课例
语言思维型 (语言生长＋ 思维激发)	践行学科育 人，发展语 文生命	【语言素养】 一阶：识记与积累 二阶：理解与运用 三阶：转换与创生 【思维素养】 一阶：识别与推测 二阶：分析与整合 三阶：释疑与创新	质疑预热→ 问题启学 交互点拨→ 观点生成 思辨升华	问题导学 点拨提质 整合表达	角度多元 抽象与具象 思辨表达	《失落的一角》 《换个角度看问题》 《月是故乡明》 《小问号的旅行》 《看图画写一写》
语言审美型 (语言生长＋ 审美鉴赏)		【语言素养】 一阶：识记与积累 二阶：理解与运用 三阶：转换与创生 【审美素养】 一阶：发现与辨识 二阶：比较与评鉴 三阶：想象与创造	视听预热→ 赏美启学 鉴赏点拨→ 创美生成 传美升华	情境再现 对比赏读 个性展演 生活实践	积极欣赏 多维发现 乐于展示 灵活表达	《漫画经典》 《古诗二首》 《漫画经典》
语言文化型 (语言生长＋ 文化传扬)		【语言素养】 一阶：识记与积累 二阶：理解与运用 三阶：转换与创生 【文化素养】 一阶：积累与感受 二阶：理解与体悟 三阶：应用与传播	经典预热→ 读思启学 启悟点拨→ 体验生成 传承升华	诵读感悟 情感引动 情境运用 自主践行	文化认同 情感归属 恰当运用 外化于行	《英雄与火》 《王戎不取道旁李》 《精卫填海》 《刷子李》

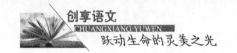
这里以"语言思维型"创享课堂为例予以说明。

"语言思维型"创享课堂注重引导学生在语言学习与运用的过程中，培养学生逻辑思维和形象思维。以"识别与推论→整合与解释→释疑与创新"三阶思维素养培养为目标，以"质疑预热—问题启学—交互点拨—观点生成—思辨升华"为教学环节，以"问题导学、点拨提升、整合表达"为主要教学方法。

质疑预热：引导学生主动质疑课题、情节、词句、框架、人物等。低段根据课题、字词等质疑；中段根据内容、关键字词、文章写法、启示等质疑；高段鼓励学生从谋篇布局，品味语言、寓意、修辞手法等进行深层次质疑。

问题启学：引导学生梳理质疑的问题，结合教学目标、内容，联系生活筛选核心问题、有价值的问题。

交互点拨：在问题探究中师生交互点拨，低段注重教师示范点拨，引导学生模仿点拨；中段注重引导学生多角度点拨和相互点拨；高段尽量让学生成为点拨的主角，教师跟进评价、提升点拨。

观点生成：在交流点拨中生成观点。低段主要由教师梳理、提炼学生的发散性观点；中段注重引导学生自主梳理观点；高段鼓励学生条理化梳理、逻辑化表达观点。

思辨升华：在比较、假设、批判、反思评价等活动中促进学生认知和人格发展。低段引导学生尝试判断、对比分析；中段引导学生假设、想象；高段引导学生自主反思、凝练和表达观点。

（五）创享课堂的四种学习方式

引导学生全面、真实、深刻地参与言语学习过程，激发学习动能与活力，培育学习力、创生力、精神生长力，着力突破单调、沉闷、浅表的接受、模仿、训练等学习方式，我们创建了四种创享语文学习方式。

（1）自主体验：学生进入文本情境或联结生活的任务情境，经历言语输入、理解、生成、输出、反馈等过程，获得思维历练、情感体验、经验积淀。

（2）深度探究：学生主动质疑、聚焦核心问题，与文本、作者、同伴、教师充分对话，在习得、运用、探究学习过程中实现问题发现与解决，获得系统性知识建构、创造性成果享受、审美性情感体验。

（3）仿创迁移：学生在言语学习过程中受到内容、情感激发，捕捉言语思维与表达特点，基于言语情境模仿，并拓展生活情境迁移创新，实现学用结合、言意相通、情思相生。

（4）多元分享：师生、生生交流学习过程与问题解决的知识、经验、方法、情感与价值观，实现"共享思维"，形成本体感受，提升意义价值。学生在个体自主学习、生成成果的基础上，互动交流展示创生的过程与成果，包括个体创生的交流分享、双向互动的交流分享、群体多元多向的交流共享。

二、创享语文育人策略

我们通过情境创生、多向融合、问题驱动、生态滋养、评价激扬五个策略实施创享课堂，展开创享语文的基本育人策略。

（一）情境创生

"义务教育语文课程培养的核心素养，是学生在积极的语文实践活动中积累、建构并在真实的语言情境中表现出来的，是文化自信和语言运用、思维能力、审美创作的综合体现。"基于此，创享语文将"情境创生"作为首要策略。

通过查阅研读相关文献，"情境"主要有以下三类：

其一，"真实的语言运用情境"是语言交际的实际情境。著名语文教育专家杨再隋认为，真实的语言情境产生于真实的言语交流，真实的语言情境发源于生命的童年，发生在丰富多彩的生活中。

其二，"真实的语言运用情境"是"语言情境"。淮阴师范学院孔凡成教授将其分为情境语境、虚拟语境、上下文语境、社会文化语境和认知语境五个类型。

其三，"真实的语言运用情境"是学生的学习情境。华东师范大学王荣生教授将语文学习情境分为三类：为了学习的真实问题（难题）情境；为了学习的真实沟通（困难）情境；为了学习与文本对话的（困难）情境（及"文本语境"）。[①]

创享语文情境主要基于真实的学习情境。适宜的情境创设能让学生轻松自主地沉浸在语文学习中，真实的学习情境必定与生活融通。

在创享语文中，教师通过有目的地创设或引入具体生动的学习情境，激发、引导学生个性化的学习体验，主要从以下三个取向创设情境：

（1）激趣启思。激发学习兴趣，启发思维认知。我们从感官入手，通过感官刺激和调动，点燃学生的学习兴趣和欲望。例如教学四年级上册课文《观潮》，教师通过播放钱塘江涨潮的真实影像，通过视觉、听觉的直观体验，将

---

① 王本华. 任务・活动・情境：统编高中语文教材设计的三个支点 ［J］. 语文建设，2019（11）.

学生带入宏伟壮观的潮涨潮落真实情境中，激发学生的学习兴趣和探究欲望。教学三年级上册习作《我们眼中的缤纷世界》时，为达成"通过不同观察方法，描写印象最深刻的一件事物"的学习目标，老师将生活中的真实事物带到课堂上，如水果、动物、植物等，让学生摸一摸小动物、尝一尝水果等。通过创设与身边事物亲密接触的真实体验情境，点燃了学生进一步了解事物的兴趣，并相机启发学生用文字将自己的体验观察呈现出来。

（2）融情寓理。"情境"中的"情"是一种真挚情感、一种真实体验。通过情境创设，学习不再是面对生硬的知识、不变的模式、标准的答案，而是充满情感、丰富体验、滋养素养的经历。例如教学课文《王戎不取道旁李》，教师通过创设学生表演故事的体验式学习情境，让学生以动作、语言、表情等肢体表达，切身体会故事中王戎那份机智聪慧、童真童趣。教学六年级上册《慈母情深》时，让学生欣赏作家梁晓声在央视《朗读者》栏目中朗诵《慈母情深》的视频，学生在深情的朗读声和细腻的文字中感悟到了作家对母亲的怀念之情，体悟到了母亲对儿子的那份深沉的爱。

（3）互动强化。情境创设与体验离不开师生共同参与，创享语文努力实现学生与教师、学生与文本、学生与学生、学生与技术等多对关系的多向互动，实现共学共长、共融共生。教学整本书阅读《失落的一角》时，教师通过创设小组自由分享的学习情境，为学生提供展示、交流、思维碰撞的舞台，各小组都自信大方、充分表达。在此过程中，教师适当介入引导、肯定、鼓励，通过师生互动，学生对故事哲理的理解角度更多元、内涵更深刻。教学六年级下册口语交际《辩论》时，教师创设了辩论赛情境，学生置身于真实比赛，展开唇枪舌剑、团队合作，掌握了辩论技巧；教师借助"裁判团队"角色带领其余学生参与点评，通过多向互动达成了教学目标。

（二）多向融合

多向融合主要指向创享语文的课程内容。创享语文倡导以大情境、大观念、大任务去统整课程内容，坚持素养导向，通过"整合、融通、创生"策略优化课堂内容，促进教学内容从课堂走向课外，形成丰富、多元、适宜的课程内容。第三章已有相关叙述，此处略过。

（三）问题驱动

问题驱动是基于问题的学习，即将学习目标、学习内容转化为具体问题，学生通过解决问题来完成学习任务。教师以问题为起点展开教学，学生学习围绕问题展开，尤其强调用挑战性的问题实现创享。挑战性问题是具有情境性、进阶性、启发性的问题，是关联学习主题和学习者生活的问题。

1. 利用最近发展区激励推动

苏联著名心理学家维果斯基认为，学生发展有两种水平：一是现有水平，指独立活动能达到的问题解决水平；二是可能水平，是通过教学获得的潜力。二者的差异就是最近发展区。利用最近发展区激励创生，要求教师设计问题时应把握学生知识、经验和情感基础，围绕学生的问题和难点设计有一定难度但又不陌生的问题，从而唤起学生的既有兴趣和经验，调动积极性，促其发挥潜能，超越最近发展区，达到新的发展水平。例如一年级上册《四季》一课要求学生"能仿照课文说一说四季"。四季景物常见，让一年级孩子说出景物并不难，难在如何通过语言将物象和意象结合起来。在创享语文教学中，教师根据一年级学生形象思维较强的特点，利用图片、视频创设情境，如"我们一起穿越四季""寻找四季"，让学生在互动启发、合作分享中认识四季景物及其特点。再根据儿童语言学习的模仿性特征，让他们在角色体验中学会运用课文句型表达四季景物的特点，有效激发了学生的探究欲望，提升了学生知识积累和语言建构能力。

2. 置身情境激奋启发

将挑战性问题置于情境，我们力求任务情境的创设利于激发学生参与的热情，有效培养学生感受美、欣赏美、创造美的能力。

对于离学生生活较远或较陌生的学习内容，我们以情境创设帮助学生在课堂学习中实现创生。教学六年级上册二单元习作《写倡议书》时，老师以"你能为小区做贡献吗"为核心问题，创设了"我是社区小小倡议员"的学习情境，让学生去发现校园、社区存在的真实问题，写出有针对性的倡议书并张贴到校园、社区，赋予倡议书实用价值，学生在学写倡议书的过程中有观察、有情感、有创生。

3. 推动思维纵深发展

创享语文重视思维培养，以挑战性问题激发学生求知欲，活跃其思维，调动学生学习语文的热情，激发学习语文的好奇心。在挑战性问题驱动下，学生带着问题去思考、探索，生成问题意识、质疑能力和问题解决能力。教学三年级上册课文《总也倒不了的老屋》一文时，为培养学生思维能力中的预测能力，教师设计了一个挑战性问题——"老屋为何总也倒不了"，不仅激发了学生学习探究的兴趣，更引导学生围绕故事内容的逻辑性、创造性进行自主思考，巧妙开启了本文学习。教学群文课例《英雄与火》时，在学生梳理不同英雄的典型故事情节，以及鲜明人物形象的基础上，教师继续纵深拓展学生关于"英雄"的认知，通过又一个挑战性问题"什么样的人是真正的英雄？"引导学生思辨和迁移，建立对"英雄"的本质认识。学生积极求解，在互动交流中提炼出"英雄是有着为人类造福共同信仰的人"的观点。

（四）生态滋养

创享语文注重构建适宜学生自主、自由生长的生态场域，对学生进行核心素养的生态滋养。

1. 理念塑造与导引

在创享语文研究中，我们以专题研修活动为平台，牢筑教师育人理念，锻造教师育人能力。例如在创享语文专题阅读活动中，教师通过阅读、交流、分享，不断吸纳先进的语文教育理论，并结合创享语文理念进行对接，更新创享语文理念。在小专题系列研修活动中，教师团队通过深入钻研、积极实践，不断提升基于创享语文的理念认识、理解、内化水平。在创享语文实践过程中，教师们不断提升理论指导水平，让"立德树人、素养生长"等理念落地生根。

2. 课堂生态文化建设

创享语文注重培育民主平等、学为主体、共研共享、合作共建的课堂生态关系，为课堂创生提供优良的生态环境，促进了学习创生力的蓬勃生长。

一是突出学生主体性。凡能自学的内容都让给学生自主学习，如中高年级的课文朗读、生字词的识记与书写、课文内容的初步感知、作者和书籍的了解等；凡能合作解决的问题都让学生合作解决，如概括课文内容、品评人物特点、把握事物特征、理解古诗文大意等。学生难以解决的问题则由教师引导学生探究，如语言文字品析、句子含义理解、思想情感体会、文章结构初感、情感情绪表达等。

二是遵循自学、共研、共享、共建的学习规则。为培养学生勤于思考、独立学习的意识、习惯和能力，我们在创享课堂中建立了如下规则：自学部分集中注意力，抑制外界干扰；面对困难有恒心；能调节不良情绪；在规定时间内完成任务等。促进学生在独立学习的基础上和同伴共探问题，又建立了如下规则：分享自己的观点和看法，为他人提出有益建言，共同解决问题，构建方法，形成成果。例如在品人物特点时，要求每个学生在组长带领下就人物特点某方面，结合文本至少谈一点自己的感受；倾听时做到就同学的发言表达赞美或提出建设性建议；共享时以小组为单位分享，每位成员分工合作完成分享；同伴面对全班分享时，倾听者应记录关键信息，及时互动，自由表达，或补充或反驳。

三是建立平等的师生关系。学生在创享语文学习全程中，教师注重赋予学生充分的自主、合作、探究时间，尊重学生自主、合作、探究的成果，给予每个学生分享的机会；适时参与问题探究，助力学生问题解决，推动学生语言、思维、审美、创造能力的提升。

（五）评价激扬

1. 评价理念

创享语文评价是一种课程，应融入教学全程全域；倡导情境性评价，将评价变成激发创生的策略；倡导将评价结果变成正向能量，为学生提供个性化跟踪指导方案。

2. 评价目标

以"文化自信、语言运用、思维能力、审美创造"核心素养内涵和年段指标为依据，我们建构了四方面素养的二级指标，并将每个二级指标细化为三个学段不同层级的"语文核心素养发展性指标"，为创享语文评价提供了质量标准。例如，文化自信分为"积累与感受""理解与体悟""应用与传播"三个二级指标，"语言运用"分为"识记与积累""理解与运用""转换与创生"，"思维能力"分为"识别与推测""分析与整合""释义与创新"，"审美创造"分为"发现与辨识""比较与评鉴""想象与创造"。

3. 评价策略

一是激扬性评价。注重学生学习潜能激发和精神成长评价，引动、激发学生课堂学习的动力与活力，促进课堂质量和效能提升。

二是情境性评价。在特定情境中，围绕学生语文学习或生活体验进行质性评价。在情境性评价中，评价内容包括贯穿学生学习体验过程的状态与品质、思维与表达、探究与合作等。

三是过程性评价。通过课堂观察、师生行为分析、作品分析、档案袋资料采集等方式，促进教与学过程中的行为改进。

四是综合性评价。以核心素养发展为导向，依据语文课程内容及语文学习活动类型和途径，展开纸笔测试、专项评价、活动评价、综合评价，真实、全面、立体地刻画学生语文核心素养发展水平。

4. 评价路径

聚焦素养生长，创享语文从课堂教学、课外语文学习活动、语文学习生态场域三方面进行多维评价。

一是课堂教学创享评价。

主要从教学设计、课堂生态、教学活动、素养生长四个维度展开评价。

教学设计评价。一评目标适切性：把握教材编排意图，直指核心素养培育，重难点目标精准定位到素养层级，能持续激发学习动力，导引学习能力发展与潜能开发。二评内容统整性：体现创生性，符合课标年段要求，对接学情、时代生活、地域文化，能激发求知欲和探究力。三评活动激发性：围绕目标达成，对接学生生活创建真实语境或问题场景，能呈现素养发展梯度，激发学习主动性与探究性。

课堂生态评价。一评课堂关系，教师充分信任、尊重学生，师生、生生平等对话，能够包容接纳他人；二评生活情境、文学情境、问题情境是否适宜，学生是否广泛参与；三评学生表现，如充满自信、敢于表现、勇于质疑等。

教学活动评价。要求落实基础性活动和语文要素，完成课后思考练习，实现保底目标；根据学生认知、能力、情意的欠缺点或兴趣点，针对性开展语文实践活动；延伸创造性活动，将课堂学习引向真实广阔的生活；抓住时机点拨评价，引动深度对话等。

素养生长评价。根据语文四大核心素养具体指标，从学生学习过程表现、学习成果等方面评价学生素养生长情况。

二是课外活动创享评价。

从活动设计的适切性（目标适切、层次凸显、预期清晰）、活动开展的过程性（学生的参与面与参与度、教师全程指导与反馈改进、资源选择与运用）、活动成果的提升性（目标达成、总结提升、成果展评）三方面展开评价。

例如开展"国学诵读""书法竞赛""读书征文竞赛""故事讲演"等语文活动，从主题先进性、内容适切性、过程育人性、参与主动性、效果显著性等方面，进行语文活动中的学生语文核心素养发展性评价（表4-2）。

表4-2 小学创享语文活动评价指标及分值

项目＼年级	一年级（分值）	二年级（分值）	三年级（分值）	四年级（分值）	五年级（分值）	六年级（分值）
活动设计	5	5	5	5	5	5
活动生态	5	5	5	5	5	5
活动效果	5	5	5	5	5	5
素养生长	5	5	5	5	5	5
备注	各项内容的分值可根据班级情况进行调整。 本活动主要指向课外语文拓展活动或社团活动等。					

三是学习生态场域评价。

场域和生态都是描述社会空间的理论隐喻。生态场域必然包含三个基本要素：行为主体、位置和联结它们的关系。创享语文着力从课堂关系和时空拓展两方面建设生态场域。因此，创享语文的生态场域评价主要从关系和谐、分工合作、程序清晰、氛围良好、活动积极五个方面进行。

例如，教学口语交际《我是小小讲解员》时，我们将此作为特色项目展开，导引学生关注社会热点问题，体验家庭小主人、社区志愿者、地域文化宣传员等多种角色，将口语交际与社会生活、文化传承有机融合。评价量表创设多元交际情境，拓展交际视域，展现不同的交际功能（表4-3）。

表4-3 《我是小小讲解员》口语交际特色项目评价表

特色项目	我是小小讲解员	
我选择的情境	1. 担任社区志愿者，向社区居民讲解垃圾分类知识。（　　　） 2. 向来我家做客的亲友介绍周边环境。（　　　） 3. 担任成都景点讲解员。（　　　） 4. 成都美食讲解员。（　　　） 5. 其他：＿＿＿＿＿＿＿＿＿＿＿	
我的相关准备	我确定讲解内容	
	搜集相关资料	
	我的讲解提纲	
	我的试讲情况	

特色项目	我是小小讲解员				
	评价内容	星级指数	自我评价	家长评价	社会（社区/企业/场馆等）评价
我的讲解评价	讲解时，有一定的顺序，逻辑清晰，有条理	☆☆☆			
	能根据听众不同的反应，对讲解内容做出合理调整	☆☆			
我的感悟与反思					

我们还对学生暑假家庭语文学习生态场域展开了如下评价（表4-4）。

表4-4 暑假创享语文家庭学习生态评价

评价项目	指标	生评（3星）	家长评（3星）
家庭学习环境	有专门的书房或书桌，自然环境安静，台灯光线适度，座椅高矮合适		
家长配合与支持	1. 注意环境安静，不大声接听电话或播放电视，不在孩子学习时刷抖音等。 2. 孩子学习时不随意打断。 3. 必要的书籍、文具及时补充。		
家长与孩子的互动	1. 共同制定暑假学习机会，做到平等协商。 2. 家长能对孩子遇到的学习困难予以适当帮助。 3. 学习计划和要求明确，能和孩子一起总结、反思、评价，改进学习。 4. 孩子需要父母出席的学习场域，家长积极参与，不推脱。 5. 主动与老师沟通，了解学习情况，与学校配合，促进孩子的学习。 6. 主动展开亲子学习，做孩子的榜样，自觉反思，不断提高教育能力。 7. 家庭氛围和谐，平等对话。		
综合评价：			

第二节 创享语文案例展示

一、创编故事 漫画补白 读悟共生——《王戎不取道旁李》小古文教学案例

【案例背景】

适用年级：四年级

统编语文教材四年级上册第八单元以"青史留名多俊杰"为人文主题，编排了多篇中国历史人物故事。单元语文要素是"了解故事情节，简要复述课文。写一件事，能写出自己的感受"。其中《王戎不取道旁李》是一篇小古文，要求学生在充分朗读，读正确、流利、读好停顿的基础上，借助注释，读懂内容，在理解的基础上熟读成诵。熟读之后，引导学生能用自己的话讲讲这个故事，并说说自己对人物的感受，从而达成积累语感、习得方法、发展思维、提升审美、传承文化的目的。

【学习目标】

（1）能正确、流利地朗读课文，熟读成诵。

（2）学习运用结合注释、组词补充、联系上下文等方法读懂故事，能用自己的话讲述故事。

（3）理解"树在道边而多子，此必苦李"的意思，感悟王戎善于观察和思考的形象。

【教学思路】

本教学案例，首先从单元导语"时光如川浪淘沙，青史留名多俊杰"出发，列举古代历史名人，引出王戎的故事。然后引导学生正确流利朗读全文，再运用结合注释、组词补充、联系上下文等方法读懂故事。最后引导学生借助漫画、创编古文等方式，用自己的话讲讲这个故事。

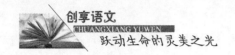
【案例实录】

任务一：交流人物，初解文题

活动1：课前谈话。

师：咱们四年级的孩子喜欢读历史故事吗？你都知道哪些历史人物的故事？

生：（学生交流）司马光砸缸，曹冲称象，黄香温席，孟母三迁，西门豹治邺，匡衡凿壁偷光……

师：在历史的长河中，许多才智杰出的人物名垂千古，真是"时光如川浪淘沙，青史留名多俊杰"（PPT展示引导学生积累）。今天我们一起走进历史名人王戎的故事。

活动2：书写"戎"字。

师：请跟老师一起写课题。"戎"，一长横一短横，三画竖撇，四画斜勾，五画斜撇，六画点。"戎"字最容易与哪个字混淆？（生书空）

生："戎"与"戒"字易混淆。

师：谁来读课题？（抽生读课题）谁来说说课题的意思。

生：王戎不摘道路旁边的李子。

师：王戎为什么不取道旁的李子呢？打开书，按照自己的节奏和感觉读读课文。注意读准字音，读通句子。

任务二：自主学习，把握文意

活动1：自读课文，读准字音。

生：自读课文，读准字音，读通句子，至少读三遍。

师：谁来读读全文？（抽生读文）

生读《王戎不取道旁李》全文。（王戎七岁，尝与诸小儿游。看道边李树多子折枝，诸儿竞走取之，唯戎不动。人问之，答曰："树在道边而多子，此必苦李。"取之，信然。）

师：读得字正腔圆，"看/道边李树/多子折枝"，节奏停顿正确。

师：全班一起读，读得字字响亮！

生：齐读课文。

活动2：再读课文，说说意思。

师：这是一篇古文，想想每句话到底在说什么？再读课文，用今天的话讲讲这个故事，讲给自己听。（生读文）

生：自读自讲，理解文意。

任务三：读中对话，理解内容

师：故事一共有四句话，请四位同学来接龙讲。

生1："王戎七岁，尝与诸小儿游。"王戎七岁了，经常和很多小朋友游玩。

师：你怎么知道是很多小朋友一起游玩？

生1：我从"尝与诸小儿游"中的"诸"字知道有很多，是一群小朋友在一起玩耍。

生2：老师，我有不同意见。我认为"尝与诸小儿游"不是经常和一群小朋友玩，而是曾经和一群小朋友游玩。"尝"根据注释应理解为"曾经"，我是通过结合课后注释来理解的。

师：两个同学相互补充，把第一个句子变成了故事画面，非常不错！他们都用上了学习古文常用的方法——结合注释（师板书）。

生3："看道边李树多子折枝，诸儿竞走取之，唯戎不动。"他们看见路边李子树上结了很多果实，把树枝都压弯了。许多小朋友都争相跑去摘李子，只有王戎没有动。

师：他们指的是谁？

生3："王戎和诸小儿"，因为第一句里写了。

师：第一句和第二句联系起来讲，这就是"联系上下文理解"。（师板书）

师：出示图片"结满李子的果树"，结了很多果实能换成成语吗？

生3：果实累累！李子树上果实累累。

师：哪个字告诉我们诸小儿争相去摘果子？

生3：竞。

师：哪个字是跑去摘果子？

生3："走"，古代人说的"走"是"跑"的意思，比如走马观花，其实是骑在奔跑的马上看花。

师：你很会举一反三地学习！

生4："人问之，答曰：树在道边而多子，此必苦李。"有人问他，为什么不去摘李子，王戎回答说："李子树长在路边竟然还有这么多李子，这一定是苦李子。"

生5："取之，信然。"摘来一尝，的确如此。

师：几位同学讲得精准流畅，故事读懂了吗？考考你们。

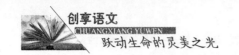

师：（出示：诸儿竞走取之、人问之、取之。）这三个"之"意思一样吗？

生6：这三个"之"字意思不同。"诸儿竞走取之"的"之"是指李子。"人问之"的"之"是指王戎。"取之"的"之"还是指李子。

师：是的，"之"是文言里变化比较多的词，"之"在不同的句子里指代的意思各不相同，有时候甚至没有具体的意思。

师：这么难的"之"字也读懂了，同学们真厉害，看你们的表情，对这篇文章的学习还不满足。来挑战一下自己，把故事讲得更有画面感。

任务四：合作创编，丰富故事

活动1：小组合作，创编故事。

师：书读百遍其义自现，小古文学习少不了"读"字。当然读的形式各异。想象情景，来个演读。展开你们的想象，适当补充语言、动作、神情，把这个故事讲得更生动，更有画面感。先在小组里讲故事。

生：在小组里合作创编讲故事。

活动2：小组展示，表演故事。

师：哪个小组来展演一下你们创编的故事？

（各小组争相举手汇报，教师指定一个小组上台展示。）

生1（扮演王戎）与生2、生3、生4（扮演诸小儿）：王戎七岁的时候，曾经与一群小伙伴外出玩耍。

生5（扮演李子树）：举着手，显得挺拔。

生2：哇，快看，那棵李子树的李子真多呀！（一手指着远方惊呼状）

生3：跳了起来："耶，我正好口渴了，我们去摘几个来解渴吧！"

生4：已经向李子树冲了过去。

生2、生3、生4：争着抢着摘李子。

生1：淡定地说："这棵李子树长在道路旁边，却还有这么多果实，肯定是苦的。"

生2、生3、生4：吃到苦李，不断往外吐。

（教室里响起了热烈的掌声。）

师：评一评，他们演得怎么样？

全班同学争相评价：

生：演得好有趣，就好像看到了当年的情景。

生：他加上了动作、表情，让我们感到古文一点也不死板了。

生：我有一点小建议。李子树演得不够好，因为李子树是多子折枝，所以

不应该那么直立挺拔，应该是压弯了的。（掌声）

师：同学们真是把故事读到心里去了。

任务五：漫画补白，背诵古文

师：带着对故事的理解，抽生读全文。

师：树在道边而多子，此必苦李。为什么这个道理只有王戎懂？

生：因为王戎善于观察，看到道边李树果实累累就产生了问题，为什么大路边的树还有这么多李子，人来人往，按常理早就被人摘光了。

师：你也是一位善于思考的人。王戎对待事情就是多观察，多思考，所以有不同于常人的结论。让我们来夸一夸王戎，用上这样的句式：王戎真乃＿＿＿＿＿＿＿＿＿＿＿也！

生：王戎真乃　聪明　也！

生：王戎真乃　善思　也！

生：王戎真乃　神人　也！

师：同学们太厉害了，但是老师觉得，你们还能给自己更多惊喜。回到古代，用古文的方式讲这个故事。

师：出示漫画，学生看图用原文讲故事。（推荐学生讲）

生：补白讲故事。（大组开火车讲）

王戎七岁，＿＿＿＿＿＿＿。看道边李树＿＿＿＿＿＿＿＿＿＿＿，诸儿＿＿＿＿＿＿＿＿＿，唯戎＿＿＿＿＿＿＿＿＿。人问之，答曰："＿＿＿＿＿＿＿＿＿＿＿＿＿＿＿＿，此必苦李。"取之，＿＿＿＿＿＿＿＿＿。

生：背诵讲故事。（全班讲）

任务六：拓展故事，激趣广读

师：拓展王戎的两个小故事。

故事1：王戎小时候直视太阳而目不眩。

故事2：王戎小时候看猛兽的表演，众人都被吓跑了，只有王戎站立不动。魏明帝看到王戎，赞叹他是奇童。

师：像这样好看的故事还有很多，就藏在《世说新语》这本书里，如果你想了解更多古人的故事，就一定不要错过这本书哟！

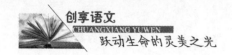

【案例评析】

编创演绎，讲故事学古文

本课例从单元人文主题入手，让学生聊历史名人故事，揭示课题，既帮助学生更好地理解单元主题，又为学习名人王戎的故事奠定基础。在读准字音、读通句子之后，老师没有回顾学习古文、理解句意的方法，而是直接让学生自己把这个故事讲给自己听。创享课堂提倡顺学而导，顺学而教。先让学生学，学到困难之处，不解之处，师生互动，生生互动，共同发现文言学习的方法。这是有体验的学习，也是基于学生学情的学习。

为了突破"结合注释，用自己的话讲讲这个故事"的教学难点，我们设计了"自主学习讲故事—接龙朗读讲故事—漫画补白讲故事"三个层次。用今天的话创编故事这个环节，学生完全成为学习的主人，站在了课堂的正中央，老师退位，不再是课堂的主宰，而是课堂中的参与者和创造者。小古文的学习目标之一——熟读成诵，这个环节安排补充了漫画，用漫画理解小古文的故事内容，使故事更形象，更生动。借助漫画指导学生朗读古文，背诵古文。从全文朗读到补白诵读，最后能达到全文背诵。

本单元的主题是"青史留名多俊杰"，本课给学生的价值观取向是强化"远见卓识"的个人价值与时代意义。增补了王戎的两个小故事，都是正面的。教学的价值取向很重要，高点越高，学生的价值观越正向。课的结束环节，书声琅琅，推荐《世说新语》，把小古文的学习引向课后。

没有文言，汉语的大地就没有了母亲河。没有文言，我们的语文学习将再也找不到回家的路。小学阶段学习文言文，旨在了解一定的文言词汇和文言知识，培养学生学习文言文的兴趣，从而了解我国悠久灿烂的语言文化，明白其中蕴含的民族文化智慧以及中华文化魅力。

（案例作者：成都高新新科学校　张霞）

二、品语言文字韵味，育审美感悟能力——散文学习《白鹭》教学案例

【案例背景】

适用年级：五年级

《白鹭》是郭沫若的一篇文质兼美散文，生动描写了白鹭的颜色、身段的

78

精巧及觅食、栖息、飞行时的韵味，表达了作者对白鹭的喜爱。开篇"白鹭是一首精巧的诗"在读者心里投下了一个优美意象，字里行间饱含着浓浓的诗意，让人回味无穷。指导学生凭借具体的语言材料，感受白鹭的静态与动态之美，激发学生对鸟类、对大自然的热爱，特设计实施本课例。

【学习目标】

（1）正确、流利、有感情地朗读课文，背诵课文。

（2）能结合课文内容理解"白鹭实在是一首诗，一首韵味无穷的诗"这个句子的意思。

（3）在品读课文时，感受白鹭的美，激发学生对鸟类、对大自然的热爱之情。

【教学思路】

语文教学既要让学生借助阅读实践，品味白鹭如诗如画的美，又要创设情境让学生喜于表达、乐于写作，从而让学生在积极的思维与情感活动中，加深对文本的理解与体验，受到文本的情感熏陶，获得思想启迪，享受审美乐趣，培养语文能力，形成语文素养。

践行阅读教学的基本策略，必须坚持"重感悟、重积累、重运用"。本课的教学设计让学生通过对关键词语、重点句子的品读、吟诵，领悟内涵，积累语言，表达情感，深入理解，体会白鹭是"一首精巧的诗""一首韵味无穷的诗"。

【案例实录】

任务一：视听预热，认识白鹭

活动：初识白鹭。

师：所有的美都在你的眼里。眼睛是你心灵的窗户，用好你的眼睛，这很重要。老师今天带来了一份很精美的礼物，想不想看看？

生：看图。

师：认识它吗？真正认识它是从名字开始的，写一写好吗？

师：跟老师写"白鹭"，一起读一读。再读一遍，读得真好，把鸟的颜色读出来了。你们的眼睛非常厉害，这是摄影师镜头下翩然若仙的白鹭（PPT出示白鹭图片），文人墨客讴歌的白鹭，有诗为证。（PPT出示名人写白鹭的诗句）一起读一读。

任务二：赏美启学，整体感知

活动1：观"白鹭觅食图"

师：白鹭这篇文章的作者郭沫若用自己的真感情赞美白鹭，你能用课文开头和结束的话，说说他是怎么赞美白鹭的吗？

生：白鹭是一首精巧的诗。

师：我们一起来写一写"精巧"。

生：白鹭是一首韵味无穷的诗。

师：我们也一起来写一写。写一遍胜过念几遍。

师：我们一起把这两句连起来读一读。

（教师示范，投入地动情地朗读，学生再读。感情非常充沛。）

活动2：探"白鹭瞭望图"

师：好长的一篇文章，我们读的时候把它读成了两句话，这就是把课文读短了。还抓住了两个词"精巧、韵味无穷"，这就是读准了。你是怎么理解"精巧"的？

生：精致。

生：精致巧妙。

生：精美小巧。

生：好像是一位工人做出来的。

师：你是用生活来解释，眼睛亮。

活动3：品"白鹭低飞图"

师：白鹭的确长得精致，郭沫若先生的描写的确精美。我们再一起来朗读。

师：郭沫若是怎样把白鹭的脚描写得那么细腻的？你猜猜。

生：认真观察过。

生：作者一定非常喜欢白鹭，才会观察得这么细致。

师：喜欢一只鸟，喜欢到这样的程度。

师：老师也找到了一种原因。（出示：宋玉）写法上的原因，如《好色赋》中描写美女的时候（解释句子），你再看看，从两种写法中你发现了什么？

生：描写这个东西恰到好处。

师：他说描写得恰如其分。

生：都用了烘托手法。

生：前面都写长短，后面写颜色。

师：这就是你们明亮而智慧的眼睛。一起来读一读。

任务三：鉴美点拨，想象画面

活动：小组合作，分享交流。

师：人们常说，诗中有画，请你们闭上眼睛，随着悠扬的乐声遐想，在你们眼前出现了哪几幅图画？（音乐起，师范读）

生：小组讨论，想象画面。

生：白鹭觅食（钓鱼）图、白鹭瞭望图、白鹭低飞图。

师：想象丰富，语言概括得也凝练。

师：回想三幅图都很美，韵味就在文字里，你喜欢哪些句子？再放声读一读课文。

任务四：创美生成，品味韵味

活动1：白鹭觅食（钓鱼）图。

师：出示第7自然段，生读。

师：我认为这里的"钓"可以改成捉：时常有一只两只白鹭站着捉鱼。老师说错了没有？

生：我认为不够准确。因为"钓"是在那里等着鱼过来，而"捉"是主动去抓鱼。

生：我觉得"捉"是一种动态的美，"钓"是一种静态的美。

师：你觉得都一样吗？

生：我觉得静态的美更好一点。

师：白鹭在那里钓鱼，表面是等着鱼，实际呢？

生：希望鱼快上钩。

生：我觉得钓比较娴静，是拟人写法。

生：我觉得用"钓"的话，显得白鹭悠然自在。

生：我觉得用"钓"显得白鹭很悠然。

师：无忧无虑，等着鱼儿上钩，姜太公还要一个鱼竿，可白鹭不要竿和钩，只要悠然地等着鱼上来。所有味道都在一个"钓"字上，想想看，那瓦蓝瓦蓝的天，那碧绿碧绿的水，那雪白雪白的鹭，那自然和谐的色彩，那一尘不染的明澈，这是一幅优美的田园风光图，一幅优美的白鹭垂钓图，难怪作者说白鹭垂钓就是"一幅嵌在玻璃框里的图画"。一般是什么画才放在玻璃框里的？

生：一般都是美景镶嵌在玻璃框里。

生：一般都是有名的画。

师：原来这幅优秀的图就是作者眼中最美的画，它值得镶嵌在玻璃框里，还值得镶嵌在我们眼里，值得镶嵌在我们心里，让我们读出这些优美的文字。

生齐读。

师：悠闲的垂钓，悠然的田园生活，多么美妙，值得我们嵌在玻璃框里，嵌在心里，让我们一起来背一背。

活动 2：白鹭瞭望图。

师：如果白鹭垂钓是悠然的，那么白鹭瞭望就是更有个性的悠然。

生读。

师：读得真好，仿佛把我带进了画面，孩子们，什么是嗜好啊？

生：是爱好。

生：是与众不同的爱好。

师：你看，在这句话里，白鹭与众不同的爱好是什么？

生：是孤独地站在小树的绝顶。

生：是孤独地站在小树的绝顶瞭望。

生：我想是孤独地站在小树的绝顶悠然地瞭望。

师：晴天的早晨是什么？

生：时间。

师：每每是？

生：经常。

师：白鹭每每站在小树的绝顶悠然地瞭望，这就是它的嗜好。

师：白鹭在瞭望，这是只羽毛刚刚丰满的少年白鹭，它在瞭望什么？

生：看着远处的白云，想起自己的母亲。

师：少年白鹭望着远方，想起了自己的母亲。

师：这是一位妙龄的白鹭姑娘，它在瞭望什么？

生：好奇地看着大千世界。

生：也许还在看着远方可以和自己一起生活的同伴。

师：这是一位白鹭先生，它在瞭望什么？

生：瞭望四周的景色。

师：这位先生爱景。

生：白鹭先生看着远处的云想，这么广阔的天空，我要飞多久才能看完它的美景啊！

生：思念久别的儿女。

生：看看自己外出的儿女怎么还不回来。

师：这是一位白鹭妈妈，它在瞭望什么？

生：望自己的先生。

生：自己的儿女离开自己这么久，有没有学会飞行，会不会自己独立飞行。

师：不同的白鹭，瞭望的景观不一样，结果也不一样，但是有人说它在瞭望，它真的是在瞭望吗？它是在干什么？

生：它是在思考？

师：思考什么？

生：思考自己的将来。

生：在享受大自然的美。

生：呼吸新鲜空气。

师：白鹭也许在聆听大自然美妙的声音，也许在尽情享受生活中的乐趣，也许是为了向人们展示自己独特的嗜好。白鹭在小树的绝顶绽放着自己独特的韵味，让我们好好地把这种韵味读出来。（学生读）

活动3：白鹭低飞图。

师：品完了瞭望图，我们再来欣赏一下白鹭低飞图。

师：黄昏的空中，白鹭低飞，它们飞向哪里？你们都有自己独到的见解。夕阳西下，忙完了一天的功课，放学回家的孩子偶尔看见白鹭低低地飞在空中，孩子们会对白鹭说些什么？

生：你可真悠闲啊。

生：你是多么幸福啊。

生：我多么想和你一起飞，我真是太羡慕你了。

师：干完一天农活的父亲，看见低飞的白鹭，他会说些什么？

师：烧好了晚饭，等着家人回来的妈妈，看见低飞的白鹭会说些什么？

生：根据老师的提示，与同桌说说自己的想象。

师："落霞与白鹭齐飞，秋水共长天一色"的景象是多么悠闲啊！"人鸟两相看，相看两不厌"的生活是多么和谐啊！这就是我们眼中郭老笔下的白鹭。

生：齐读"白鹭实在是一首诗，一首韵味无穷的诗"。

任务五：传美升华，品味韵味

活动：探讨"完美"与"不足"。

师：引读第9自然段。

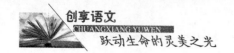

师：你是怎样看待这个美中不足的？

生：我不在乎它能不能发出声音。

生：人无完人，我们也不能要求白鹭一点缺点都没有。

生：白鹭美丽的外形已完全遮盖了它的唯一缺点。

师：上帝在创造万物生灵的时候也会留下败笔的，维纳斯的断臂展示的就是一种缺憾的美，白鹭又何尝不是这样呢？白鹭是一首精巧的诗，韵味无穷的诗；白鹭是一幅画，意境深远的画；白鹭是一曲无言的歌，拨动人心弦的歌；白鹭是一支多姿的舞，曼妙丰盈的舞。让我们再看一遍白鹭，让我们的心与白鹭共舞。（欣赏各种姿态的白鹭图片）

【案例评析】

品词赏句 培育审美能力

《白鹭》是著名作家郭沫若的作品，教学中应积极创设良好的教学情境，引导孩子自我发现语言文字间蕴藏的美，指导学生展开想象，抓住关键词句，通过入情入境的朗读，品味、领悟文章的内涵；从白鹭的形美、意美、信美的角度进行审美欣赏，让学生受到情的感染和美的陶冶。

本案例注重教学情境创设和学习兴趣培养，让学生学会发现。意蕴无穷的白鹭外形及生活的画面展示，为这堂课的学习创设了一个极富诗情画意的教学情境，使学生直观地欣赏白鹭的生活画面。感受白鹭无穷的韵味，品读课文，流畅优美的语言文字，享受语文学习的快乐，从而激发学生对祖国语言文字的热爱，对语文课堂的喜爱。

珍视学生的独特感受，关注学生的个性化阅读，让学生学会创造美，也是本课的一个亮点。在读中品味白鹭诗中有画，韵味无穷，引导学生读中遐想白鹭韵味无穷的生活画面，小组讨论并提炼独具匠心的画名，再给课文想象补白，加上多媒体课件的适时运用，全方位调动了学生的感觉器官。在极其开放、自由的对话平台中，师生、生生间的交流魅力四射，孕育出学生独特的感悟和想象、美的震撼和美的享受。

（案例作者：成都市石室天府中学附属小学　黄贺平）

三、读懂人物特点　体悟多样描写——五年级下册第五单元《形形色色的人》单元统整教学案例

【案例背景】

适用年级：五年级

五年级上册第五单元是习作单元，主题是"形形色色的人"，本单元的习作训练要素是"初步运用描写人物的基本方法，具体地表现一个人的特点"。教材编排了《人物描写一组》和《刷子李》两篇精读课文，引导学生阅读文本，感悟了解通过描写人物语言、动作、外貌、神态、心理等表现人物特点的写法，以及通过描写他人反应表现人物特点的写法，体会其表达效果，并尝试运用。帮助学生快速、高效地结合课文感知人物鲜明、立体、生动的特点。为完成本次习作做铺垫，教师将本单元内容整合为三个任务："自学独悟，完成初学""深度互动，读懂人物""探究写法，向名家学写人"。

【学习目标】

（1）能结合课文领悟通过人物的语言、动作、外貌、神态、心理等基本方法表现人物特点的方法。

（2）运用语言、动作、外貌、神态、心理等描写方法写一个同学。

【教学思路】

本案例重点呈现第二个和第三个任务。教学第二个任务时，教师通过预热激趣，让学生复习巩固本单元相关书籍、作者和需要掌握的字词。接着让学生借助图表，通过小组合作找出人物特点，全班分享。教师再根据学生分享归纳人物特点，引导学生习得课文通过语言、动作、外貌、神态、心理等方法刻画人物形象的写法。再引导学生通过看视频，读出特点，全班分享后运用方法，分享评价。教师及时对学生做出评价，利用艺术的多种表现方式，促进学生不断深化学习，拓展思维，达成素养培养目标。教学第三个任务，教师重点引导学生走进课文，探究名家选取典型事例、表现人物特点的写作方法。

【案例实录】

任务一：自学独悟，完成初学

活动1：阅读本单元作者和相关书籍资料介绍，了解作者成就和书籍内容。

活动2：朗读课文《人物描写一组》和《刷子李》，做到字音准确、语句流利。

活动3：默读课文，了解《摔跤》《他像一棵挺脱的树》《两茎灯草》《刷子李》分别主要讲了什么？

活动4：选择适合自己的学习方式，记一记、写一写词语。

任务二：深度互动，读懂人物

活动1：回忆复习，分享作者书籍。

师：通过上节课的自学，我们都认识了生字，了解了作者和内容。

师：请一个同学和大家分享自己了解的老舍。（PPT出示老舍照片）

生：老舍原名舒庆春，字舍予，中国现代小说家、作家、语言大师、人民艺术家、北京人艺编剧，新中国第一位获得"人民艺术家"称号的作家。代表作有小说《骆驼祥子》《四世同堂》，剧本《茶馆》《龙须沟》。

师：同学们，以后阅读时，像他一样关注作者的作品、成就和风格。

师：请一个同学继续介绍冯骥才。（PPT出示冯骥才照片）

生：冯骥才，中国当代作家、画家。2000年出版小说集《俗世奇人》。

师：本单元课文涉及四本书，请孩子们介绍一下，比比谁了解的信息多。

（PPT呈现四本书的封面）

生1：我知道《小兵张嘎》的作者是著名儿童文学家徐光耀，以一级战斗英雄燕秀峰为原型，讲述了抗日小英雄张嘎与敌人斗智斗勇的故事。

生2：我了解了《骆驼祥子》是人民艺术家——老舍（舒庆春）所著的长篇小说，描述了20世纪20年代军阀混战时期，中国北平城里的一个年轻好强、充满生命活力的人力车夫祥子三起三落的人生经历，揭露了半殖民地半封建的中国社会底层人民的悲苦命运。小说刻画了许多像祥子一样的小人物形象，祥子是旧社会劳苦大众的代表人物。

生3：《儒林外史》是清代小说家吴敬梓创作的长篇小说，全书五十六回，以写实主义描绘各类人士对"功名富贵"的不同表现。《儒林外史》代表着中国古代讽刺小说的高峰，它开创了以小说直接评价现实生活的范例。

生4：我知道《俗世奇人》由18个章节组成，每一个章节都由章节中的主人公命名。本书主要叙述清末民初天津卫民间的奇人故事——有阿谀奉承却驯鸟有方的贺道台、卖家当卖出能耐的蔡二少爷……每个故事生动有趣，惟妙惟肖，使人物跃然纸上，令人惊叹不已。

师：有的时候我们在学习课文时要了解相关书籍的内容、写作背景及思想。

师：一个人会阅读，还要会讲出来，用语言表达出来。

活动2：熟读句子，检查生字新词。

师：这个单元需要认识18个生字和1个多音字，我们要为后面的学习扫清障碍。根据大家的预习情况，老师把难读的字放进句子里面了，1人读1句，其他同学仔细聆听，读完后没有问题就把掌声送给他；有问题就站起来及时点评。（PPT出示句子，随机点读）

生：严监生喉咙里的痰响得一进一出的，一声不到一声的，总是有些断气。

生：应该读严监（jiàn）生。

师：为什么此处应该读监（jiàn）呢？

生：监是多音字，多音字要根据意思确定读音。一声监大多表示监视、监督等意思。四声监则指古代官府名，如国子监，监生就是国子监生员的简称。

师：掌声送给他，他不仅知道读什么，还知道多音字为什么要这样读。

生：全班齐读这个句子。

活动3：整体感知，回顾主要内容。

师：请快速浏览4篇课文，回顾课文主要讲了什么，用自己的话说说。

生1：《摔跤》主要描写了小嘎子和小胖墩儿比赛摔跤的情景。

生2：《他像一棵挺脱的树》主要描写了祥子的身体健壮、挺拔，充满生机。

生3：《严监生》主要讲严监生临死前看见油灯里有两茎灯草，着急地比划，不肯咽气，直到赵氏挑掉了一茎才断气。

生4：《刷子李》写出了刷子李高超的刷墙技艺。

活动4：精读课文，读懂人物特点。

（1）借助图表，找出特点。

师：这个单元的主题是"形形色色的人"，这几篇文章的主人翁分别是谁？

生：小嘎子、祥子、刷子李、严监生。（师相机板书）

师：主题是"形形色色"，他们都有什么特点呢？请再次阅读这几篇课文，找到相关的语句，说说理由。

课文	主人公	特点	关键词
《摔跤》			
《他像一棵挺脱的树》			
《严监生》			
《刷子李》			

PPT 出示：

学习要求：小组合作完成讨论，时间 5 分钟。

汇报要求：全员参与。

生：小组合作学习。

（2）小组汇报，分享交流。

师：哪个组先来汇报交流？其他组认真倾听，及时点评，点评的关键词也写在黑板上。

生 1：《摔跤》主人公是小嘎子，《他像一棵挺脱的树》主人公是祥子，《严监生》主人公是严监生，《刷子李》主人公是刷子李。

生 2：板书主人公。

生 3：从"围着他猴儿似的蹦来蹦去，总想使巧招，下冷绊子"中可以看出嘎子灵活。

生 2：板书"蹦来蹦去""灵活"。

生 4：从"他的铁面扇似的胸与直硬的背"可以看出祥子像一棵挺脱的树。

生 2：板书"铁面扇似的胸与直硬的背""挺脱的树"。

生 1：从"他把眼看摇头，那手只是指着不动……忙走去挑掉一茎"中可以看出严监生爱财如命。

生 2：板书"指着不动""爱财如命"。

生 3：从"刷子李一举刷子，就像没有蘸浆……每刷完一面墙，必得在凳子上坐一会儿，抽一袋烟，喝一碗茶，再刷下一面"中可以看出刷子李技艺高超，非常自信。

师：从同学们的汇报点评中，可以看出你们学习和讨论很认真，我们一起来再次梳理。

师：仔细阅读黑板，对上面的观点有没有补充或不赞同的？

生：请大家看到《摔跤》，从"小嘎子在家里跟人摔跤，一向仗着手疾眼快，从不单凭力气"中可以看出小嘎子很聪明。

师：你说得很好，请板书上去。

生：板书"聪明"。

师：（指黑板）通过"蹦来蹦去、不单凭力气"等关键词，可以看出小嘎子的特点是什么？

生：灵活、聪明。

师：我们不仅要抓特点，还要用词准确，刷子李应该是刷墙技艺高超。

师：读这个词（指学生写的"爱财如命"），你们脑子里还有哪些可以形容的词汇？

生：爱财、节省。

师：送给你们一个更准确的词——吝啬。（相机指导书写）

活动5：运用方法，体会特点。

（1）观察视频，读出特点。

师：我们通过阅读文字可以了解一个人的特点，也可以通过观察图像读懂人物的特点。一起来观察一段视频，看你们能否读出这个孩子的特点，请说明理由。

（播放视频）

生1：别人下课后都去玩耍他还在座位上看书，从中可以看出他是一个热爱阅读的学生。

生2：从他变化的表情可以看出他读书很认真、入迷。

生3：从他矫健的身姿可以看出他很爱运动。

（2）运用方法，分享评价。

师：刚才同学们观察得很认真，我从发言中发现你们是通过观察人物的动作、语言发现他的特点的。

师：现在你们像课文一样，用文字表现出你发现的特点。

PPT出示：

2分钟准备，可独自完成，也可同桌合作、小组合作（学生准备）。

师：其他同学认真倾听，请为他的表达打分，10分制，说明理由。

生1：丁零零，下课了，同学们纷纷离开座位去玩耍休息，他仍坐在座位上，拿出心爱的《骑鹅旅行记》认真读起来，看到紧张处他忍不住皱起了眉头，看到搞笑的情节他又跟着哈哈大笑起来，仿佛置身书中的世界。

生：我给8分，他把同学的皱眉和哈哈大笑写出来了，如果能把看的内容稍微写一点会更好。

生：我给满分。他不仅把主人公与其他同学进行对比，还通过表情详写了一个热爱阅读的同学。

师：我们每天都要面对形形色色的人，认真听其言观其行，就能深入地读懂他。

任务三：探究写法，向名家学习写人

活动 1：回顾人物特点。

师：同学们，上课节我们学习了《摔跤》《他像一棵挺脱的树》《两茎灯草》《刷子李》四篇课文，认识了四个各具特色的人物，请同学们回顾一下他们给你们留下怎样的深刻印象？

活动 2：回顾写人方法。

师：本单元是习作单元，是关于写人的练习。这节课我们再次走进本单元，向几位作家学习如何将人物特点写具体，把人物写鲜活。同学们回顾一下我们曾学过哪些写人的方法？

活动 3：学习选取事例，凸显人物特点。

（1）探究课文，明确选取事例的写法。

师：在前几次写人练习中我们知道要表现人物的特点，一般都要通过事例来展现。请同学们快速浏览《摔跤》《他像一棵挺脱的树》《两茎灯草》《刷子李》四篇课文，想一想课文表现人物特点在选取事例方面有什么值得我们学习的？

（2）观看微课，明确典型事例的选取方法。

师：一个人做事情、与人相处时，会显出自己的特点，要把人物写得丰满，避免千人一面，让人读后留下深刻印象就得选取最能表现人物特点的典型事例，来突出人物的品质、精神。让我们一起来看一段视频，了解什么是典型事例？如何选取典型事例来表现人物的特点？

活动 4：学以致用，围绕家人特点选取典型事例。

（1）模仿例子，尝试选取典型事例。

师：现在我们就来学以致用。你的家人有什么特点，想一想可以用哪些典型事例来表现他们的特点？请先列出事例再筛选。请模仿这个例子，选取自己的典型事例。开始吧！

（2）分享交流。

活动 5：探究课文，学习表现人物特点的方法。

师：大部分同学知道了什么是典型事例，并能找到表现人物的典型事例。那么用什么办法才能写好人物的特点，从而将人物写鲜活？让我们默读《小兵张嘎》《他像一棵挺脱的树》《两茎灯草》《刷子李》四篇课文，比较几篇文章的异同，说说它们在表现人物特点时使用的哪些方法值得我们学习。

生：为了描写车夫祥子旺盛的生命力，作者细致描写了他结实的身体；为了表现小嘎子的机灵，作者用了一连串动作描写。

生：可以通过描写周围人的反应，间接写出人物的特点，比如《刷子李》写了曹小三在观察师傅刷墙时，从崇敬到质疑再到崇敬的心理变化，侧面反映出刷子李的高超技艺。

活动6：感受作品的语言特色。

师：在本单元入选课文中，四位作家分别是徐光耀、老舍、吴敬梓、冯骥才，他们的语言各具特色，哪些语言给你留下了深刻印象？请找出来和大家分享分享。

活动7：即兴创作。

师：请根据你刚才梳理的家人特点和典型事例，进行5分钟即兴创作，使用恰当方法表现人物特点，一会儿全班分享。

【案例评析】

《形形色色的人》是五年级下册习作单元，语文要素一是学习描写人物的基本方法，二是初步运用描写人物的基本方法，具体表现一个人的特点。

本课例围绕语文学科核心素养和语文要素培养目标，突出学习力、创造力和精神生长力培养。预热点环节引导学生课前预习，自主解决简单问题，发现、提出疑难问题，教师据此调整、优化单元统整教学设计。学生在自主、合作、探究过程中，教师适时从学科知识、思想方法、情感价值观等方面捕捉生成，点拨、引导学生在平等、和谐的人际关系场域下利用表格深入思考，创建轻松、活泼、愉快的课堂氛围，课堂能包容接纳学生，学生敢于表达、质疑、试错，学生在真实片段描写的动力驱动下互动、交流、分享，加上适时适宜的师生、生生和自我评价，使课堂学习不断深化，达成了素养培养目标。

本课例根据创享课堂理念与实践范式，遵循"情境创建、统整融通、创生共享"三大原则，巧妙融合四种学习方式和五种教学策略，是创享语文语言审美型课堂理论与实践的充分展示。

（案例作者：成都高新区芳草小学　徐洪玉；成都市石室天府中学附属小学　黄贺平）

四、品梅花诗词　养人格气节——基础型学习任务群案例

【案例背景】

部编版四年级上册第三单元"留心观察"的《古诗三首》中选有《雪梅》，四年级下册第一单元"乡村生活"语文园地"日积月累"中出现了《卜算子·

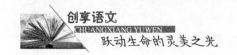

咏梅》，四年级下册第七单元"伟大品格"精读课文《古诗三首》中选有《墨梅》。为了更好地学习并解读梅花的品格，体会作者借梅花喻人的美好而伟大的品格，教者整合四年级上下册中关于梅花的诗词，设计了一堂梅花诗词学习积累课。

【学习目标】

（1）识记与积累五首关于梅花的古诗词。边读边想象说画面，锻炼语言组织能力和口头表达能力。

（2）通过诵读感悟，加深对梅花特点及品格的理解；结合写作背景深入体悟作者的情感，培养梅花一样的高洁品质和坚韧性格，提升中国传统文化认同感。

（3）在比较中体会咏梅诗词的不同意境和作者迥然不同的表达思想，学以致用，结合具体语境表达应用诗句。

【教学准备】

收集有关梅花的诗词，了解其品性，查找写作背景。

【教学总体思路】

中华传统优秀诗词是作者在特定环境下写成的，如果脱离了时代背景介绍而强行分析字词、优美语句、作者情感，就像空中楼阁，学生就会产生雾里看花的感觉。因此教学中通过反复朗读文本，体会梅花的特点后，我引出作者写作的时代背景，让学生知晓，以此加深学生对文本的理解，懂得要像梅花一样高洁伟大、坚韧不拔、谦虚为怀。让学生在课堂上感知经典，感受文化气息，在诗词学习中获得思想熏陶、境界提升。

【案例实录】

任务一：运用猜测，引出"梅花"

活动1：听题思考，猜主角。

师：同学们，想知道今天经典诗词学习的主角是谁吗？请听题猜一猜：它是一种花，"岁寒三友""花中四君子"皆有它。

师：对，你们猜对了，今天的主角就是——梅花！

活动2：细读《梅花》，习得方法。

师：梅花是自古以来文人墨客吟咏不绝的对象。说到梅花，你脑海中首先想到了哪首诗？（生自由回答）

师：出示王安石的《梅花》。

生：齐读《梅花》。

师：读得很流畅，但断句停顿不够好，缺乏节奏感。按音节划分，五言诗的节奏以"23""221"居多。请大家闭上眼睛，听老师朗诵，边听边想象画面。

师：你们似乎看到了怎样的画面？

生：我似乎看到了长在墙角风雪中独自盛开的几枝梅花。

生：我似乎看到了梅花像雪一样白。

师：生活中我们这儿的梅花一般是黄色或红色，你看到的怎么是白色呀？

生：我从第三句"遥知不是雪"中知道远远地看知道它不是雪，这说明它像雪一样白。

生：我不是看到了，似乎闻到了一阵阵的梅花香。

师：你把嗅觉器官都调动起来了。这阵阵的梅花香也说明前一句——作者远远看见的那白色不是雪。

师：同学们，我们通过读中想画面，看到了王安石笔下的梅花图。如果把梅花想象成一个人，你觉得它具有怎样的品格呢？

生：我觉得作者写梅花长在墙角，是要表达梅花不因环境恶劣而坚强不屈的品格。

师：梅花不管长在哪，它都能开花。就像人一样，只要你是金子——在哪都能发光。

生：我觉得作者要表达梅花的孤寂、不惧寒冷、不怕困难的品格。

师：是啊，凌寒盛开的梅花多让人佩服赞叹啊！让我们在萧瑟的冬日看到了一抹春色。

师：梅花像雪一样白是在说梅花的什么品格？

生：洁白。

师：洁白是形容颜色，换一个词来形容梅花的品格。

生：高洁。

师：对。我们说古人写文章常会"借物喻人"或"托物言志"，那么王安石是要借梅花来表达自己的品格吗？我们结合写作背景来看看。

（PPT出示写作背景：宋神宗熙宁七年春，王安石因变法改革罢相。次年二月，王安石再次拜相。熙宁九年再次因坚持变法改革被罢相，后退居钟山。此时作者孤独心态和艰难处境与傲雪凌霜的梅花有着共通之处，遂写下此诗。）

师：王安石变法是以发展生产、富国强兵、挽救宋朝政治危机为目的，以"理财""整军"为中心。这难免会触动一部分人的利益，他们就会来阻止变

法。但王安石不屈服于他们，认定为天下百姓的好事就必须坚持去做，他真是一个志向高洁的人啊！

生：看了写作背景，通过老师点拨，我知道王安石要推行变法改革，跟梅花一样处境艰难，但他依然能坚持变法，丢掉官职也不在乎。

师：对，我们现在是不是对王安石一下子肃然起敬了，让我们带着这份崇敬一起再读这首《梅花》，全班起立！

小结：看似简单的一首《梅花》，里面竟蕴藏着作者对梅花如此之多的赞赏。写梅花的诗词还有很多，今天我们就用想画面、悟品格的方法来品味梅花诗词的无穷魅力。（板书课题：品梅花诗词）

【设计意图】用"猜一猜"激趣，从"岁寒三友、花中四君子"引出本节课的主角，说明人们历来对"梅"是高度喜欢、高度赞扬的。这是课前预热，也符合情境创建原则，对接学生生活实践，较好地调动了学生的学习兴趣。

任务二：读思启学，启悟点拨

活动1：借助表格，自学咏梅。

（1）出示毛泽东和陆游的《卜算子·咏梅》，引导学生观察说出诗和词的不同特点。

（2）自学提示：走进梅花，读中悟情。

①朗读两首《卜算子·咏梅》，读准字音，读好节奏。

②结合注释了解意思，想想作者笔下的梅花有怎样的特点，作者歌咏或赞美梅花的什么品质？填写下表。

《卜算子·咏梅》	梅花的特点	悟品质
陆游的		
毛泽东的		

（3）诵读咏梅。

①师示范读第一句，引导学生读出节奏，读出重音。

②引导学生读出画面。

【设计意图】此环节让学生初步了解词和诗的区别，运用学习上一首五言诗《梅花》的方法，点拨迁移学法，划分词句的停顿节奏，自主体验朗读的音律美，领会两首词的表达内容。这体现了创享课堂"自主体验、深度探究"的学习方式，让学生获得诗词的知识建构和审美性情感体验。

活动2：小组合作，分享咏梅。

（1）小组合作学习。

四人小组任选一首词，说画面、悟品格，进行三分钟交流合作学习。

（2）小组汇报，分享交流。

师：选择学习陆游的小组举手，一个组汇报，其他组认真倾听，及时点评补充，一位同学把关键词写在黑板上。

生1：我们读了陆游的咏梅词后，似乎看到了在驿外一座断桥边，梅花寂寞孤独地开放着，黄昏时风猛烈地刮起来了，雨也哗哗地下起来了，梅花独自经历着这风雨。

生2：但此时它对百花的妒忌与排斥毫不在乎，即使凋零了，被碾作泥土，化作尘土了，也依然和往常一样散发出缕缕清香。

生3：所以我们觉得陆游要歌咏梅花的坚强不屈、傲然不逊的品格。

生4：板书"坚强不屈、傲然不逊"。

师：选择学习毛泽东咏梅词的小组举手，其他要求同上。

生1：我们读了毛主席的咏梅词后，似乎看到了在漫天飞雪、悬崖结冰时节，梅花却在枝头美丽地绽放着，向人报告着春天即将到来。

生2：毛主席的这首咏梅词是在赞颂梅花不畏严寒、不怕困难、积极乐观的美好品质。

生3：板书"不畏严寒、积极乐观"。

【设计意图】通过自主探究与合作学习，激发思维，学生体会了两首词表达的深刻内蕴。学生交流分享感受，再朗读想象画面，加深了对梅花品格的认识。

任务三：生成体验，升华情感

活动1：介绍写作背景，体会作者情感。

（1）了解背景。

陆游的这首词创作于人生低谷，因他力主用兵收复失地而被排挤压迫、惨遭罢官，他的爱国热情惨遭打击，但其爱国志向始终不渝。《卜算子·咏梅》正是以梅寄志的代表作，那"零落成泥碾作尘，只有香如故"的梅花，正是诗人一生对恶势力不懈的抗争精神和对理想坚贞不渝的品格形象写照。

毛泽东这首词创作于1961年，当时新中国面临严重困难，国民经济遭遇重创，中国人民经历了一次严峻考验。毛泽东借咏梅来言志，鼓励大家蔑视困难，敢于战胜困难，要有威武不屈的精神和革命到底的乐观主义精神。毛泽东

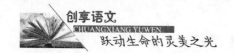

的这首词借用陆游的原调原题，但整首词反映出来的意境截然不同，故作者说："读陆游《咏梅》词，反其意而用之。"

（2）交流感受，适时点拨。

生：读了两首词的创作背景后，发现诗人陆游笔下的梅更加愁苦，抒发了他报国之志难以施展的愁郁之情。

生：毛主席笔下的梅更加乐观，体现了他作为革命者、伟大领袖面对困难的坚强、乐观、大气。

活动 2：深情朗诵。

【设计意图】通过对两首词的写作背景介绍，让学生体会作者借梅花来表达自己的志向，抒发自己的情感，领会作者借物抒怀的深刻内涵，并在朗诵中加深对作者情感的理解。

任务四：拓展积累、传承升华

活动 1：自读《墨梅》《雪梅》，说感受。

师：我们感受了陆游笔下"梅"的愁苦，毛主席笔下"梅"的乐观，那读读下面这两首古诗《墨梅》《雪梅》，说说你最喜欢哪句诗？你从中感受到了什么？

生：我喜欢《墨梅》中的"不要人夸好颜色，只留清气满乾坤"。让我感受到了梅花的淡泊名利、志向高洁的品格。

生：我喜欢《雪梅》中的"梅须逊雪三分白，雪却输梅一段香"。我从中感受到了梅和雪各有优点，梅花的高洁、谦逊的品格……

活动 2：总结谈收获。

师：今天我们读了五首关于梅花的诗词，感受到了梅花不畏严寒、傲雪开放的坚强不屈，不怕困难、积极乐观、高洁、淡泊名利、谦逊等品性。同学们，同样是写梅花，但作者的处境、心境不同，表达的意思、侧重也完全不同，是不是很有趣呀，你想说点什么？

生：我想说我也要像梅花一样不怕困难、坚强不屈。

生：我想说面对困境我也要积极乐观，笑对困难，要有毛主席的气魄。

生：我想说以后我与同学交往要淡泊名利，要看到别人的优点……

师：那我们以后表达这些心情时就可以尝试引用这些诗句。

活动 3：回归生活，学以致用。

师：请结合下面的句子，学以致用诗句。

（1）做人不在乎别人怎么评价，只坚持做好自己，做正确的事，我会想到

_____，_____。（不要人夸好颜色，只留清气满乾坤。）

（2）在学习上，她对自己要求非常高，从不言辛苦也不怕困难，每次取得好成绩时，她总对大家说：_____，_____。（不经一番寒彻骨，怎得梅花扑鼻香。）

（3）当一个人付出艰辛的努力，取得成功时，我会想到：_____，_____。（待到山花烂漫时，她在丛中笑。）

（4）看着凋谢在地的花儿，被人踩进了泥里，闻着淡淡的花香，我会不由得想到：_____，_____。（零落成泥碾作尘，只有香如故。）

【设计意图】在拓展中让学生积累更多的梅花诗词，通过比较阅读，体会作者不同的心境，感受中华诗词的博大精深，陶冶思想情操；通过迁移运用，提升学生掌握知识、运用知识、创造知识的能力，达到学以致用的目的。此环节体现了创享课堂"统整融通"的原则，即以学科核心素养内涵进行教学目标统整，以大单元大任务等进行内容统整，以核心素养发展指标进行教学评价统整；同时也体现创享课堂"多元分享"的学习方式，即师生、生生交流学习过程与问题解决的知识、经验、方法、情感与价值观，形成本体感受，提升意义价值。

【板书呈现】

品梅花诗词　传承人格气节

学习方法：想画面　悟品格

写作方法：托物言志　借物喻人

【课例评析】

创生画面　尽享梅花之美

这是一堂古诗词群文阅读课，课堂设计从结构层次、学习方式、教学策略等方面，体现了创享课堂特点，是一次成功的创享课堂教学实践。

从结构层次说，这是一堂语言文化型课堂，学语言，古诗词就是最好的对象。经典古诗词语言精练、意境隽永、情感丰富，是学习语言的最佳范本。课堂用朗读切入语言学习，在读中想画面说画面，领会诗句意思，再融入写作背景，深入体会诗句的丰富情感，最后通过朗读达到与诗句内涵的完美交融。课堂从语言的表层意思到诗句意境、作者思想的体会，再到诗句语言的灵活运用，践行了创享课堂自主体验、深度探究、仿创迁移、多元分享等学习方式，

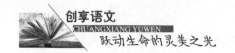

课堂中学生的反复朗读、节奏把握，是自主体验的生动体现。教师从作者写作背景入手，让学生体会、探究诗词的深刻意蕴，是深度探究的体现。提供其他梅花诗词，让学生用前面的方法学习，用引用诗句表达情况，甚至创生自己的诗句，是学以致用、仿创迁移的体现。学生朗读诗词，分享自己的学习感受，感受语言的美妙等，是多元分享的体现。总之，学习方式多元融入，达成了较好的教学效果。

从教学策略看，课堂导入的"梅"的猜一猜，历代文人墨客的喜欢，这是课堂激趣，也是动机唤醒；在学生合作学习时，多元互动也体现得较为突出；在多篇咏梅诗词比较学习中，让学生开阔眼界，体会同样是写梅却有不同的意境、思想、情感，其实是一种多维思维激发。最后学生的诗句运用，甚至是自己写诗，则是内容创生。教学通过多种教学策略运用，达成了"培育小学生语文核心素养"育人目标。

（作者单位：成都市金牛区抚琴小学　朱宏芳）

五、复述练逻辑思维，创编展创造思维——《失落的一角》整本书教学案例

【案例背景】

适用年级：三年级

统编语文教材三年级上册第四单元以"猜测与推想"为人文主题，语文要素是"一边读一边预测，顺着故事情节去猜想；学习预测的一些基本方法；尝试续编故事"。《失落的一角》是一本用简单黑白线条描绘的绘本，作者是美国作家谢尔·希尔弗斯坦。我们以这本书为载体实践整本书阅读策略指导，要求学生阅读时可以根据题目、插图、结合生活经验和阅读经验、课文线索进行预测，知道预测的内容跟故事的实际内容可能一样，也可能不一样，初步感受预测的好处和乐趣。懂得预测有据、预测有法，进而提升阅读判断力和想象力。这个年龄段的学生是人生观、价值观提升的重要阶段，通过充满哲思的绘本阅读促进辩证思考，提升对世界、对自我的认识。

【学习目标】

（1）通过阅读封面、标题和部分内容，学习质疑，培养发现问题的能力。

（2）小组合作解决问题，并分享交流，培养解决问题的能力。

（3）仿照原文，创编故事，培养表达与创作能力。

【教学思路】

本教学案例，首先让学生在初步阅读的基础上进行后文推测和猜想，是对学生阅读策略的巩固和实践。然后引导学生在猜测推想的基础上深度阅读，在质疑中解决问题，进行辩证思考，提升思维能力。最后引导学生基于故事内容进行仿写创编，加深对主题的思考，锻炼表达与创作能力。

【案例实录】

任务一：运用猜测，初知故事

活动 1：认识"圆"，初识"人物"。

师：今天我们来阅读一本书，有人这么评价这本书："孩子十分钟就能看完，大人却读十年不止……"

师：（教师出示缺了一角的圆）这是我们今天书本中的主角，请齐读课题。

生：失落的一角。

活动 2：观察封面，猜想故事。

师：让我们走进这本书的封面。看到封面，你猜测一下故事会讲什么内容？

生：它为什么会丢失了一角？

生：这个圆在封面上滚，它要去哪里？

生：故事中可能会讲它一路上遇到了哪些人和事。

师：孩子们能从封面、题目、内容去猜测，这是阅读整本书非常好的学习方法。通过猜测，你们初步了解了这本书的大致内容，那么到底这本书讲了哪些有意思的故事呢？我们一起走进《失落的一角》去看看吧！

任务二：问题探究，复述故事

活动 1：聚焦问题，共同探究。

师：（播放书本从 1 页到 6 页的视频）同学们，我们聚焦"它为什么要去找？"这个问题，一起来看一段视频。

生：因为失去了一角，它觉得自己不快乐。

师：请同学们通过朗读来表达它不快乐的情绪——它失去了一角，它不快乐。

活动 2：选择问题，分组探究。

师：请同学们从"它一路上遇到了什么？""它找到了吗？""它寻找的过程中心情有变化吗？"这些问题中，选择你们最想了解的一两个问题，聚焦阅读，

分组探究。(学生分组探究)

生：我们研究了它一路的心情变化，它在寻找那一角的途中经历太阳暴晒很烦躁，被冰冷的雨水淋很无助，被冰雪冻僵很难受。但是后来它遇到了很多快乐的事情，和虫子说话，闻花香，和甲虫赛跑，这些事情让它开心起来了。总的来说小缺虽然遇到种种困难，但还是在寻找途中领略到很多乐趣。这一路它虽然困难重重，但仍然坚持自己的目标不放弃。

师：研究它心情变化的同学有补充吗?

生：小缺继续上路了，它找到的第一个角太大了，它觉得很伤心。后来它又找到第二个角又小了，它觉得很沮丧。它又找到一角，这一角很尖，它很失落。然后又遇到一个很方的角，它很难过。直到它遇到了非常合适的一角，它觉得非常开心。我们觉得它坚持不懈，虽然失败了很多次，但仍然不放弃。

生：我觉得中间还有一件事很有趣，它找到一个角没抓牢就掉了，然后又遇到一个角，它吸取教训结果太用力被捏碎了。它找到了，它蹦来蹦去，我觉得它很兴奋。从它之前的遭遇看，它遇到过困难，遇到过不合适，此刻它愈加开心。它也有犹豫，怕不合适。但是最后找到了，也很自豪。

活动3：复述故事，体悟哲思。

师：请同学们练习复述故事。(学生练习汇报)

师：结合板书，你们有什么感受和发现吗?

生：它会向着自己的目标前行。

生：从它找到后不快乐、失去反而快乐中，我知道了快乐与得失不是并存的。

生：人不能完全感受别人的生活，也不能完全圆满，有遗憾的生活仍有快乐。

师：孩子们，你们从故事中读到了这么多答案，可能明年再读时还有新的收获，可能十年后你的感受又不相同，难怪有人说这本书可以读十年不止呢。

任务三：联结生活，续编故事

活动1：合作创编。

师：故事似乎结束了，它又踏上了寻觅之路。缺失的这一角在这条地平线，又开始了一段新的故事，它身上会发生什么呢? 就由你们来续写了。请同学们模仿这本书，用简单的图画配上简短的文字，小组合作完成故事续编。

活动2：分享互评。

生：这一角继续往前走，一路高歌一路经历风吹雨打，有一天它又遇到了一个角，两个人决定一起前行去寻找那缺了一角的圆。后来，它们又遇到第三个角、第四个角……它们的队伍越来越壮大，直到有一天它们发现它们在一起凑成了一个满满的圆，原来大家团结在一起就能拥有圆满。

师：请同学们对它们的故事做出评价。

生：我觉得这个结局出乎我的意料，很有创意。

生：这一组故事沿用了之前故事的思路，与前面的故事连接紧密。

生：他们的画风和故事风格与作者的风格一样，很吸引我。

活动3：推荐阅读，拓展延伸。

师：这本书的作者是谢尔·希尔弗斯坦，还真给这本书写了续集叫作《失落的一角遇见大圆满》。当然他还有许多优秀作品，如《阁楼上的微光》《一只会开枪的狮子》《爱心树》，就如我们今天阅读的《失落的一角》一样，他用简单朴实的文字和图片，留给人们许许多多的思考和阐释，值得我们慢慢品读。在阅读过程中，你们也可以运用自己的逻辑思维去梳理文本，发挥自己的创编思维去续编故事，相信在阅读过程中你会得到更多的哲理思考。

【案例评析】

读创联动，绽放思维之花

本课例首先采用质疑预热的教学方法，让学生通过阅读封面、部分内容进行质疑和推测，激发阅读兴趣，为本节课的思维训练奠定了基础。在问题启学环节，让学生筛选整理有价值的问题，并选择自己感兴趣的问题进行研究分享，在分享过程中教师引导学生自己点拨评价，适当升华，学生的语言表达素养和思维能力得以提升。同时，学生在启发中生成了自己的观点，有了自己的思考成果，这是学生思维的发展提升。故事再创编是本节课思维能力训练结果的一个呈现，学生根据自己的收获合作、探究、创造，结合阅读文本进行再创作，学生在文本语言仿写中提升了语言运用能力，并从中学会了欣赏这种简约而蕴含丰富内涵的文本审美。

本课例体现了创享课堂"融创、乐享"的文化特征，以学习为中心，以问题探索为主线，以自主学习、实践体验、合作探究为基本学习方式，在教学中实现了生成共享、能力构建和素养发展的目标。

（案例作者：成都高新区芳草小学　张颖）

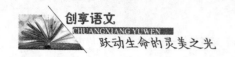

六、品历史人物，扬国士精神——《评说诸葛亮》教学案例

【案例背景】

适用年级：五年级

统编语文教材五年级下册第二单元以"走进中国古典名著"为主题，语文要素是"初步学习阅读古典名著的方法"。这是小学阶段第一次集中安排对古典名著的学习。《三国演义》中人物众多，但武侯祠作为成都的一个著名景点，让我们自然把目光聚焦到诸葛亮这一人物。"足智多谋、神机妙算""忧国忧民、心系天下""鞠躬尽瘁，死而后已"固然是诸葛亮的典型形象，如何让学生在心中建立一个更加丰满的诸葛亮形象呢？本课有意作一些探索。

【学习目标】

（1）通过故事、史料、评价语的阅读丰富对诸葛亮这一历史人物形象的认识。

（2）能用自己的话评说诸葛亮，做到观点明确，理由充足。

【教学思路】

本课基于"课前预热，聊三国人物；阅读故事，寻诸葛；结合史料，探诸葛；人物自述，品诸葛；世人评说，识诸葛；蓉城少年，学诸葛"为主线展开教学，一边运用以上方法了解历史人物，一边实践古典名著的阅读方法。

【案例实录】

任务一：课前热身

师：孩子们，本学期我们阅读了《三国演义》，你们都很熟悉三国人物了吧？我们来玩一个游戏——我说你猜。仔细听。（师依次出示人物"画像语"，生猜出人物名字）

师：生得身长七尺五寸，两耳垂肩，双手过膝，目能自顾其耳，面如冠玉，唇若涂脂。此乃——

生：刘备，刘玄德也。

师：身长九尺，髯长二尺；面如重枣，唇若涂脂；丹凤眼，卧蚕眉；相貌堂堂，威风凛凛。一听便知——

生：关云长是也。

师：身长八尺，豹头环眼，燕颔虎须，声若巨雷，势如奔马。此乃——

生：张飞，张翼德也。

师：既生（　　　　　），何生亮。

生：既生瑜，何生亮。这句中的"瑜"是周瑜。

师："宁使我负天下人，休教天下人负我。"这是谁说的话？

生：曹操。

师：喜爱狩猎，常常骑马射虎，早出晚归。这位"乘马射虎"之人是——

生：孙权。

师："身长八尺，面如冠玉，头戴纶巾，身披鹤氅，飘飘然有神仙之慨。"这句话描写的是谁？

生：诸葛亮。

师补充并点评：小说在别的章节中还提到：诸葛亮执掌刘备军队后，常常手持羽扇，坐一辆四轮小车……看来同学们对三国人物都非常熟悉，相信通过这节课的学习，我们会有更多的收获。

任务二：阅读故事，寻诸葛

活动1：分享故事，聊人物形象。

师：关于诸葛亮，你印象最深刻的故事是什么？（生自由交流自己了解到的有关诸葛亮的故事）

师：从这些故事中，同学们初步读出了诸葛亮的哪些形象？

活动2：读故事，见形象。

师：（出示故事《隆中对》《挥泪斩马谡》）老师也想和大家分享两个诸葛亮的故事。

师：出示阅读要求：①读一读：任选其中一篇。②画一画：勾画出关于诸葛亮的句子。③写一写：批注诸葛亮给你留下的印象。（生按要求自主阅读）

（1）小组汇报《隆中对》。

师：请一位同学来说一说，《隆中对》故事中的诸葛亮。

生：诸葛亮是一个才华横溢的人。因为他做了……

师：他胸有大志，对天下形势了如指掌，请你读一读。（生读）

师：为什么诸葛亮身在草庐之中却能了解天下形势？

生：勤奋学习，心怀天下。

师小结：我们把这种人，叫作"国士"，这样的精神叫作国士精神。"先天下之忧而忧，后天下之乐而乐。"

师板书：心怀天下　博学多才　国士精神

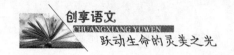

（2）小组汇报《挥泪斩马谡》。

师：请下一个小组来和我们聊一聊《挥泪斩马谡》中的诸葛亮。

生：没有听刘备的劝告。

师：他为严明军法，痛下决心。（生读）

师：诸葛亮不听劝告，用人有失误之处，他严明军纪，直面错误，以身作则。

师板书：人无完人　严明军纪　直面错误

任务三：结合史料，探诸葛

师：刚才我们说的和寻的都是小说《三国演义》故事中的诸葛亮，在《二十四史》之一的《三国志》中，诸葛亮又是怎样的形象呢？

活动 1：读《三国志·蜀书·诸葛亮传（节选）》。

明确要求：（1）自由练习朗读，读准字音，根据译文了解意思。（2）勾画，批注你读出了怎样的诸葛亮。

活动 2：反馈史料中的诸葛亮形象。

师：在《三国志》中，你又读出了怎样的诸葛亮？

生：刘备非常信任诸葛亮。

师：刘备说，"君才十倍曹丕，必能安国，终定大事。若嗣子可辅，辅之；如其不才，君可自取。"这句是什么意思？（生说句意）

师：听了刘备的这番话，此时此刻，诸葛亮在想什么？（生想象，并朗读）

师：面对刘备的话，诸葛亮做出了这样的回答——［出示句子："臣敢竭（jié）股（gǔ）肱（gōng）之力，效忠贞之节，继之以死！"生练习朗读］

师：此时此刻，你仿佛看到了一位怎样的蜀汉丞相？

生：忠君爱国。（板书：忠君爱国）

师：你还读出了一位怎样的诸葛亮？

生：为官清廉。（板书：为官清廉）

师：为什么？

生："若臣死之日，不使内有余帛（bó），外有赢（yíng）财，以负陛下。"

师：意思是？（生说句意）

师小结：诸葛亮真担得起"清廉"二字！他一生清贫，正直无私，高居权位而鞠躬尽瘁，手握大权却死而后已。

104

任务四：人物自述，品诸葛

师：诸葛亮在《出师表》中这样写道——（播放音频，生聆听）

师：《出师表》是诸葛亮北伐出征前写给皇帝刘禅的奏章。他对刘禅说什么？（生补充）

师：此时此刻，一位怎样的蜀汉丞相出现在你的面前？

生：忠君爱国。

师小结：如此一位为后主殚精竭虑的丞相，难怪陆游曾说——

生读："出师一表真名世，千载谁堪伯仲间。"

任务五：世人评说，识诸葛

师：滚滚长江东逝水，浪花淘尽英雄。是非成败转头空。青山依旧在，几度夕阳红。千秋功过，自有后人评说。

活动1：史学家及文化名人评诸葛。

（1）阅读陈寿的评说。

师：我们在两晋史学家《三国志》的作者陈寿的评价中，识诸葛亮。

出示："诸葛亮之为相国也，抚百姓，示仪轨，约官职，从权制，开诚心，布公道。然连年动众，未能成功，盖应变将略，非其所长欤！"

生读译文：诸葛亮作为一国的丞相，安抚百姓、遵守礼制、约束官员、慎用权力，对人开诚布公、胸怀坦诚。然而，他连年劳师动众，对外征战，都未能取得成功，大概是因为率军作战、随机应变不是他的长处吧！

（2）阅读杜甫的《蜀相》。

师：我们在诗圣杜甫的诗歌中，识诸葛亮。

生读：

丞相祠堂何处寻，锦官城外柏森森。映阶碧草自春色，隔叶黄鹂空好音。

三顾频烦天下计，两朝开济老臣心。出师未捷身先死，长使英雄泪满襟。

（3）阅读董必武书写的对联。

出示：三顾频烦天下计，一番晤对古今情。

师：我们在共产党创始人之一董必武先生的对联中，识诸葛亮。（生读）

师：董老借杜甫的诗句，引出隆中一番晤对真是感动世人。

活动2：生评说诸葛。

师：请你任选一处评价，说说他们眼中的诸葛亮是什么样的？

生1：率军作战不是长处。

师：人无完人，金无足赤。

生2：鞠躬尽瘁，死而后已。

师点评：负责精神。

生3：心系天下，国家统一。

师点评：心怀天下。

活动3：了解诸葛亮对后世的影响。

师：诸葛亮的精神影响了一代又一代的文人志士。

出示句子，生朗读。

先天下之忧而忧，后天下之乐而乐。——范仲淹《岳阳楼记》

死去元知万事空，但悲不见九州同。王师北定中原日，家祭无忘告乃翁。——陆游《示儿》

位卑未敢忘忧国。——宋·陆游《病起书怀》

安得广厦千万间，大庇天下寒士俱欢颜。——杜甫《茅屋为秋风所破歌》

苟利国家生死以，岂因祸福避趋之！——林则徐

任务六：蓉城少年，学诸葛

活动1：小结人物形象。

师：今天，我们深入探究，走近一代名相诸葛亮。说说此刻诸葛亮在你心中是一个怎样的人？（生回顾总结人物形象）

活动2：蓉城少年，扬诸葛。

师：作为新时代的蓉城少年，我们如何来理解诸葛亮的精神并传承呢？

生：我觉得我们也应该像诸葛亮一样热爱自己的祖国，为国家，为民族，尽自己的一份力量。

师小结："天下兴亡，匹夫有责""少年强，则国强"。

同学们，成都马上就要召开大运会了。武侯祠打算开展"蓉城少年，扬诸葛"的活动，你打算怎样向世界友人推介诸葛亮呢？（小组内练习当讲解员后指名展示）

师小结：诸葛亮可以说是中国古代最受赞誉、最具传奇色彩的政治家、军事家。从三国至今，虽历经1700多年，仍为世人称颂，几乎是中国人理想中的"修身、齐家、治国、平天下"的完美形象，而他也担得起这样的评价。

活动3：传承传统文化，开启探寻历史人物之路。

师：今天，我们从故事中，从史料中，从世人的评说中，还从人物的自述

中，从你们的推介中让历史人物的形象在我们的心中丰满、立体了起来。我们也从历史人物的身上领悟到了中华文化的精髓，希望同学们继续发扬这些中华优秀传统文化。（板书：传承优秀传统文化）

师总结："滚滚长江东逝水，浪花淘尽英雄。"诸葛亮仅仅是《三国演义》中一个人物，还有很多的人物等待着你们去会面，期盼你们去对话。期望同学们继续用上品味人物的方法，在课后接着去走近一个个传奇的三国人物吧！

【案例评析】

品历史人物，习个性表达

本课例的核心问题是：你了解到了一位怎样的诸葛亮？教师带领学生从"阅读故事，结合史料，人物自述，他人评述，少年评说"中去感知人物形象。学生自主阅读相关资料，勾画批注人物的语言及行为，再梳理归纳，导引思维，创意表达，共建共享自己的阅读感受。通过生生补充，教师点评，让学生体会到历史人物形象象征着的中国传统文化精神。再把书中体会到的爱国精神与责任感等，融入自己的生活，通过"蓉城少年，学诸葛"的活动，让学生把优秀的传统文化精神化为真切的行动与智慧灵动的表达。

本课例体现了"教学从教走向学，以学走向创，从创走向享"的创享语文教学主张。教学中注重从核心问题出发，促进学生自主学习、合作探究，共享学习意义和审美体验，发展了积极情感和人文精神，促进了学生核心素养提升。

（案例作者：成都蒙彼利埃小学　张蕾）

七、游蜀地古迹 访古代诗人——古诗文课外研学活动案例

【案例背景】

适用年级：四年级

新课标明确指出，中华优秀传统文化是小学语文教育的重要主题。蜀地人杰地灵，无数诗坛名人都出自或到访过蜀地，让四川成为当之无愧的诗歌之乡。我们最熟悉的便有司马相如、李白、薛涛、杜甫、陈子昂、三苏、陆游等。习近平总书记说："古诗文经典已融入中华民族的血脉，成了我们的基因。我们现在一说话就蹦出来的那些东西，都是小时候记下的。语文课应该学古诗文经典，把中华优秀传统文化不断传承下去。"据此，我设计了此次课外创享

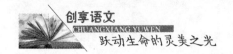

语文学习活动。

【学习目标】

(1) 认识诗人,感受其诗歌之美与人格魅力。通过自主选择研究方式,多角度、多方位、多途径了解诗人及其时代背景,并学会质疑。

(2) 通过体验与实地探究,激发学生主动探究的兴趣,培养自主学习能力、探究能力、创新能力、表达能力与解决问题的能力。

(3) 通过整理资料,形成感悟与同学分享交流。激发学生对中华传统文化的热爱。

【教学思路】

创享语文课外活动旨在结合新课标,让学生将课内所学进行运用与创新。本活动运用课内学到的"培养学生主动提问的意识和养成积极解决问题的习惯""根据需要,收集资料,初步学习整理资料的方法""按一定顺序写景物,初步学习写游记",创设跨学科综合性创享语文实践活动。

【案例实录】

任务一:初识诗人

活动1:确定对象。

你想选择哪位诗人作为研究对象?

许多诗人都曾定居四川,你知道是什么原因吗?他们又为四川写了哪些诗?又在(四川)写了哪些诗?你想知道他们的故事吗?让我们去探寻这些诗人的故居吧!

选择的诗人是: _____。

(参考:李白、杜甫、陆游、苏轼、薛涛)

活动2:选择研究方式。

你想通过哪些方式对诗人作前期研究?

阅读传记 □　阅读诗集 □　观看纪录片 □　观看文化综艺片 □　网络查阅 □

活动3:确定研究内容。

你想研究有关这位诗人的哪些方面?

诗人生平 □　诗人爱好 □　诗人好友 □　时代特征 □　其他 □

活动4:做好研究记录。

提示:可用文字记录或是绘制图表、剪贴等,还可以记下你的疑惑。

任务二：古迹寻访

活动1：制订研学计划。

我的出行计划

时间	
目的地	
出游方式	
出行人员	
经费预算	
住宿	
其他	

活动2：做好寻访记录。

（1）记录你的收获（解决寻访前的疑问）。

（2）分类梳理你的发现。

关于诗人 □　关于建筑 □　关于时代 □　关于植物 □　其他 □

（可拍照、录视频）

活动3：写游记。

根据这次古迹寻访，完成一篇游记。

任务三：研究展示

活动1：策划展示方案。

我的展示方案
1. 我选择的形式：PPT □　视频 □　海报 □　文稿 □　小报 □
2. 我的主题：
3. 展示内容：
（1）＿＿＿＿＿＿＿＿＿＿＿＿＿＿＿＿＿＿＿＿＿＿＿＿＿＿＿＿。
（2）＿＿＿＿＿＿＿＿＿＿＿＿＿＿＿＿＿＿＿＿＿＿＿＿＿＿＿＿。
（3）＿＿＿＿＿＿＿＿＿＿＿＿＿＿＿＿＿＿＿＿＿＿＿＿＿＿＿＿。

活动2：形成研究手册。

（1）设计并制作研究手册封面、封底。

（2）将活动过程内容、前期评价表与封面、封底装订成册。

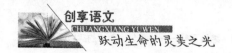

活动 3：展示交流。

（1）小组内分享。

（2）全班分享。

寻访古诗人评价表

初识诗人					
评价内容	评价标准		自我评价	老师评价	同学评价
制定计划	选定诗人并选择出相应的探究点和探究方式获得☆ 有研究记录获得☆ 研究方式多样获得☆		☆☆☆	☆☆☆	☆☆☆
古迹寻访					
评价内容	评价标准		自我评价	老师评价	同学评价
我的收获	能写出自己的收获获得☆ 能解决自己前期的疑问获得☆ 根据自己的收获提出新问题获得☆		☆☆☆	☆☆☆	☆☆☆
我的发现	有一项新的发现获得☆ 有两项新的发现获得☆ 有三项以上新的发现获得☆		☆☆☆	☆☆☆	☆☆☆
形成游记	能完成游记获得☆ 游记中有自己前期研究和实地探究的相结合的感想获得☆ 游记中有写清楚自己的收获与成果获得☆		☆☆☆	☆☆☆	☆☆☆
研究展示					
评价内容	评价标准		自我评价	老师评价	同学评价
寻访汇报	汇报方案合理可行获得☆ 小组汇报条理清晰获得☆ 小组汇报观点新颖获得☆		☆☆☆	☆☆☆	☆☆☆

【案例评析】

《游蜀地古迹 访古代诗人》活动是一项需要做好前期准备，认真实地研究，最后总结分享的活动。根据创享语文理念，学生在活动中占据主体地位。学生选择自己喜欢的诗人进行探究，选择喜欢的方式进行研究，并自主选择诗人生平、爱好、好友，甚至时代特征等研究点。学生可以按照自己的喜好做记录，可以打印粘贴，可以列表绘图。

学生制订研究计划，对诗人进行前期研究并做记录的过程，实际上延续了四年级下册"让学生根据需要，收集资料，初步学习整理资料的方法"要求。"我的疑惑"环节的设置，也与本册书"培养学生主动提问的意识和养成积极解决问题的习惯"相呼应。

在实地寻访前，先让学生自主设计出行计划，以引发学习兴趣。在实地寻访过程中，我们设置了"我的收获"环节，虽然看起来只是为之前提出的问题寻找答案，实际上是学生在寻访过程中的一个隐形线索。最后"我的发现""形成游记"环节设置，着力培养学生的自主探究能力与创新能力。利用写游记来串联起整个"古迹寻访"过程。

研究展示设计旨在从自主发展角度，让学生在学习实践、场景体验后，用语言或非语言形式表达学习。对学生而言，"制订自己的展示方案，寻访展示"是一种学习体验，在展现个性的同时学会学习与实践创新。遵循学生自主学习原则，让学生自由发挥，选择自己想要展示的形式和主题，并在别人分享过程中获得新知。在展示活动结束后，学生可以将自己的研究计划、寻访记录等装订成册，与评价表形成一本完整的研究手册。研究手册的形成，既是学生自己的作业成果，也是同学之间的分享材料。

（案例作者：成都高新区芳草小学　徐辰丞）

八、迎激情大运，展成都风采——创享语文综合性实践活动案例

【案例背景】

适用年级：四年级

大运会在成都召开，是激发学生热爱家乡情感、培养文化自信的好时机。本次综合性学习案例以"迎激情大运，展成都风采"为主题设计。

统编小学语文教材四年级下册要求"培养学生主动提问的意识并养成积极解决的习惯"。第二单元口语交际"说新闻"鼓励了解新闻、交流新闻、表达自己对新闻的看法，准确传达信息。第三单元提出"根据需要收集资料，初步学习整理资料的方法"目标，旨在培养学生收集整理资料的学习方法。

本次综合性学习活动与天府文化相结合，并结合四年级教材"说新闻"这一口语交际活动，展开综合性项目式活动，针对热点时事问题，将语文学习与生活巧妙链接，以全面提高学生的语文素养，特别是培养主动探究、团结合作、勇于创新的精神。

【学习目标】

（1）能讲述大运会的新闻，准确传达信息。把新闻说得清楚、连贯，并发表自己的看法。

（2）了解大运会各方面的绿色环保元素，通过设计低碳路线等方式传递绿色大运理念。

（3）了解本次大运会各类设计中的天府文化元素，整理记录收集到的信息，设计文创产品。

（4）通过体验大运会项目并以多种方式向同学、家人推荐，提升综合实践能力。

【教学思路】

成都大运会会徽由大红、明黄、翠绿、湖蓝四个渐变色块组成，对应成都大运会绿色、智慧、活力、共享办赛理念。本次大运会作业设计与以上理念相应，延展设计四个综合实践活动作业项目："活力传递星""绿色环保星""智慧发现星""共享体验星"。从"亲身体验观看大运会赛事，丰富暑期文化生活，用学过的口语交际方法说新闻，练习准确传达信息"，到"用查阅、搜集并整理信息、实地参观等方式了解大运会里的天府文化元素，完成文创产品创作"，让学生以喜闻乐见的方式进行综合性、项目式学习。

【案例实录】

任务一：迎接大运，明确任务

活动1：了解大运会，收集成就星。

师：亲爱的同学们，你们知道吗？今年成都将迎来一场独具魅力的世界青春盛会——第31届世界大学生夏季运动会，这是继2001年北京大运会、2011年深圳大运会后，中国第三次举办世界大学生夏季运动会，也是中国西部第一次举办世界性综合运动会。

届时将有来自100多个国家和地区的上万名运动员及来宾汇聚成都。作为成都的小主人，你是否也想参与到本次盛事中呢？下面有一份以本次大运会班赛理念命名的成就星星卡，一起来助力大运、收集成就星吧！

成就星类别☆	成就星任务
活力传递星	通过上网、看电视、实地观赛等方式，观看大运会赛事。记录一条感兴趣的大运会新闻，做大运小主播，"说新闻"给家庭成员听。注意准确传达信息，清楚、连贯地讲述新闻，还可以发表对这则新闻的看法。

成就星类别☆	成就星任务
绿色环保星	绿色环保大运会少不了小主人的一臂之力。点击浏览文章"绿色环保大运行"（含短片），了解大运会从火炬设计、出行、餐饮到城建等方面的绿色环保元素。任选以下作业进行尝试：了解所生活的区域周边的地铁、公交路线，设计家人、朋友绿色低碳出行线路；制作"绿色大运"海报或设计一条宣传语。
智慧发现星	了解本次大运会火炬、会徽、场馆、吉祥物等设计中的天府文化元素，可以选择一个场馆实地参观，也可以围绕其中一项你感兴趣的文化元素展开研究。把你收集到的信息整理记录下来，用自己最喜欢的天府文化元素设计一款文创产品，将自己的设计介绍分享给家人听一听。
共享体验星	了解并体验一种大运会项目，写下参加这项体育项目的感受：可用图文结合、发朋友圈或制作视频的方式推荐这一大运会运动项目。还可以尝试作业进阶版：了解成都地图，结合成都的著名景点及大运会场馆，为到成都旅游的客人制定旅游路线图，作游览推荐。

活动2：组建寻星小组。

同学们自由组建项目式学习小组，成立寻星小组。

【设计意图】"创享语文"致力于学生语文素养的形成与发展，链接学生的学习与生活，本次设计体现了"全面提高学生语文素养"的教育理念。力求设计出符合四年级孩子身心发展规律，兼具创意、保有温度、自得其趣的综合性学习活动，力求做到：小学中段学生能结合语文学习，观察大自然，观察社会，用书面或口头方式表达自己的观察所得；提出学习和生活中的问题，有目的地搜集资料，共同讨论；能在教师的指导下组织有趣味的语文活动，学会合作。

本次活动关注学段衔接。高段学生要能够围绕学习和生活相关的问题，尝试写简单的研究报告，策划简单的校园活动和社会活动，本阶段学生应初步了解查找资料、运用资料的基本方法，为高段学习做好衔接准备。

任务二：活力传递，趣味说新闻

活动1：观看大运赛事：通过上网、看电视、实地观赛等方式，观看大运会赛事。

活动2：说新闻：记录一条感兴趣的大运会新闻，做大运小主播，"说新闻"给家庭成员听。注意准确传达信息，清楚、连贯地讲述新闻。

活动3：针对新闻说看法：对这则新闻说说看法并记录下来，开学时与同学分享。

"大运小主播"星级卡 ☆☆☆☆☆				
每项可给1~5颗☆	声音洪亮仪态大方	解说完整信息准确	语言清楚连贯	有自己的看法
自己评				
观众评				

【设计意图】亲身体验观看大运会赛事，丰富暑期文化生活。用学过的口语交际方法"说新闻"，练习准确传达信息。尝试表达对新闻的看法，提升口语表达能力。

任务三：绿色环保，低碳我先行

活动1：浏览网站及短片，了解大运会绿色环保元素：点击浏览文章"绿色环保大运行"（含短片），了解大运会火炬设计、出行、餐饮、城建等方面的绿色环保元素。

活动2：设计绿色低碳路线：了解自己生活区域周边的地铁、公交路线，设计家人、朋友绿色低碳出行线路。

活动3：制作"绿色大运"海报或设计一条宣传语。（可自选）

绿色低碳出行线路
线路一：_____到_____可乘坐_____号线，在_____上车，在_____下车，大约步行_____分钟。
线路二：_____到_____可乘坐_____号线，在_____上车，在_____下车，大约步行_____分钟。
线路三：_____到_____可乘坐_____号线，在_____上车，在_____下车，大约步行_____分钟。

"绿色大运"海报或宣传语

【设计意图】通过创意设计等方式，了解大运会各方面的绿色环保元素；通过设计低碳路线等方式，传递绿色低碳大运理念并运用在生活中。

任务四：智慧发现，天府文化探寻

活动1：找寻天府文化元素。

师：成都有着独特的城市文化内涵，大运会的到来会将这座城市优雅时尚的文化气质传播到世界的不同角落。

（1）布置学生查阅资料，了解大运会的天府文化元素：通过上网、看报等方式，查阅了解本次大运会火炬、会徽、场馆、吉祥物等设计中的天府文化元素；

（2）布置学生实地参观寻找：选择一个大运会场馆实地参观，寻找天府文化元素，记录整理信息。

活动2：设计天府文化文创产品。

自创设计：用自己最喜欢的天府文化元素设计一款文创产品，将自己的设计介绍分享给家人听一听。

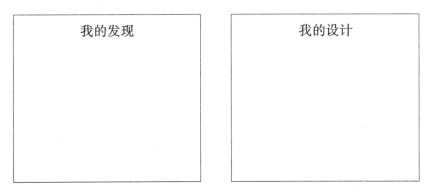

【设计意图】用查阅、搜集并整理信息、实地参观等方式，了解大运会里的天府文化元素，完成文创产品创作。用自己喜闻乐见的方式参与综合性学习。

任务五：体验大运，制定旅游路线图

活动1：了解并体验一种大运会项目。

写感受，做推荐：写下参加这项体育项目的感受，可用图文结合、发朋友圈或制作视频的方式，向亲朋好友推荐大运会运动项目。

活动2：制定旅游路线图：了解成都地图，结合成都著名景点及大运会场馆，为到成都旅游的客人制定旅游路线图，做游览推荐。（自选）

【实践运用】成都大运会共设置比赛训练场馆49处，包括东安湖体育公园、凤凰山体育公园、高新体育中心、香城体育中心等13处新建场馆，以及改造提升的36处原有场馆。如果有外地游客到成都观摩大运会，你会推荐他去哪里玩呢？请你参考成都地图，结合成都的著名景点及大运会场馆，为到成都旅游的客人画一份游览推荐路线吧！

我推荐的旅游路线图

【设计意图】以全面提高学生的语文素养为目标，培养学生主动探究、团结合作、勇于创新的精神。本案例准确把握新课标要求以及教材重难点，巧妙设计符合本年龄段孩子学情、身心发展规律的活动，能让学生自得其趣，产生愉悦的情感体验，激发学习内驱力。

［案例作者：成都市泡桐树小学（天府校区）　王媛；成都霍森斯小学文萍］

九、自制零食（饮料）推荐大会——表达社团活动案例

【案例背景】

表达社团在小学三年级开始建构运行，一学期16课时，每周1课时。选择学生感兴趣的话题，设计真实的学习情境，统整学习主题和典型的实践活动，以学习任务群方式展开，提升学生语文核心素养。一个学期安排4个学习主题，一个学习主题安排4课时完成，如：自制零食（饮料）、垃圾分类小调查、童眼看高新、我走上爸爸或妈妈的岗位等。现以自制零食（饮料）为例进行分享。

教学内容：举办自制零食（饮料）推荐大会

教学准备：PPT、情景剧、学生活动手册、自制的零食（饮料）

【学习目标】

（1）留心生活，观察了解自己喜欢的零食（饮料）的配料等信息。

（2）自制1~2种健康零食（饮料），完成活动记录手册。

（3）举办自制零食（饮料）推荐大会，评选最有创意奖、最有营养奖、最经济实惠奖等奖项。

【案例实录】

任务一：走出校园，走进超市

活动1：在超市寻找最喜欢的零食。

活动2：记录下这款零食的单价和配料。

活动3：分享喜欢这款零食的理由。

任务二：揭示主题，明确任务

活动1：预热激趣，引入主题。

师：孩子们喜欢吃零食吗？开火车分享一下你最喜欢的一款零食。

生开火车分享。

师：零食是挺吸引人的，我们来看看这一对母子因为零食发生的故事。（生表演情景剧《一个零食引发的争执》）

师：这个事在你身上发生过吗？请大家帮这一对母子想办法。

生：找一个专门装零食的盒子，制定好吃零食的时间和数量。

生：让孩子学会看零食的配料，自己了解配料的意思，再决定吃不吃。

生：我同意。我妈妈给我看过一个做烤肠的视频，看了一会儿我再也不想吃了。

师：看大家的意思是要告别零食了。

生：不一定啊，我们还可以自制一些健康的零食解馋。

师：我也是这个意思。

揭示主题：自制健康零食（饮料）。

【设计意图】通过一个熟悉的情境导入，吸引学生注意力，引发学生共鸣，迅速切入主题。再联系实际，引发学生思考，为小组讨论做好铺垫。

活动2：阅读活动手册。

任务一：选择你最喜欢的一种零食或者饮料，记录它的单价和配料。

查找相关资料了解这些配料，在你觉得不健康的配料旁边画"×"。

任务二：自制1~2款健康零食或饮料。

用文字记录你制作的零食的原料、价格和步骤。

任务三：请你用手账的形式图文并茂地记录这次活动，可以分享你制作的零食或饮料的方法、步骤，可以反思以前喜欢的零食或饮料存在的问题，并提

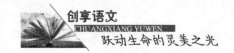
出建议；制订你的零食计划，总结你的收获。

活动3：小组讨论，分享计划。

各小组分享交流，评选最佳合作小组。

最佳合作小组评价表

评价标准	星级评价		
	★	★★	★★★
语言精炼			
注意整合			
至少有三条意见			

【设计意图】口语表达重在实践，小组内围绕话题进行讨论，做好记录，学习做整理和汇总，让学生有更充分的时间开展练习。出示评价标准让学生有据可依，及时修改调整发言记录，让这项训练落到实处。

任务三：实践研究，记录活动

活动1：完成活动手册的任务三，图文并茂地记录本次活动。

学生可单独也可和同学合作，完成自制健康零食（饮料），在此基础上完成活动手册，以图文并茂的形式记录本次活动。

【设计意图】表达的最终目标是在生活实践中迁移运用，促进学生将课堂所学运用于实际生活。任务二的记录为任务三的分享推荐做好准备。

任务四：分享研究，创意表达

活动准备：自制零食（饮料）、演讲稿。

活动1：读范文，学写法。

师：同学们上节课写了自己的自制零食（饮料），从古至今，很多名家笔下不乏对美食的描写，这节课我们先来听一听梁实秋的《狮子头》。请大家认真听一听，这篇文章好在哪里呢？（一生声情并茂地读范文，其他同学认真听，并思考好在哪里。）

师：请大家来评价这篇文章。

生：文章的内容很清晰，作者写了这道菜的材料和制作步骤。

师：请你板书"选材好"。

生：文章重点很突出，重点写了制作步骤，而且顺序很清楚。

师：你总结得很到位，请板书吧！"有重点，有顺序"。

生：相信很多同学都吃过狮子头，看名家文章就觉得仿佛又吃了一次。作者的语言真实、简洁，有意味。

师：好的文章可以让人身临其境，请你板书。

【设计意图】学习名家文章，由名家示范引路，学生能直观地学习到讨论的方法，借此总结出修改自己文章的方法，比教师直接讲授效果要好得多。

活动2：运用方法，修改文章。

师：同学们总结的方法可真多啊，相信大家都从名家美文中学到了不少好方法，现在请你运用这些方法修改自己的文章。

活动3：小组分享，完善改进。

活动4：班级分享，评价激励。

每个小组选一名同学为推荐员，从不同角度推荐本组的自制零食（饮料），每组组长打分。

推荐人	声音洪亮	形式新颖	有重点、有顺序	身临其境	简单易操作	营养丰富	经济实惠	总分

公布评价结果，颁发最有创意奖、最有营养奖、最经济实惠奖等奖项。

【设计意图】表达的最终目标是在生活实践中迁移运用，表达社团正好把学生课堂所学运用于实际生活，促进语文核心素养发展。

（案例作者：成都高新区芳草小学 杨洁）

十、中国传统节日知多少——传统文化学习社团活动案例

【案例背景】

传统文化学习社团在小学二年级创建运行，一学期16课时，每周1课时，社团共分为5个专题，一个专题3课时，最后总结1课时。选择传统文化涉及的节日习俗设计教学内容，设立"中华传统文化专题研讨"学习任务群，指向语文核心素养的整体性提升，注重对中华传统文化的深入体验，追求传统文化作品的创造性转化。具体分成以下专题：传统节日、艺术类、诗词赋、国画、书法。本案例呈现的是"从传统节日中感受中华民族的文化氛围"。

教学内容：中国传统节日知多少。

教学准备：PPT、节日视频、活动记录手册

【学习目标】

（1）了解我国有哪些传统节日，以及人们在过传统节日时各地有些什么习俗。了解其丰富内涵，这也是本活动的重点。

（2）通过收集交流传统节日资料，诵读有关传统节日的诗歌等活动，培养学习能力和语言表达能力。

（3）通过对中国传统节日的认识和理解，培养学生对中国传统文化的热爱之情，弘扬民族精神，激发爱国热情。

【教学思路】

每个专题以学习任务群方式展开。第一课时观看传统节日视频，了解节日习俗，做好记录和进行习俗汇报。第二课时和第三课时进行实践活动汇报，把学习到的传统文化进行传承，既可以全方位感受传统节日文化，增强民族自信，又可以促进语文核心素养形成。现以"爱国情怀"专题为例进行分享。

【案例实录】

任务一：视频感受 初识习俗

活动1：快乐春节来回味。

（1）播放欢庆春节的课件。

（2）说一说刚才看到的是什么情景。

（3）揭题。春节是我国最盛大、最热闹的一个古老的传统节日，俗称"过年"，在这一天，人们（引说）……今天我们就一起走进中国的传统节日。

【设计理念】通过演示课件，播放人们喜闻乐见的欢度春节画面，用合家团聚包饺子、贴春联、放鞭炮、观看春节联欢晚会、拜年等活动场景，唤起学生对春节的回味，调动学习积极性，引导学生主动参与到活动中来，使课堂充满快乐、和谐、互动的气氛。

活动2：传统节日知多少。

（1）学生交流中国的传统节日。

师：除了春节，你还知道哪些中国传统节日？

（学情预设）虽然教师语气中强调了"中国"和"传统"两个关键词，但是学生仍有可能会说出一些非传统节日的名称，如儿童节、劳动节等，教师先不置可否，引导学生再读题，找出关键词"中国的""传统的"，引导学生自查自纠。

师补述：中国传统节日的起源和发展是一个逐渐形成的悠久过程，每个节日都是我们中国特有的，带有浓厚中国文化韵味的节日。

（2）生按节日先后顺序，读节日的名字。

春节　元宵　清明　端午　中秋　重阳　冬至　腊八

【设计理念】通过这一环节的活动，使学生明白中国传统节日是我们中华民族悠久的历史文化的一个组成部分，是中国历史文化长期积淀凝聚而成的。让学生把从交流中获得的新知于练习中巩固。

活动3：节日习俗大放送。

（师生展示收集的资料。）

师：课前，同学们搜集了一两个自己最感兴趣的传统节日的习俗资料，现在就让我们一起来展示，共同分享。（相机板书：春节　端午　中秋）

【设计理念】师生资料的交流分享，将常见传统节日习俗进行详细介绍。学生在交流中加深对传统节日习俗的了解，并理解丰富内涵。这一环节搭建了一个生生合作、师生合作、探究分享的平台，体现了平等、民主、教学相长的教学理念，激发了学生对中华优秀传统文化的热爱之情，增强了学生的民族自豪感。

任务二：邂逅传统　传承文化

活动1：展示课前收集到的传统文化习俗。

展示本小组成员收集的春联。

活动2：小组交流如何传承中华民族文化。

（1）播放视频：令人关注的端午节文化。学生说自己的感受。

（2）师：中国人过了两千多年的端午节竟成为韩国的文化遗产，这对于每一个中国人来说，其滋味是可想而知的。此事充分说明，保护和弘扬民族优秀传统文化是多么迫切、多么重要啊！但是，现在仍有不少人对传统节日不够了解，不够重视，我们该怎么做？

（3）小组讨论。

（4）展示本组成员课前收集和准备的与传统节日有关的古诗。

【设计理念】收集春联、古诗、展示传统节日美食既锻炼学生手脑，又巩固有关传统节日的相关知识，还是弘扬民族优秀传统文化的教育举措。

活动3：传承文化，从我做起。

师：同学们，你们那颗火热的爱国心令我感动！我们的祖国会因你们骄傲！请同学们选择你感兴趣的传统节日制作一项这个节日的习俗。下节课我们

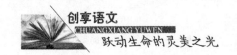

进行展示，注意要有解说词哦！中华优秀传统文化的种子也一定会在大家心中生根发芽，开出绚丽的花朵。

【设计理念】师生共同交流有关传统节日的资料，学生民族自豪感被充分激起，唤起更加强烈的爱国之情，激发保护弘扬民族优秀传统文化的欲望。

任务三：展示自己制作的传统文化

活动1：学生根据自己喜欢的节日制作相应的传统文化，并配解说词。

活动2：班级开展传统文化比赛。

（1）小组分享，推选一名同学参加班级比赛。

（2）班级传统文化继承者比赛。

（3）评价激励，颁发比赛纪念品。

评价标准：

姓名	准备充分（2分）	作品优秀（4分）	声音洪亮（2分）	语言流畅（2分）	总分

【设计意图】学生通过实践活动走向真实的生活情境，通过班级比赛，锻炼语言表达能力，提升思想认识。

（案例作者：成都市青白江区弥牟小学　夏封丽）

十一、追寻红色记忆——革命传统文化社团活动案例

【案例背景】

革命传统文化社团在小学四年级创建运行，一学期16课时，每周1课时。社团共分为4个专题，一个专题4课时。统编教材从二年级开始，每册都安排了体现革命传统文化的篇目或单元。革命传统文化社团以教材为基点，以革命者高尚品质教育为拓展点，具体分成以下专题：艰苦奋斗、无私奉献、爱国情怀、民族使命。

教学内容：爱国情怀——追寻红色记忆。

教学准备：PPT、活动记录手册、书籍。

【学习目标】

（1）阅读《中国先烈故事汇》，做阅读记录，进行阅读分享。

（2）打卡成都市内的红色记忆基地，完成活动记录手册。

（3）挑战成为红色记忆基地的小导游。

【教学思路】

每个专题以学习任务群方式展开，一课时和二课时安排阅读推荐书目，做阅读记录和进行阅读汇报。三课时和四课时进行实践活动汇报，把学生迁移到不同场景，既全方位感受革命传统文化，增强民族自信，又促进语文核心素养形成。现以爱国情怀专题为例进行分享。

【案例实录】

<h2 style="text-align:center">任务一：专题阅读，初识先烈</h2>

活动1：情境创设，明确任务。

师：在中华历史长河中，有很多我们应该永远铭记的革命先烈，每一位先烈人物都有着坚韧不屈的品格和舍生取义的决心。在抉择的最后一刻，你认为他会想些什么呢？请你阅读《中国先烈故事汇》，穿越到他们所在的年代，聆听他们内心的声音，并做好阅读记录。

（出示任务清单，请学生阅读任务清单，逐一完成。）

任务一：制订阅读计划

任务二：按照计划阅读

任务三：阅读过程中，做好阅读记录

任务四：阅读汇报

活动2：学生阅读记录，教师巡视指导。

<h2 style="text-align:center">任务二：小组分享，聚焦方法</h2>

活动1：聚焦阅读方法，畅所欲言。

师：请同学们分享你的阅读方法。

生：我在书上直接进行勾画批注。

生：我做了一张阅读记录卡，上面详细记录着我的读后感悟。

生：我画了一张思维导图，故事内容更清晰了。

生：我写的是阅读手账，我和大家分享我的思考和研究。

师：不动笔墨不读书，你们用不同的方法做着阅读记录，你们不是被动地读书，你们有自己的思考，有自己的想法，也有自己的困惑，而这些就是你们阅读的意义。

活动2：学生分享阅读感受。

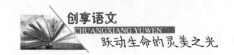

【设计意图】引导学生读整本书，通过一个个故事更全面地了解革命先烈，养成主动阅读、终身阅读的好习惯，充分发挥主动性，做阅读记录，让思考在阅读中真实发生。

任务三：实地探访，追寻红色记忆

活动1：制定活动手册。

师：同学们，今日的幸福生活是无数先烈用鲜血换来的，在前两节课上我们一起重温了革命先烈的光荣事迹。在清明这个特殊的日子里，让我们去寻找"红色文化记忆"，去追溯那一个个刻骨铭心的故事，让我们开始行动吧！

活动任务清单
1. 四川省内、成都市内有许多值得打卡的红色记忆基地，请你在清明假期中选择一个红色记忆基地进行打卡。可以邀约同学或朋友一起前行，也可以自己单独前往。 2. 去红色基地前，你可以从书籍、网络、纪录片、文化综艺片中先进行了解，并做好记录。 3. 做好出行计划。可以用表格形式。 4. 实地参观时可以拍照记录。 5. 结合自己前期的了解和实地参观，完成一张"追寻红色记忆"小报。纸张大小A3，内容包含出行计划、实地照片、实地介绍（历史背景、人物故事、历史意义）、我想说的话（自我感悟）。 6. 返校后根据小报进行"追寻红色记忆"分享，请你挑战成为一名红色记忆基地小导游。 7. 活动过程中，需注意疫情防控与安全，并有家长陪同。

活动2：小组讨论，制订方案。

时间	
目的地	
出游方式	
出行人员	
经费预算	
住宿	
其他	

活动 3：实地参观，完成任务清单。

任务四：研究展示，铭记先烈

活动 1：学生根据实地参观记录的文字、拍摄的照片资料等，完成一张追寻红色记忆小报。

活动 2：班级开展红色小导游比赛。

（1）小组分享，推选一名同学参加班级比赛。

（2）班级红色小导游比赛。

（3）评价激励，颁发比赛纪念品。

评价标准：

姓名	准备充分（1分）	形式新颖（1分）	声音洪亮（1分）	语言流畅（1分）	有顺序、重点（1分）	高效完成（1分）	总分

【设计意图】学生通过实践活动走出校园，走向真实的生活情境，通过小导游比赛，在听说读写中，锻炼语言表达能力，提升思想认识。

（案例作者：成都高新区芳草小学 杨洁）

第五章　涵育蓄势

——创建适宜语文核心素养自由生长的场域

第一节　叩问创享语文生态场域的育人价值

创享语文是在自由民主的土壤中孕育而生的，关注人的发展解放与自由生长的教学思想和实践体系，离开了丰盈、广阔、高远的实践场域，创享语文就难以实现有活力、有思想、有情怀、有生命创造力的"完整的人"的培养。传统语文教学重视以知识为中心、训练为手段的教学方式，忽略良好的课堂生态场域对学生核心素养的培育作用，以至于学生的内生性动能、创造性活力难以激活，教学质量和效能低下。

一、创享语文生态场域的内涵界定

生态场域是什么？学者张廷刚对"生态场域"的定义是，特定时空交汇而生的群体，在多种要素相互影响中互动共生，呈现良性态势的关系网络。使某一领域按其固有规律和秩序运作，尊重差异、倡导多元、协同合作、有效发展，让人与物是其所是、得其所归，使自然—人—社会回归良性循环状态。"生态场域"蕴藏秩序、本位、互动、超越四层内涵，具有对等、融入、良性、多元四个特征。

将"生态场域"理论引入创享语文教学实践，首先是一种文化引领，它是课堂生态场域的理想愿景和目标，在创享语文中表现为：注重积极的情感培育，实现知识从获取到内化并有意义地灵活应用，培养良好的思维习惯；强调扎实的知识建构，突出问题解决能力培养、价值观与情感发展，并在此基础上强化学习力、创造力和培根铸魂的精神生长力培养。

在创享语文中践行生态场域思想应体现以下主张：教学从儿童出发，让每个生命真切在场；教学与生活链接，开掘素养生长的源泉；教学以问题导航，点亮思维的个性之光；教学重学导互动，知行统一获真知灼见；教学重拓展延伸，洞开语文学习的时空；教学促创生共享，让师生生命情韵流淌。

建设体现这些思想和主张的创享语文生态场域，需要厘清各要素间的相互关系。

——人与人和谐共生。教学的根本问题是教与学的辩证关系问题，既不能概括为以教为中心，也不能完全是以学为中心，而是教与学相互转化、共生的辩证统一。创享语文以素养导向重构课堂教学，重塑教与学的关系，提出了"从教走向学、从学走向创、从创走向享，让儿童享受完整的语文生活"的教学主张。

——人与课程融为一体。明确了育人目标应有相应的课程为实践载体，课程实施效果直接决定学生成长样态。创享语文以"践行学科育人，发展语文生命"为价值引领，构建了文化植根、语言奠基、思维炼能、审美铸魂四个板块的课程内容，从文化、语言、思维、审美四个方面构建了语言思维型、语言审美型、语言文化型三类基本课型，共同促进学生语文核心素养生长。

——人与环境相得益彰。课堂教学环境包括教室布置、空间结构、人际氛围等要素，不同的课堂教学环境彰显不同的教学理念，影响师生教与学的方式和效果。创享语文打破了传统的课堂环境布置，根据不同的课程内容、教学方式等，创设了更具开放度、互动性、更有现场感的课堂教学环境，师生在这样的环境下共建、共享、共成长。

——人与技术高效交互。现代课堂与传统课堂的重要区别之一是信息技术赋能课堂。信息技术赋能创享语文也就是信息技术模拟辅助、延伸、扩展或增强学习者在创享语文学习中的精准学习能力、思辨分析能力、综合运用能力；信息技术赋能创享语文旨在解决技术与教学的两张皮问题，从素养导向、结构优化上落实，实现创享语文课堂高效交互、资源涌流共享；信息技术赋能"创享语文"，势必实现创享语文智慧课堂个性化教学下的学生自适性深度学习。

建立、畅通、提质创享语文教学的这些关系，为培育和谐共生、良性发展的创享语文生态场域提供了结构维度与内涵支撑。

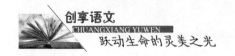

二、创享语文生态场域的思想建构

（一）以学生语文核心素养培育为价值取向

创享语文在全面培养学生核心素养的基础上，尤其突出学生学习力、实践力、创造力、精神生长力的培养。学生自由生长、个性放飞离不开适宜的生态场域，只有适宜的生态场域才能为学生素养生长提供广阔的时空、深厚的土壤、优质的营养。高天厚土、优质环境才能带来学生语文生命的蓬勃生长，才能实现语文生命的个性舞蹈。传统语文教学缺失优质生态场域，未能打通多种时空，未能做到课内外资源充分融通、高效涌流，导致学生素养生长缺乏良好的环境支持。

（二）以享受有价值和情趣的语文生活为愿景建构

愿景能照亮学习前进的方向与理想图景。创享语文以培育学生语文核心素养为导向，聚焦学生语文学习的动力与活力、思考力和实践力、发展力与创造力培养，引导学生经历语言运用、问题解决、创意表达、互动共享的学习过程，让学生成为课堂上的主动学习者、积极创造者、价值共享者，让儿童享受有价值和情趣的语文生活。教师要培育良好的生态场域，需要引导学生进行愿景建构，以激发学生持续不断的学习动力和潜能。

（三）生态场域建构遵循三大原则

1. 整体性原则。在建构创享语文生态场域中，最重要的是将人、课程、环境、技术四大要素进行整体思考、有机关联、系统建构。这样的课堂生态才能为学生创造更多自主合作探究的机会和条件，更有利于学生发现、提出、探究问题和创造性地解决问题，学生的语文核心素养才能得到最大限度地开发和培养。

2. 适切性原则。尊重学生认知规律，以学生真实的学习需求为出发点，综合考虑年段特点、学生天性、课程内容、支持技术，以优化的学习方式和合理的资源配置，建构适宜学生核心素养生长的生态场域。

3. 系统性原则。一是教学过程具有纵深性，以"起承转合"的教学流程体现创享课堂的系统设计；二是建构素养系统，一节优质的创享语文课堂带给学生的是从知识、能力、情感到价值观融合的系统建构；三是课堂资源选择、整合、运用逐渐深化和关联；四是具有横向的逻辑关联，即寻找语文学科与其他学科、跨学科的知识能力融合联结，寻找语文与社会生活、时代发展的横向关联，只有找到这些关联实施的课堂教学，才能指向学生完整的生命成长。由此可见，创享语文注重的课堂生态系统性与实现学生素养全面发展是辩证统一的关系。

（四）注重素养导向的教学思想转变与实践

（1）转变教学观。创享语文教学服务于学生语文学习生命力的生长，是以学生语文生命力生长为取向，建立起儿童立场，彰显儿童主体性与自主性学习生态场。创享语文遵循语文核心素养生长规律，注重在实践体验中培养语文核心素养——如果学生不参与有挑战性的语言实践，学生语言素养和语文能力很难得以发展。在创享语文实践中，我们建构了创享课堂教学范式，开发了与课程关联的系列学科实践活动，为素养导向的创享语文教学思想落地提供了路径与载体。

（2）转变学生观。发现、尊重和运用规律，在创享语文生态场域建设中，尊重儿童生命成长的自然规律，如尊重儿童好奇、好动、好玩、好问的特点和天性，始终把儿童放在学习的中央，给予儿童无限发展的空间和机会。

（3）转变学习观。适应新时代教学挑战，要做到师生共学共长，教学不再是教师先学了再教，而是谁先学、谁先学得好、学得妙，谁就可以教。这一过程实质上是点燃学生的探索激情、导引学习动力、激发学习潜能，师生、生生共同经历语言实践后得出的真知灼见，才更具生命力。例如，一位践行创享语文的教师形成了这样的教学主张："呵护儿童天性，润扬语文生命，放生精神成长，以幽默风趣的教学风格启迪儿童心性，探步'对话激扬，情智交响'的创享课堂新路，不断企及语文个性化教学新境界。"

第二节 赋能创享语文生命力的时空拓展

一、时空拓展是创享语文生态场域的内在要求

2022年版语文课标指出立足学生核心素养发展，充分发挥语文课程育人

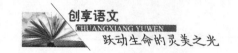

功能。在语文课程的学习中，以素养为导向，培养学生求真创新的精神、实践能力和合作交流能力。学生的思维能力、审美创造、文化自信在语言学习和运用的基础上，在学生个体语言经验发展过程中得以实现。践行学科育人，培养核心素养，已成为当下小学语文课堂改革的价值取向和目标诉求。我们遵循学生语文学习规律，聚焦语文学习力、创造力、精神生长力，创建了创享语文的课堂实践范式，开启了内生性动能与创造性活力涌流的课堂教学生态，让学生过上了一种有价值和情趣的学习生活，整体提升了语文生命质量。

创享语文课堂是聚焦课堂动力与活力激发，着力学生学习力、创造力和精神生长力培育，引导学生经历语言建构、问题解决、创意表达、互动共享的学习过程，实现语言素养、思维素养、审美素养、文化素养融合共生的课堂。在2022年版语文课标指导下，以学生的语文核心素养为导向，在创享语文课堂中提升学生语文的学习力、创造力、精神生长力，亟待拓展学生语文学习时空，构建创享语文生态场域。实现创享语文"从教走向学、从学走向创、从创走向享，让儿童享受完整的语文生活"教学主张。

创享语文学习空间包括有形空间与虚拟空间。空间拓展包括有形空间拓展与虚拟空间拓展，即通过拓展语文知识、能力、情感、价值观等发生的资源与场域，拓展学生学习机会与空间，将语文现场教学的物理环境空间拓展、语文学习资源拓展、信息技术融入的线上学习资源运用统一起来，营造和谐的创享语文生态场域。创享语文学习空间具有适切性、关联性、融通性、开发性等特点。

二、开启创享语文学习空间的拓展路径

长期以来，学生的语文学习空间存在明显局限性：一是物理空间与虚拟空间开发不够，学生语文学习的物理空间具有很大的局限性；二是要素空间发掘不足，表现为课堂要素内涵不足、要素关系开发不足，需要拓展学生语文学习的生活时空、实践时空、自然时空、心灵时空等；三是机会空间创造不足，学生语文学习缺乏选择性与多样性。

（一）拓展创享语文物理空间

物理空间即有形空间，是学生学习、生活、交际的主要场所，是教师授业育人的阵地，是学生语文学习生长的场域。通过有形空间结构拓展、边界拓展和要素拓展，创建真实、丰厚、开放的学习场景，激发学生的学习兴趣，让学

生与文本、作者、同伴、教师充分对话，让语文课堂学习更加轻松愉悦、优质高效。心理学研究表明，情境的浸润能让学生大脑皮质处于兴奋状态，智力活动呈现最佳状态，情绪受到感染，增强学生学习语文的内生性动能并拓展学习视野。这就要求我们努力构建创造性活力充分涌流的课堂教学生态，突出学生学习力、创造力、精神生长力培育。有形空间拓展，突破了教室和学校围墙，实现教学空间与资源充分开发运用，增强了学生学习的情境体验。

课堂生态场域建设应遵循生命生长规律，注重生命性、主体性特点。布迪厄说过："一个场域的结构可以被看作不同位置之间的客观关系的空间，这些位置是根据他们在争夺各种权力或资本的分配中所处的地位决定的。"课堂生态中的四个主要部分包括师生、环境、技术、课程资源，这些要素的有机互动、高效融通构成课堂生态。其中教师与学生是课堂生态主体，课堂主体与课堂环境是课堂生态的两大基本要素。环境泛指能影响学生发展的一切外部条件，个体生活于其中。班级环境是指学生学习、生活在其中，影响学生成长与发展的一切外部条件。课堂环境作为课堂生态构建的重要因素，具有浸润和育人的作用，学生一走进清新舒适、美观有趣的教室就能感受到一种欣喜、愉悦、激进的情境氛围。大量语文实践证明，营造和谐健康的课堂生态场域，注重物理环境创设，构建积极、健康、活跃的课堂心理气氛，能使小学生的大脑皮质处于兴奋状态，智力活动呈现最佳状态，情绪受到感染，易于受到"社会助长作用"的影响，产生学习兴趣，得到一种愉快的成功体验，保持一种积极的学习心态，从而更好地接收新知识，并在新知基础上联想、综合、分析、推理，提高学习效果。

1. 空间结构拓展。教室传统的座位布置以矩形方阵居多，这种座位布局，有利于教师调控学生学习，但不利于小组合作，同学之间互动不足。因此，创享语文课堂学生的座位可以是圆形、半圆形等多样化的闭环结构，这样的座位布置能拉近人与人之间的距离，利于学生之间的分组讨论与交流。不仅能增强学生的参与性，更能促进眼神、肢体等非语言式沟通。创享课堂注重多样化的互动交融，课堂中既关注学生能学到什么，达到什么样的学业水平，更关注学习过程质量，注重学生在学习活动中的状态、体验和感受。引导学生全面、真实、深刻地参与言语学习过程，形成具有激发力、探究力、创生力、共享力的创享语文课堂生态，促使学习方式变革。学生座位布置需要改变传统的矩形方阵布局，以圆形、半圆形、自创组合型的座位结构，促进学生在进入文本情境或联结生活任务情境时，经历言语输入、理解、生成、输出、反馈等过程，获得思维历练、情感体验、经验积淀。

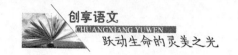

2. 要素拓展。课堂空间要素拓展，需要丰富教室空间要素并促其充分流动。教育家苏霍姆林斯基曾经说过："无论是种植花草树木还是悬挂图片标语，或是利用墙报，我们都从审美的高度深化规划，以便挖掘其潜移默化的育人功能，并最终连学校的墙壁也在说话。"教室是学生学习、生活、交际的主要场所，是教师授业、育人的阵地，是师生情感交流的场所，学生一天的学习时间在此度过。这个环境对学生的成长具有非常重要的作用，设施设备的配置、绿植文化的布置、空间环境等育人空间的打造，可以激发性情、陶冶情操，给人以启迪教育。情感具有情境性，创设良好的教学情境可以使学生产生某种情感，形成和谐的课堂心理气氛。教室育人环境培育是拓展优化语文素养生长的原野，需要拓展、提质、丰富。

（二）拓展创享语文虚拟空间

无形的虚拟空间拓展，主要指信息技术融入课堂的空间拓展。信息技术介入，能促进创享语文课堂生态场域要素高效流转和空间结构改变。虚拟空间是指信息技术融入创享语文学习，拓展和高效运用语文学习资源。2022 年版语文课标提出：充分发挥现代信息技术的支持作用，拓展语文学习的空间，提高语文学习能力。因为作为现场教学的课堂空间，提供真实的语文学习资源是有限的。而信息技术赋能的线上教学资源对无形空间的拓展，能通过信息技术手段创设一种真实性、体验性、交互性的学习场景，拓宽学习资源，扩展课堂边界。但是这种虚拟空间缺乏学生真实的课堂情境体验。因此构建创享语文生态场域，就是要实现现场教学的物理空间拓展和信息赋能的无形空间拓展有机融通，克服线上教学和线下教学在教学场域的短板，从而优质高效地营造和谐的课堂生态场域。

信息技术赋能"创享语文"即"信息技术＋创享语文"，通过信息技术模拟辅助、延伸、扩展课程资源，拓展了学习空间，尤其是突出信息技术虚实融合、声色兼具的特点，为学习者构建更具真实性、体验性、交互性的学习场景，实现学习环境智能化，为场景化学习（Context-aware Learning）提供了可能。这种虚拟现实和增强现实技术带来的身临其境的直观学习体验，以及智能感知的教学环境，能引发学习者自觉的学习动力、学习兴趣，为自主、自觉、快乐学习创造良好的场域，赋能创享语文课堂高效交互、资源涌流和共享，从而优质高效地达成课堂学习目标。

（三）拓展创享语文的生活及自然空间

创享语文注重挖掘教材与自然、生活、社会的联系点和育人价值，融合时代特征、地域文化、学校特色和学生生活，开发有学科拓展性的教学内容，使课程内容丰富多彩、贴合学生的生活实际，使学生的学习兴趣得以激发、潜能得以开发、能力得以提升、素养得以生长。

语文生活空间拓展可以把语文课堂搬到室外，走向校外，以融合实现创生性学习。2022年版语文课标强调跨学科学习，加强课程内容的整合，注重课程内容与生活、与其他学科的联系，注重听说读写的整合，促进知识与能力、过程与方法、情感态度与价值观的整体发展。创享语文课堂注重生活时空边界拓展，开展主题式选课走班、跨学科走班学习活动，打破了传统常规班级的教室边界。同时围绕语文学习课程群，以学习主题统领、学习任务为载体，把语文学习空间拓展到教室外、校园外。

例如写观察日记，教师利用学校围操场边开辟的百菜园花箱，按季节开展种植的劳动实践活动。学生观察、记录植物生长过程，再进行创意表达与分享。课堂空间的拓展，给语文学习带来了独特体验，促进了学生思维发展，让学生课堂创写有了新的生长力。

又如教学统编教材六年级上册第三单元《故宫博物院》，我们开发了《我是故宫小小讲解员》语文跨学科课程。课程实施以故宫博物院的课文学习为基础，以游览故宫为主线，以项目化学习小组为单元，学生在自主、合作、探究学习的过程中，通过查阅文献、上网等多种途径搜集素材，提取重组信息，深入了解故宫文化、建筑布局、排水系统等，聚焦"龙"元素在故宫建筑上的呈现特点，探秘太和殿、乾清宫、御花园的特点。本课程以语文学科与数学、科学、美术和音乐学科的跨学科整合，导引学生综合运用多学科知识解决问题：了解故宫的建筑布局特点、日晷、水钟等计时工具，运用数学、科学、信息技术学科等知识解决问题；聚焦"龙"元素在故宫建筑上的呈现特点，运用美术学科知识。学生通过多学科参与的素材收集、信息整理、文字表达，以小小讲解员的输出形式，讲好故宫的历史、文物、宫殿等，感受祖国的深厚文化，提升文化自信和审美能力，培养逻辑思维、空间观念和实践素养。本次语文跨学科学习聚焦核心素养，以游览故宫为主线，综合运用各学科知识解决问题，问题情境真实，学习资源丰富，活动具有挑战性，学习过程注重表现性评价，拓展了语文学习时空，提升了学生语文学习能力。

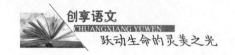
（四）拓展创享语文的实践时空

2022 年版语文课标提出增强语文课程实施的情境性和实践性，促进学习方式变革。语文课程实施从学生语文生活实际出发，创设丰富多彩的学习情境，设计富有挑战性的学习任务，激发学生的好奇心、想象力、求知欲，促进学生自主、合作、探究学习。创享语文课堂五大特质中首先就是情境性，要求课堂营造对接生活、问题导引、情趣交融的学习场域。语文核心素养是在语言实践活动和真实的语言运用情境中发展起来的。创享语文课堂着力创建真实的语言运用情境、开展丰富的语言实践活动，注重素养导向的目标引领、学习内容的统整优化、真实情境的有机创建、教学流程的交互推进、学习成果的交流共享，为语文核心素养培养提供了适宜的生长场域和途径。

以介绍菜的制作过程学习活动为例，本次课程学习活动要求学生至少会介绍四川"回锅肉"的制作方法，并自主选择其他菜品进行介绍。教师把语文课堂搬到了学校劳动实践教室"荟英小厨"，首先引领学生梳理本单元习作的练习重点，提出观察要求。在课堂上，班级厨师家长先讲解回锅肉的制作方法，辅以现场演示，学生分小组练习。学生兴趣高昂，参与度高，在劳动实践课程后及时完成了此次习作。活动打破了常规班级教室边界，拓展了语文学习时空，学生灵感得到激发、思维得到发展，实现了语文核心素养优质生长。

（五）拓展创享语文的机会空间

语文课程学习可以根据课程内容开展走班教学，语文学习由常规教学班级向学科功能室或特色课程拓展。以执教统编教材小语三年级下册《纸的发明》微写作课堂练习为例，本次微写作安排写一个小制作，训练要点是学生能分几个步骤，用上几个动作，写清楚制作过程。三年级学生处于习作的起步阶段，要把小制作过程清楚地记录下来有一定难度。老师在指导小练笔的过程中，做好学生习作前的指导和铺垫。学习《纸的发明》时，学校正开展分年级进"七彩工作坊"体验扎染校本特色课程活动，语文老师与美术老师商量，决定跨学科整合开展本次教学活动，把课堂小练笔创写的语文课搬到学校七彩工作坊，利用工作坊得天独厚的资源进行教学。七彩工作坊是学校贯彻落实国家非遗传承与保护要求，弘扬民族艺术，让非遗文化走进校园，依托"馆坊一体"微型文博馆建设理念创建的绘艺创意馆。创意馆以扎染元素进行环境创设，学生通过参观《绘艺创意馆》作品展示，感受了扎染工艺的艺术美，产生了动手操作的强烈愿望。整个工作坊中摆放的方形桌子，利于学生分组学习。语文与美术老师合作完成本次课堂教学，语文老师做好学生的分组安排。美术老师结合实地参观、视频观看，过程演示，助力学生情境式体验。语文老师指导学生观察记录、动手操作后完善记录。美术老师指导学生利用旧表服，进行扎染创作，变废为宝，体验到了动手制作的快乐。语文老师及时指导学生围绕本次小练笔要点进行创写、分享。本次小练笔把课堂搬进了"七彩工作坊"，进行了学习空间拓展，通过真实情境下的环境创设，学生展开跨学科学习体验，在从学走向创、从创走向享的过程中，实现了教、学、创、享共生共进。

　　小学创享语文开启了内生性动能与创造性活力涌流的课堂教学生态。我们聚焦语文核心素养培养，构建适宜儿童生长的生态场域，课堂教学空间具有适切性、关联性、融通性、开发性特点。

　　创享语文课堂生态场域的空间拓展，打通了影响课堂学习的壁垒，突破了学生语文学习的时空局限性，实现了物理空间与虚拟空间相互融通；丰富了要素空间内涵，弥补了要素关系空间的不足，拓展了创享语文生活时空、实践时空、自然时空、机会空间，学生在充满选择性、多样性的优质时空场域中，实现了语文核心素养蓬勃生长。

第六章　唤醒激扬

——塑造引动语文核心素养蓬勃生长的评价体系

第一节　建树创享语文评价主张

创享语文在评价认识与实践上有三个突破：第一，将评价作为一种课程，融入教学全程全域。第二，强化情境性评价，将评价变成激发创生的策略。第三，将评价结果变成正向能量，提供个性化跟踪指导方案。

创享语文评价需要一种通过浸润、感染形成的自我反省、自我反思，创造一种评价场，让学生沉浸在评价活动中，实现评价育人功能，即通过评价导引素养生长的方向、拓展素养生长的内涵、唤醒语文发展的潜能、催生语文的关键能力、内生语文发展的动能。

一、聚焦创享语文教学评价的价值取向

（一）把握语文评价改革走向

在 20 世纪末，中共中央、国务院就提出"深化教育改革，全面推进素质教育"，至今新课改历经二十余年，可是纵观学生成长经历的重要节点——小升初、中高考，依然是通过纸笔测验来评价学生的学习质量，甚至预测其未来的学习成就。这样的评价方式形成之初具有存在的合理性。分数、成果等可视化、可量化指标，在选拔学生时操作性强，在教育发展的特定阶段也具有更高的公平性。但随着基础教育课程体系不断发展完善，这种绝对量化的单一评价标准，日渐暴露出局限性和功利性，评价体系也成为基础教育常被抨击的领域。

　　教学评价关联着课堂中的教师行为和学生活动，也连接着教学目标和教学成果。它是以育人目标为导向，对教学全程进行价值判断的行为，对学生的学习有着重要的导向和激励作用。科学的教学评价能全面衡量学生学习质量与效果，并及时将诊断信息反馈于教学，指明教学提质的方向和策略，全方位影响教学活动的有效进行，确保教学目标的实现，促进学生核心素养的发展。

　　过去的教学评价重"五唯"，即唯分数、唯升学、唯文凭、唯论文、唯帽子，忽视"学生的全面发展"，难以适应当下基础教育课程教学改革需要，难以满足 2022 年版语文课标的教学新要求。目前基础教育教学评价改革备受瞩目。中国人民大学书报资料中心对未来研究重点的展望就提到"语文核心素养视域下的教学与评价"，包括语文核心素养是语文学科育人价值的集中体现，促进学生核心素养发展是语文教育的目的，我们应该在语文核心素养视域下来研究教学与评价：语文要素教学的价值是什么、目标是否达到，习作教学难点何在，整本书阅读如何指导与测评，语文课程目标的学段差异与教学衔接以及学业质量如何测评①。

　　经过"双基""三维目标"后，我国基础教育课程改革目标提出了"核心素养"概念。核心素养的落实涉及学科目标、课程、教学实践和评价体系四个方面，是新课程改革的关键因素。评价在教学中具有导向和激励作用，不同的评价标准会影响不同的学习行为，也会带动教学方式的变化。评价指向学生全面持续发展，才有利于学生语文核心素养的形成。

　　对"语文核心素养"的准确理解是小学语文科学评价的前提，语文教学评价应以语文学科核心素养为基础。推动小学语文课堂教学评价改革，是提升学生语文核心素养的重要方式。党和国家《深化新时代教育评价改革总体方案》首次提出"四个评价"：改进结果评价，强化过程评价，探索增值评价，健全综合评价。② 克服"五唯"最重要的举措是以量化指标为基础，找出非量化点进行突破，将定量与定性评价相结合，构建与素质教育相呼应的多元教育评价体系③。"四个评价"为破"五唯"提供了科学路径，为创享语文评价体系构建提供了思路。以"文化自信、语言运用、思维能力、审美创造"的语文核心素养内涵和年段指标为依据，围绕素养生长、课堂教学、课外语文学习活动、

　　① 罗先慧. 小学语文教育教学研究 2021 年度报告——基于人大复印报刊资料的转载数据［J］. 语文建设，2022（2）.

　　② 陈如平. 以增值评价探索为突破口推进学校改革［J］. 中小学管理，2020（8）.

　　③ 黄河、张雨. 基于"四个评价"的小学语文核心素养评价体系研究［J］. 语文建设，2021（9）.

班级及家庭语文生态四方面进行多维评价，我们形成了创享语文评价指标。

（二）坚持人的全面发展价值取向

随着基础教育课程改革不断推进，教育界对语文教育的认识不断加深，2022 年版语文课标提出的义务阶段学生语文学科核心素养，包括文化自信、语言运用、思维能力、审美鉴赏四个方面。不难发现，新课标要求语文课程培养的核心素养，是要让学生从知识、能力、情感、文化等不同层面，使所学语文真实链接当下生活，服务未来生活。教学评价在整个教学活动中占有举足轻重的地位，在新课程改革背景下，教学评价更应发挥导向作用，指向语文教学各环节，扭转语文教学与现实生活之间的长期割裂状态，消弭语文教学与意义逻辑之间的断层，重构语文学科与学生经验的关联，激发学生对学习内容的探索热情，有效促进学生语文学科核心素养的形成。[①]

1. 坚持全人发展的评价原则

2022 年版语文课标在阐释义务教育阶段语文课程理念时明确提出，语文教学应该"立足学生核心素养发展，充分发挥语文课程育人功能"。义务教育语文课程围绕立德树人根本任务，充分发挥独特的育人功能和奠基作用，以促进学生核心素养发展为目的，以识字与写字、阅读与鉴赏、表达与交流、梳理与探究等语文实践活动为主线，综合构建素养型课程目标体系；面向全体学生，突出基础性，使学生初步学会运用国家通用语言文字进行交流沟通，吸收古今中外优秀文化成果，提升思想文化修养，建立文化自信，德智体美劳得到全面发展。这标志着我国基础教育的一次质变，在素养目标中，除知识技能外，教学对象的情感、兴趣、动力、尊严以及文化涵养等此前被忽视的重要因素，被提到了新的高度。这就要求小学语文教学更加关注学生的能力习得、精神发展，既要尊重学生学习兴趣，又有促进能力培养，达成"学科育人"价值。

坚持全人发展的评价原则，是对教学评价的深层理解，决定着教学评价的目标导向，是创享语文评价变革的先导因素和深层动力。这样的评价原则承载着创享语文的教学思想，体现了创享语文对"人的本质"思考，遵从个体成长和学习的科学规律，"立足全体学生核心素养的全面发展，充分发挥语文课程

---

① 管贤强，吕煜琳，蒋帅. 核心素养背景下小学语文教学观的三大转变［J］. 语文建设，2022 (5).

育人功能",育"全面之人",育"全面发展之人"。

2. 落实核心素养的评价目标

2022年版语文课标对学业质量进行了具体描述,在学业质量标准中明确提出:通过"素养立意"的考试命题来撬动"教与学的改革",从而切实落实"双减"政策,培养德才兼备的国家建设者。"核心素养"课程目标的提出,为落实"为党育人,为国育才"教育使命,构建新时代教育体系提供了科学化、具体化的发展目标,为研制学业质量标准提供了理论依据。我们在核心素养理念指导下,分析当前小学语文考试命题存在的问题,并提出针对性改进策略。

新课标首次将"核心素养"上升到与课程目标并列的地位,创享语文认定,语文课程核心素养是学生在积极的语文实践活动中积累建构并在真实的语言运用情境中表现出来的文化自信、语言能力、思维品质、审美创造的综合体现,强调以核心素养为主线综合构建素养型教学目标体系。

二、把准创享语文教学评价的实践向度

(一)将评价变成一种课程,融入教学全程全域

人们普遍默认素养教育与人的全面发展思想有着内在关联,而人的全面发展学说包含"全面"和"全人"双重内涵,"全面"是结果性诉求,"全人"是过程性诉求,过程与结果协调一致,才有可能通达理想目标[①]。创享语文视语文教学为学科育人的教学实践,"充分发挥语文学科独特的育人功能",立足"全面""全人",落实立德树人,促进学生语文课程核心素养全面发展。

当我们对"语文知识"的价值从"培养听说读写能力"变为"促进人的整体全面发展"时,当我们认为"师生互动和社会情感交往"也是课堂传递的一种知识时,当我们坚信知识的获得本质上是个体对知识的主动生成过程时,对过去几十年传统教学方法的迷信也将自然破除。语言能力、思维品质、审美情趣和文化观念的核心素养如何整合?在创享语文理念下,我们对课堂有了新的认识,课堂不是被一节一节割裂开的碎片,而应该是一种能力素养的整合,只

---

① 李艺,冯友梅. 支持素养教育的"全人发展"教育目标描述模型设计———基于皮亚杰发生认识论哲学内核的演绎 [J]. 电化教育研究,2018 (12).

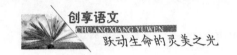

有拓展了课堂时空，才能使语文学科教学实现由单一学科能力培养向"促进人的整体全面发展"目标转变。

新课标首次提出"语文学习任务群"的新概念，要求围绕学习主题，以学习任务为导向，整合学习情境、学习内容、学习方法、学习资源，设计基于大任务、单元学习真实情境的语文实践活动，这与创享语文变零碎教学评价为系列评价课程思想不谋而合。当学习目的发生在课堂和教学中时，要基于多重整合的目标来确定学习目的，并根据人们所从事的更全面的活动来看待多重目标的整合①。创享语文采用整合性评价一方面是由语文性质决定的，即人文性与工具性的统一；另一方面是把学生看成完整生命的人性观决定的。整合性评价方法不仅要求教师关注不同学习任务群间的内在联系，更要关注学习任务群与人的发展的意义。同一学习任务群在不同学段既存在连续性也有差异性，因此要注意不同学段学习任务群的纵向衔接和横向呼应，促进学生语文核心素养整体提升和螺旋发展。

基于此，我们实施了小学生语文核心素养综合评价：一是纸笔测试评价，依据语文课程标准、语文核心素养指标、语文教材等制订命题方案，从测评要点、参考题型、分值权重等方面命题，采用课前诊断性评价、课中及时性评价、课后反馈性评价、单元和中期评价、期末终结评价等多种方式，进行语文素养评价。二是展开识字写字素养、阅读素养、习作素养、口语交际、综合性学习等专项测评。例如阅读素养评价从信息提取、形成解释、积累运用、评价鉴赏四个方面，课内阅读和课外阅读两线展开。

（二）将评价变成一种策略，激发学生学习创生

教师不仅是知识的传播者，更是知识的生产者。生产的主要阵地就是课堂，生产的主要过程就是教学，生产的合作伙伴就是学生。知识的产生受社会价值需要指引，是个体在特定环境中不断生成的认识②。在雅斯贝尔斯看来，"教育即生成"，而生成的特质就在于它是一个充满"相对性"和"不确定性""未知性"的动态建构，并不断打破原有的"有序性"。创享语文教学评价激发学生课堂创生的思想是后现代知识观的充分体现，即在这个飞速变化的时代，知识不再是绝对不变的、客观永存的真理，具有个体主体价值倾向的、情境性的、不断更迭的特征。知识的创生意味着赋予了认知主体一定的权力，这个权

---

① 加涅. 教学设计原理［M］. 王小明，等译. 上海：华东师范大学出版社，2018：163.
② 石中英. 知识转型与教育改革［M］. 北京：教育科学出版社，2002：159.

力既可以是认可的权力，也可以是质疑和反对的权力。在创享语文创生性课堂教学中，师生在知识生成方面拥有同等权力。此外，创生性教学评价的魅力就在于课堂上创生的知识并不局限于既定教材和预设教案，而是师生协作探索，创造性生成的新认知，离不开每一个个体的主动性和创造性，因而也充满了差异性和多样性。

新课标对语文教学提出了两个新要求：一是发挥师生的积极性和自主性，注重培养问题解决和实践创新能力；二是创设真实而有意义的学习情境，创造性地开展语文教学。积极性、自主性、创造性在创享语文中体现为创生性。如果我们还是坚持标准化、唯一化的课堂评价标准，试图避免课堂上的"节外生枝"，或者视学生质疑是对自己的"宣战"，那么我们永远都不可能激活学生学习的积极性和自主性，而创新能力培养就更是可望而不可即了。创新能力培养土壤需要高容错率，而这似乎与教师纠错"天职"背道而驰。创享语文的教学价值取向不是将知识与人分离，而是如苏霍姆林斯基所说的——"知识，既是目的，也是手段"①。知识的传授和能力的发展从来就不是对立的。

此外，创生性评价的产出不仅在于知识生成，更是一种人的生成。"人的生成"体现为学生德智体美劳全面发展，还体现为人的自我价值体验。因为，对人的生成与发展来说，知识是一种"意义领域"而不仅是工具领域，更不是一堆事实②，而这种"意义领域"的体悟就需要"富有意义的学习情境"，只有基于学生真实生活的、符合学生认知水平的学习情境，才是"富有意义的学习情境"。因此，教师应充分利用教学评价激发学生进行课堂创生，指向真实而有意义的学习任务；引导学生的好奇心、求知欲，鼓励学生积极参与、敢于质疑、乐于探究；尊重学生的个体差异，鼓励学生在完成任务过程中选择适合自己的学习方式。

创享语文的学习评价包括课堂教学评价和创享活动评价两大部分。

1. 课堂教学评价

教学设计理念体现四大主张及基本策略：目标精准定位素养层级、设计遵循课型基本环节并灵活运用；课堂生态从人际关系和谐、价值取向正确、显性环境适宜三个方面展开评价；教学活动从认真落实忠于教材的基础性活动、灵活开展基于学情的个性化活动、导引延伸基于生长的创造性活动、点拨评价与

---

① 苏霍姆林斯基. 给教师的建议［M］. 杜殿坤，编译. 北京：教育科学出版社，1984.

② 郭元祥. 知识的性质、结构与深度教学［J］. 课程·教材·教法，2009（11）.

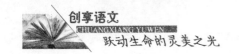
互动生成四个方面进行评价；语言素养是否得到提升、思维素养是否得到发展、审美素养是否得到生长、文化素养是否得到丰盈。

具体来说，创享课堂评价从四个方面展开：

（1）教学设计评价。教学设计要遵循各类课型的基本环节并灵活运用。一评教学目标适切性：把握教材编排意图，直指核心素养培育，重难点目标精准定位到某个素养层级，能持续激发学习动力，导引学习能力发展与潜能开发。二评教学内容统整性：内容选择体现创生性，符合课标年段要求，对接学情、时代生活、地域文化，能激发求知欲和探究力。三评教学活动激发性：能紧密围绕目标达成，对接学生生活创建真实语境或问题场景，能呈现素养发展的梯度，能激发学习主动性与探究性。

（2）课堂生态评价。评价要点是：人际关系和谐，教师充分信任、尊重学生，师生、生生平等对话，共同参与活动，正面评价，富于激励；价值取向正确，思想开放，包容接纳他人的不完美，拥有积极向上的品质，共建共享共成长；显性环境适宜，包括生活情境、文学情境、问题情境、物化情境，学生参与面广；教学组织有序；学习氛围轻松、活泼、愉悦；学生充满自信、敢于表现、勇于质疑。

（3）教学活动评价。评价要求是：认真落实忠于教材的基础性活动，落实语文要素，完成课后思考练习等，实现保底要求；灵活开展基于学情的个性化活动，根据学生认知、能力、情意的欠缺点或兴趣点，针对性开展语文实践活动；导引延伸基于生长的创造性活动，开展将课堂学习引向真实广阔生活的语文实践活动，做到开阔视野、陶冶情操、提升素养；点拨评价与互动生成，要求教师抓住教学时机，语言具有激扬性和启发性，运用多样化、个性化教学方式，引动课堂深度对话；要求学生做到全心投入、思维提升、个性化表达。

（4）素养生长评价。根据四大素养层级——文化自信（积累与感受、理解与体悟、应用与传播）、语言运用（识记与积累、理解与运用、转换与创生）、思维能力（识别与推测、分析与整合、释疑与创新）、审美创造（发现与辨识、比较与评鉴、想象与创造）及具体指标，在课堂活动中观测学生素养的生长情况。

根据课程标准和教材要求，遵循小学生认知心理和语文学习规律，我们构建了三个学段不同层级的"语文核心素养发展性指标"，为创享课堂评价提供了质量标准。

创享课堂评价还通过前置学习测试找准教学起点，促进精准教学；注重全程评价，发挥评价的教学诊断、矫正、激发等功能；注重结果运用，根据学习达成度进行原因追踪，巩固升华或矫正教学思想与行为。

创享课堂评价指向课堂教学和学生发展增值，促进课堂教学动力与活力激发、质量与效能提升，促进学生学习优化和语文核心素养优质发展。

2. 创享活动评价

创享语文中的创享活动指课堂外的语文学习活动，是以学生为主体，以家庭、社会为主要语文学习空间，以在实践中学习和运用语言文字、树立文化自信、培养思维能力和审美创造力为目标的各类型活动。评价要求教师在引导学生课外语文学习时力求开展丰富的实践活动，遵循创享语文理念，关注语文学习活动的设计、发展、结果运用，践行学科育人、发展语文生命。

（1）评活动设计的适切性。要求活动设计适切，直指语文核心素养培育，持续激发学生学习动力，导引学习能力发展与潜能开发，做到活动目标设计适切，活动有层次性、活动预期清晰。

（2）评活动开展的过程性。主要看学生参与面、参与度，教师全程指导与适时反馈改进、合理运用资源。

（3）评活动结果运用的提升性。即将活动前预设的目标和活动后学生达到的目标进行比较，考量两者之间的差距。及时总结反思，并采用恰当方式进行展评，扩大活动后续影响。

（三）将评价变成一种技术，支持学生成为学习过程中的调控者和改进者

2022年版《义务教育语文课程标准》对语文教学评价给出明确建议：过程性评价应有助于教与学的及时改进。教师要有意识地利用评价过程和结果发现学生语文学习的特点与问题，提出有针对性的指导意见，促进学生反思学习过程、改进学习方法。要依据评价结果反思日常教学的问题和不足，优化教学内容，改进教学设计，调整教学策略，完善教学过程。

传统的学习评价着重考查学生的学习情况，判断学习水平和实现目标的达成度，甄别不同学生之间的差异。创享语文倡导个性化的正向评价，即在考查学习情况的基础上，发现学生的优长和存在的问题，并诊断问题产生的原因，找到破解问题的方法，以调控和完善学习。小学语文教学评价应以语文教育核心理念为指导，以实现语文课程目标为依归，借助可靠的途径获取学生课堂上的学习行为和结果材料，进行整理、分析和判断，发现学生的优长与不足，并及时反馈，以促其改进学习过程，高质量完成学习任务。

我们将课堂评价界定为"对学生课堂学习日常性表现的评价",但评价实施者既有教师,也有学生;既有自己,也有他人,呈现出多元互动样态。评价主体多元不是师生简单、机械地享有评价权,而是师生彼此分工,各自发挥符合角色身份的作用。学生是课堂的主人和学习主体,是学习活动和过程的调控者,自然是多元评价主体中的关键。当然,评价内容、评价标准主要由教师制定,因为这是高度专业化的工作,学生无法胜任,若主张一切由学生自主决定,便会走向另一个极端。学生是在教师引导下通过评价发现自己和同伴的优长与不足,并找到补救措施,真正成为学习过程的调控者和学习结果的完善者。

第二节　塑造创享语文评价内容

评价内容及其指标的科学性、适切性,对评价质量和价值达成往往具有决定性作用。坚持素养导向的创享语文,实施阶段性评价,关注真实情境、构建综合任务、重视思维过程、倡导多元开放。我们在创享语文评价中,十分注重评价内容建设,力争做到既科学精准又丰富适宜。

创享语文评价内容围绕语文核心素养内涵建构,是语文核心素养的具体化表达。具有创享语文特质的核心素养表达,是将素养评价内容转化为学生学习的质量指标,注重学生在解决复杂的现实问题过程中表现出来的综合性评价。创享语文阶段性评价是学生在积极的语文实践活动和真实的语言运用情境中经历学以致用的过程,指向学生积累、建构、表现出来的文化自信、语言运用、思维能力和审美创造的综合品质及其发展水平。

2022年版语文课标创建了学生学习质量标准,对各阶段学生体现学科特征和育人价值的具体刻画。新课标第五章"学业质量"研制了学业质量标准,以核心素养为主要维度,结合课程内容,按照语用情境,整合实践活动,描述每个学段学生语文学业成就的关键表现,体现学段结束时学生核心素养应达到的水平,为核心素养评价提供了基本依据。

创享语文评价内容具有生成性和生长性,注重学习过程生长评价。

2022年版语文课标在"评价建议"中提到:"语文课程评价包括过程性评价和终结性评价""过程性评价重点考查学生在语文学习过程中表现出来的学习态度、参与程度和核心素养的发展水平,应依据各年段的学习内容和学业质量要求，广泛收集课堂关键表现、典型作业和阶段性测评等数据，体现多元主体、多种方式的特点"。可见，在本质上，创享语文评价与课程标准不谋而合，具有使用场域广泛、诊断效果及时、评价手段灵活、评价内涵丰富等特点。

我们注重过程性评价结果分析、归因、反思，提高教师思想站位，促进学生核心素养发展以及教与学及时改进，达到"优化教学内容""改进教学设计""调整教学策略""完善教学过程"，全面提升学生语文素养的目标。例如不同年段评价内容的侧重点不同，第一学段着力兴趣、习惯、基础知识习得评价，第三学段偏重思维、创新能力发展评价。不同的教学目标也会影响评价重点，有的注重知识的掌握，有的关注思维过程，有的偏向协作态度。在评价方式上，教师针对不同学情、不同目标指向，从知识、能力、兴趣、品质等方面，综合、科学、整体地设计评价方案、制定评价标准，将过程性评价与日常教学紧密结合起来，做到"评价即学习"。

基于此，创享语文评价从素养生长、课堂教学、课外语文学习活动、班级语文生态环境和家庭语文生态环境五个方面进行。评素养生长是对文化自信、语言运用、思维能力和审美创造四大素养评价；评课堂教学是对教学设计、课堂生态、课堂活动和素养达成度的四维度评价；评课外语文学习活动是对活动设计的适切性、活动开展的过程性和活动结果运用的提升性三个方面的评价；评班级语文生态环境和家庭语文生态环境，侧重从关系和谐、分工合作、程序清晰、氛围良好、活动积极五个方面展开。

一、评素养生长

注重素养生长评价，我们建构了小学语文核心素养评价指标体系，开发了创享课堂评价量表，促进创享语文教学动力与活力激发、质量与效能提升、学生学习优化和语文核心素养优质发展。

素养生长评价基于教学全过程，将教、学、评三者有机结合起来。素养评价分为一堂课上课前、课中和课后作业等方面落实的评价，是教、学过程中有评，以评促教促学。

我们实施创享语文激扬型评价，以诊断学生语文核心素养发展程度，注重学习潜能激发和精神成长质量，引动、激发学习动力与活力，促进质量和效能提升的教学评价。

我们以小学生语文核心素养培育四个方面为侧重点，建构创享语文模型，

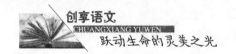

并开展课堂评价，从文化自信、语言运用、思维能力和审美创造四个方面建构小学语文核心素养评价体系，体现了素养目标、课堂模型与评价反馈的一体化。

（一）小学语文四大核心素养

2022年版语文课标明确提出：立足学生核心素养发展，充分发挥语文课程育人功能。义务教育语文课程围绕立德树人根本任务，充分发挥其独特的育人功能和奠基作用，以促进学生核心素养发展为目的，以识字与写字、阅读与鉴赏、表达与交流、梳理与探究等语文实践活动为主线，综合构建素养型课程目标体系；面向全体学生，突出基础性，使学生初步学会运用国家通用语言文字进行交流沟通，吸收古今中外优秀文化成果，提升思想文化修养，建立文化自信，德智体美劳得到全面发展。

义务教育语文课程培养的核心素养，是学生在积极的语文实践活动中积累、建构并在真实的语言运用情境中表现出来的，是文化自信和语言运用、思维能力、审美创造的综合体现。因此，小学生语文核心素养，是学生在积极的语言实践活动中积累与构建、在真实的语言运用情境中表现出来的语言能力及其品质，是学生在语文学习中获得的语言知识与语言能力、思维方法与思维品质，以及情感、态度、价值观的综合体现。

根据语文课程标准和儿童语言学习规律，解读小学生语文核心素养的内涵与结构，我们形成了"一基一核两翼"的语文核心素养结构：语言运用是基础，思维能力是核心，审美创造和文化自信是两翼（图6-1）。

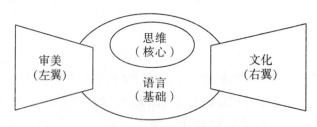

图6-1　四类素养的关系

（二）学段发展指标

语文核心素养内涵为创享课堂质量标准建构提供了遵循，我们根据小学生文化自信、语言运用、思维能力、审美创造四大语文核心素养，建立了分层评价维度（图6-2）。

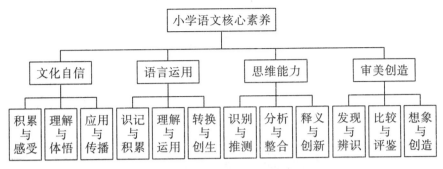

图 6-2 小学语文核心素养分层评价维度

　　一是根据课程标准和统编教材要求，遵循小学生语文学习规律，构建起"低中高"三个学段不同层级的语文素养发展性指标。"文化自信"分为积累与感受、理解与体悟、应用与传播三个层级，体现了从传承优秀传统文化到理解借鉴不同民族和地区文化，形成文化自觉的意识、态度和行为。"语言运用"分为识记与积累、理解与运用、转换与创生三个层级，体现了语言建构从输入到内化，再到创造性输出的规律。"思维能力"分为识别与推测、分析与整合、释疑与创新三个层级，体现了思维发展从表象概括到概念抽象，再到融合创新的发展过程。"审美创造"分为发现与辨识、比较与评鉴、想象与创造三个层级，体现了学生对审美对象感受、体验、评判、再创造的心理过程。

　　针对小学生文化自信素养的三个层级，我们建立了小学生文化自信素养评价维度，如图 6-3 所示。

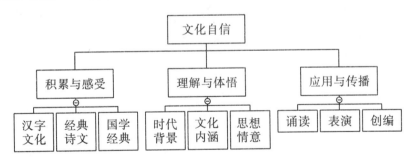

图 6-3 小学生文化自信素养评价维度

　　围绕语言运用素养三个层级，我们建立了小学生语言运用素养评价维度，如"识记与积累"指标，低段是认读、书写、背诵课内字词句段篇；中段是积累课文中字词句段、课外阅读与生活中的语言材料，关注有新鲜感的词句；高段是留心观察周围事物，丰富见闻，积累习作素材，体现了学生识记与积累的层级由课本阅读到课外阅读、从课堂生活走向课外生活、社会生活的拓展与提

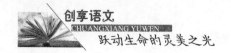

升，如图 6-4 所示。

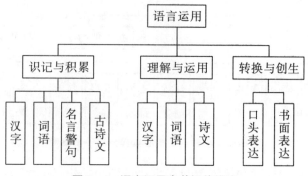

图 6-4　语言运用素养评价维度

根据思维能力素养三个层级，我们建立了小学生思维能力素养评价维度，如图 6-5 所示。

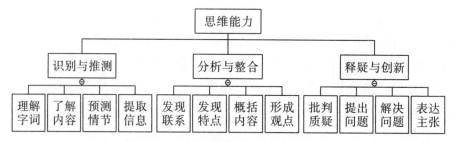

图 6-5　小学生思维能力素养评价维度

根据审美创造素养三个层级，我们建立了小学生审美创造素养评价维度，如图 6-6 所示。

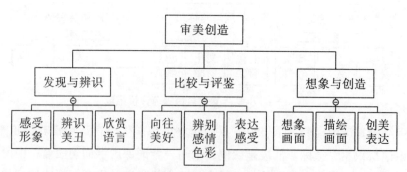

图 6-6　小学生审美创造素养评价维度

（三）指标细化

根据 2022 年版语文课标总目标，遵循创享语文理念，我们将小学生语文核心素养分解到学段目标和学段学业质量，形成《创享语文小学生语文核心素养发展性评价指标》（表 6-1）。此评价指标对教师学年计划、学生阶段诊断和课堂教学效果达成度评价，既有阶段纲领性指导作用，又有诊断性反馈追踪的效果。

表 6-1　创享语文小学生语文核心素养发展性评价指标

素养	层级	低段	中段	高段
文化自信	积累与感受	喜欢学习汉字；背诵优秀诗文；对中华文化产生兴趣	对学习汉字有浓厚的兴趣；诵读优秀诗文；对中华文化产生浓厚的兴趣	感受汉字的优美和有趣，了解汉字文化；诵读优秀诗文；对中华文化产生热爱之情
	理解与体悟	诵读优秀诗文，获得初步情感体验	体验优秀诗文的情感，展开想象，领悟大意	通过语调、韵律、节奏体会作品内容和情感；把握诗意、想象情境、体会情感
	应用与传播	能画、唱优秀诗文	讲述、朗读、表演、硬笔书写	表演、创写、演讲、毛笔书写
语言运用	识记与积累	认读、书写、背诵课内字、词、句、段、篇	积累课文中字、词、句、段以及课外阅读与生活中的语言材料；关注有新鲜感的词句	留心观察周围的事物，有意识地丰富见闻，积累习作素材
	理解与运用	了解意思，复述大意，能交流感受和想法；运用所学词语体会语气，并会运用标点（逗号、句号、问号、感叹号）；完整讲述小故事，简要讲述见闻	理解词句意思，体会关键词句的作用，初步把握文章主要内容，体会文章表达的思想感情；复述大意，能交流阅读感受，体会逗号和句号的不同用法，了解冒号、引号的一般用法；能用书信和便条交流，运用有新鲜感的词句；修改习作中有明显错误的词句；讲述见闻，说想法和感受，具体生动地讲故事	联系语境和已有的积累，推想词句意思；了解表达顺序，体会思想感情，领悟基本表达方法；读说明文，抓要点，了解基本说明方法；读非连续性文本，图文结合，找出有价值的信息

素养	层级	低段	中段	高段
语言运用	转换与创生	分角色朗读、表演读，仿说仿写；观察大自然，参加活动能用口头或图文表达所得	不拘形式写见闻、感受和想法；把握主要内容，并简要转述；观察大自然和社会，进行书面或口头表达；组织有趣的语文活动	写记实作文和想象作文；写读书笔记和常见应用文；做简单发言
思维能力	识别与推测	结合语境、生活实际，借助图画推测词语的意思，帮助阅读	根据情节推测故事后续发展及结局	快速提取阅读材料中的关键信息，做出合理推断
	分析与整合	发现生活中的事物与文字之间的联系；发现词句的形式特点	抓关键句概括主要内容，发现段落特点	概括领悟文章的表达形式，推想前因后果，形成自己的观点
思维能力	释疑与创新	对感兴趣的内容提问，结合课内外问题共同讨论	能对不理解的地方提问；能提出学习和生活中的问题，尝试从不同角度去思考，有目的地搜集资料，共同讨论；尝试运用语文知识和能力，解决生活中的简单问题	学会举一反三，并能创造性地用自己的语言逻辑严密地表达自己的观点，保持怀疑精神，多角度地看待问题，批判性提出自己的主张；边听边思考，批判性地看待他人的观点，有自己的主见，敢于发表自己的意见
审美创造	发现与辨识	发现好词佳句，辨识美与丑	发现优美词句、精彩句段。感受作品中生动的形象和优美的语言	注意语言美，抵制不文明语言；对身边的问题或影视中的形象组织讨论演讲，辨别是非、善恶、美丑
	比较与评鉴	感受语言的优美，向往美好情境；感受汉字形体美	关心作品中人物的命运和喜怒哀乐，感受童话、神话作品的形式和想象，感受鲜明的人物形象，体会真善美	辨别感情色彩，体会表达效果；说出叙事作品中自己的喜爱、憎恶、崇敬、向往、同情等感受
	想象与创造	展开想象，获得情感体验；写想象中的事物	展开想象，描绘诗文中的画面	借助语言文字展开想象，体会艺术之美

文化自信是学生认同中华文化，对中华文化的生命力有坚定信心。通过语

文学习，热爱国家通用语言文字，热爱中华文化，继承和弘扬中华传统文化、革命文化、社会主义先进文化，关注和参与当代文化生活，初步了解和借鉴人类文明优秀成果，具有比较开阔的文化视野和一定的文化底蕴。我们结合教材内容，形成了文化自信发展性评价指标细目，如下（表6-2）。

表6-2　文化自信发展性评价指标细目

素养 年段 发展层级指标	积累与感受	理解与体悟	应用与传播
小学低段	1. 喜欢学习汉字，有主动识字、写字的愿望。 2. 了解传统文化的基本常识，诵读经典，积累经典。 3. 对中华文化产生兴趣。	1. 关心自然和生命，对感兴趣的人物和事件有自己的感受和想法。	1. 能使用硬笔熟练地书写正楷字，做到规范、端正、整洁。用毛笔临摹正楷字帖。 2. 写字姿势正确，有良好的书写习惯。 3. 乐于与人交流。 4. 热心参加校园、社区活动。
小学中段	1. 对学习汉字有浓厚的兴趣，养成主动识字的习惯。 2. 对中华文化产生浓厚的兴趣。	1. 感悟传统文化的魅力，尝试知晓文化内涵。 2. 关心作品中人物的命运和喜怒哀乐。	1. 与他人交流自己的阅读感受。 2. 乐于与他人分享习作的快乐。 3. 尝试运用语文知识和能力解决简单问题。
小学高段	1. 硬笔书写楷书，行款整齐，力求美观，有一定的速度。 2. 有意识地丰富自己的见闻，珍视个人的独特感受，积累素材。 3. 感受汉字的有趣，了解汉字文化。	1. 理解感悟传统文化内涵，并有意识地以多种形式开展传统文化实践活动。 2. 懂得写作是为了自我表达和与人交流。 3. 在毛笔书写中体会汉字的优美。	1. 写字姿势正确，有良好的书写习惯。 2. 与他人交流尊重和理解对方。 3. 能用毛笔书写楷书。 4. 策划简单的校园活动和社会活动。

语言运用是指学生在丰富的语言实践中，通过主动地积累、梳理和整合，初步具有良好语感；了解国家通用语言文字的特点和运用规律，形成个体语言经验；具有正确、规范运用语言文字的意识和能力，能在具体语言情境中有效交流沟通；感受语言文字的丰富内涵，对国家通用语言文字具有深厚感情。结合教材内容，完善了语言运用发展性评价指标细目如下（表6-3）。

附表6-3 语言运用发展性评价指标细目

素养 发展 层级 指标 年段	识记与积累	理解与运用	转换与创生
小学低段	1. 认识常用汉字1600个左右,其中800个左右会用。 2. 掌握汉字的基本笔画和常用的偏旁部首。 3. 学习在诵读中积累自己喜欢的词语、格言警句,在课外阅读和生活中获得语言材料。 4. 阅读浅近的童话、寓言、故事,诵读儿歌、儿童诗和浅近的古诗,背诵优秀诗文50篇(段)。课外阅读总量不少于5万字。 5. 认识课文中出现的常用标点符号。 6. 能准确地拼读音节,正确书写声母、韵母和音节。认识大写字母,熟记《汉语拼音字母表》。 7. 学会汉语拼音。能读准声母、韵母、声调和整体认读音节。 8. 能借助汉语拼音认读汉字。	1. 能认真听他人讲话,努力了解讲话的主要内容。 2. 能按笔顺规则用硬笔写字,借助字典、词典和生活积累,理解生词的意义。 3. 结合上下文和生活实际了解课文中词句的意思,借助读物中的图画阅读。 4. 能较完整地讲述小故事。 5. 在阅读中体会句号、问号、感叹号所表达的不同语气。根据表达的需要,学习使用逗号、句号、问号、感叹号。	1. 能简要讲述自己感兴趣的见闻,能复述大意和自己感兴趣的情节。 2. 在写话中乐于运用阅读和生活中学到的词语。 3. 观察大自然,结合活动,用口头或图文等方式表达自己的观察所得。 4. 学习用普通话有感情地朗读课文。
小学中段	1. 积累课文中的优美词语、精彩句段,以及在课外阅读和生活中获得的语言材料。背诵优秀诗文50篇(段)。 2. 在诵读中初步理解语言材料,积累有新鲜感的语句。 3. 养成读书看报的习惯,收藏图书资料,课外阅读总量不少于40万字。	1. 边听边思考,能回应他人的观点和问题。 2. 理解生词的意义,粗知文章大意,领悟诗文大意,能联系上下文,理解词句的意思,体会课文中关键词句表达情感的作用。 3. 能初步把握文章的主要内容,体会文章表达的思想感情。 4. 听人说话能把握主要内容。 5. 能复述叙事性作品的大意。	1. 能够条理清楚地表达一件完整的事,尝试运用积累的语句。 2. 观察周围世界,能不拘形式地写下自己的见闻、感受和想象,注意把自己觉得新奇有趣或印象最深、最受感动的内容写清楚。

素养层级 发展指标 年段	识记与积累	理解与运用	转换与创生
小学中段	4. 累计认识常用汉字2500个左右，其中1600个左右会写。 5. 关注有新鲜感的词语和句子。	8. 运用多种方法理解难懂的词语。 9. 体会作者是怎样留心观察周围事物的。 10. 借助关键语句理解一段话的意思。 11. 读寓言故事，明白其中的道理。 12. 了解课文是怎样围绕一个意思把一段话写清楚的。 13. 借助关键语句概括一段话的大意。 14. 运用多种方法理解难懂的句子。 15. 了解课文是从哪几个方面把事情写清楚的。 16. 了解故事的主要内容，复述故事。 17. 了解作者是怎样把事情写清楚的。 18. 通过人物的动作、语言、神态，体会人物的心情。 19. 关注主要人物和事件，学习把握文章的主要内容。 20. 了解故事情节，感受人物形象。 21. 简要复述课文，注意顺序和详略。 22. 抓住关键词句，初步体会课文表达的思想感情。 23. 初步了解现代诗的一些特点，体会诗歌的情感。 24. 体会作家是如何表达对动物的喜爱之情的。 25. 了解课文按一定顺序写景物的方法。 26. 学习怎样把握长文章的主要内容。 27. 从人物的语言、动作等描写中感受人物的品质。	3. 尝试在习作中运用自己平时积累的语言材料，特别是有新鲜感的词句。 4. 能清楚明白地讲述见闻，能转述别人讲述的内容。 5. 用书面或口头方式表达自己的观察所得。 6. 用普通话有感情地朗读课文。 7. 课内习作每学年16次左右，课外创意写作8次左右。

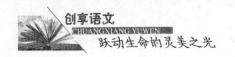

续附表6-3

素养 年段　层级　发展指标	识记与积累	理解与运用	转换与创生
小学高段	1. 诵读优秀诗文，注意通过语调、韵律、节奏等体味作品的内容和情感。背诵优秀诗文60篇（段）。 2. 扩展阅读面。课外阅读总量不少于100万字。 3. 累计认识常用汉字3000个左右，其中2500个左右会写。	1. 能联系上下文和自己的积累，推想课文中有关词句的意思，辨别词语的感情色彩，体会其表达效果。 2. 阅读叙事性作品，了解事件梗概，能简单描述自己印象最深的场景、人物、细节，说出自己的喜爱、憎恶、崇敬、向往、同情等感受。阅读诗歌，大体把握诗意，想象诗歌描述的情境，体会作品的情感。阅读说明性文章，能抓住要点，了解文章的基本说明方法。 3. 在理解课文的过程中，体会顿号与逗号、分号与句号的不同用法。 4. 根据表达需要，正确使用常用的标点符号。 5. 初步了解课文借助具体事物抒发情感的方法。 6. 学习提高阅读速度的方法。 7. 结合查找的资料，体会课文表达的思绪情感。 8. 阅读简单的说明性文章，了解基本的说明方法。 9. 注意体会场景和细节描写中蕴含的情感。 10. 阅读时注意梳理信息，把握内容要点，体会文章表达的思想感情。 11. 初步学习阅读古典名著的方法。 12. 通过课文中动作、语言、神态的描写，体会人物的内心。 13. 学习描写人物的基本方法。	1. 能够有理有据地表达观点，有详有略、有声有色，个性化进行习作。课内习作每学年16次左右。课外创意写作8次左右。 2. 能写简单的记实作文和想象作文，内容具体，感情真实。能根据内容表达的需要，分段表述。学写读书笔记，学写常见应用文。 3. 修改自己的习作，做到语句通顺，行款正确。 4. 能抓住要点，简要转述别人说话内容。 5. 尝试写简单的研究报告。

续附表6-3

素养　发展　层级　指标　年段	识记与积累	理解与运用	转换与创生
小学高段		14. 理清故事的起因、发展、高潮和结局，了解人物的思维过程。 15. 了解文章是怎样点面结合写场面的。 16. 根据不同的阅读目的，选用恰当的阅读方法。 17. 读小说，关注情节、环境，感受人物形象。 18. 体会文章是怎样围绕中心意思写的。 19. 抓住关键句，把握文章的主要观点。 20. 借助相关资料，理解课文主要内容。 21. 阅读时分清内容的主次，体会作者是如何详写主要部分的。 22. 了解作品梗概，把握名著的主要内容，就印象深刻的人物和情节交流感受，体会文章是怎样表达情感的。 23. 阅读时关注神态、言行的描写，体会人物品质。 24. 查阅相关资料，加深对课文的理解。 25. 体会用具体事例说明观点的方法。 26. 学习整理资料的方法。	6. 对所策划的校园活动和社会活动的主题进行讨论和分析，学写活动计划和活动总结。 7. 根据对象和场合，作简单发言。 8. 能用普通话有感情地朗读课文。 9. 了解课文内容，创造性地复述故事。 10. 根据情节编故事，注意情节的转折。

　　思维能力是指学生在语文学习过程中的联想想象、分析比较、归纳判断等认知表现，主要包括直觉思维、形象思维、逻辑思维、辩证思维和创造思维。思维具有一定的敏捷性、灵活性、深刻性、独创性、批判性。有好奇心、求知欲，崇尚真知，勇于探索创新，养成积极思考的习惯。结合教材内容，完善了思维能力发展性评价指标细目如下（表6-4）。

附表6-4　思维能力发展性评价指标细目

素养发展层级指标年段	识别与推测	分析与整合	释疑与创新
小学低段	1. 结合上下文和生活实际了解课文中词句的意思。	1. 学习独立识字。 2. 借助读物中的图画阅读。	1. 能想象画面，并能用自己的语言清晰地描述。 2. 对周围事物有好奇心，能就感兴趣的内容提出问题，结合课内外阅读共同讨论。 3. 能提出学习和生活中的问题，有目的地搜集资料。 4. 积极参加讨论，敢于发表自己的意见。
小学中段	1. 能认真听别人讲话，努力了解讲话的主要内容。 2. 一边读一边预测，顺着故事情节去猜想。 3. 学习预测的一些基本方法。	1. 有初步的独立识字能力。 2. 能够感知阅读材料，并尝试创造性复述。 3. 能抓住关键语句概括文章的主要内容，初步体会表达的思想感情。 4. 学习带着问题默读，理解课文的意思。 5. 体会文章准确生动的表达，感受作者连续细致地观察。 6. 了解故事的起因、经过、结果，学习把握文章的主要内容。	1. 能较完整地讲述小故事，能简要讲述自己感兴趣的见闻。 2. 连贯有序地展开想象，并能创造性地用自己的语言条理清楚地表达，因果分明，前后呼应。 3. 能对课文中不理解的地方提出疑问。 4. 学会认真倾听，能就不理解的地方向人请教，就不同的意见与人商讨。 5. 能用简短的书信、便条进行交流。 6. 阅读时尝试从不同角度去思考，提出自己的问题。 7. 阅读时能提出不懂的问题，并试着解决。
小学高段	1. 快速提取阅读材料中的关键信息。 2. 阅读简单的非连续性文本，能从图文等组合材料中找出有价值的信息。	1. 有较强的独立识字能力。 2. 概括领悟文章的表达形式，推想前因后果，形成自己的观点。 3. 能联系上下文和自己的积累，推想课文中有关词句的意思，辨别词语的感情色彩，体会其表达效果。	1. 学会举一反三，并能创造性地用自己的语言逻辑严密地表达自己的观点，保持怀疑精神，多角度地看待问题，批判性提出自己的主张。 2. 在阅读中了解文章的表达顺序，体会作者的思想感情，初步领悟文章的基本表达方法。在交流和讨论中，敢于提出看法，做出自己的判断。 3. 策划简单的校园活动和社会活动，对所策划的主题进行讨论和分析，学写活动计划和活动总结。 4. 边听边思考，批判性地看待他人的观点，有自己的主见，敢于发表自己的意见。

审美创造是指学生通过感受、理解、欣赏、评价语言文字及作品，获得较为丰富的审美经验，具有初步的感受美、发现美和运用语言文字表现美、创造美的能力；涵养高雅情趣，具备健康的审美意识和正确的审美观念。结合教材内容，完善了审美创造发展性评价指标细目，如下（表6－5）。

表6－5　审美创造发展性评价指标细目

素养 发展 层级 指标 年段	发现与辨识	比较与评鉴	想象与创造
小学低段	1. 向往文本描述的美好的情境。 2. 留心观察周围事物，写自己想说的话，写想象中的事物。	1. 注意汉字的间架结构。 2. 初步感受汉字的形体美。 3. 感受语言的优美。	1. 对儿歌、儿童诗和浅近古诗展开想象，获得初步的情感体验。 2. 结合语文学习，观察大自然，用口头或图文等方式表达自己的观察所得。
小学中段	1. 阅读课文中的优美词语、精彩句段，以及在课外阅读和生活中获得的语言材料。 2. 初步感受作品中生动的形象和优美的语言。	1. 在诵读中品味语言文字的优美；在交流中品评语言文字的优美。 2. 熟练书写正楷字，做到规范、端正、整洁。 3. 感受课文生动的语言，积累喜欢的语句。 4. 感受神话中神奇的想象和鲜明的人物形象。 5. 感受童话的奇妙，体会人物真善美的形象。	1. 乐于书面表达，增强习作的自信心。 2. 能在教师的指导下组织有趣味的语文活动，在活动中学习语文，学会合作。 3. 在交流中说出自己的感受和想法，讲故事力求具体生动。 4. 在教师指导下开展有趣味的语文活动。 5. 在优秀诗文的诵读中体验情感，展开想象。 6. 感受童话丰富的想象。 7. 试着一边读，一边想象画面。 8. 走进想象的世界，感受想象的神奇。 9. 边读边想象画面，感受自然之美。

续表6-5

素养层级指标 发展 年段	发现与辨识	比较与评鉴	想象与创造
小学高段	1. 能用毛笔书写楷书，在书写中体会汉字的优美。 2. 注意语言，抵制不文明的语言。 3. 对身边的问题、故事和形象，学习辨别是非、善恶、美丑。	1. 阅读叙事性作品，受到优秀作品的感染和激励，向往和追求美好的理想。 2. 对自己身边的、大家共同关注的问题，或电视、电影中的故事和形象，组织讨论、专题演讲。 3. 体会景物的静态美和动态美。 4. 感受课文中巧妙的对话和风趣的语言。	1. 写出有思想个性的文字，能即兴、有感染力地演讲。 2. 阅读时能从所读的内容想开去。 3. 借助语言文字展开想象，体会艺术之美。

二、评课堂教学

课堂是语文教学的主阵地，富有活力的语文课堂能培养学生的语文核心素养，激发学生的语文学习力、创造力和精神生长力。教师应遵循"创享课堂"核心理念及实践框架，根据教学目标定位恰当有效实施，力求构成动机唤醒、内容植根、思维激发、评价激扬的新型课堂。我们从教学设计、课堂生态、教学活动、素养达成四个方面建构了创享课堂核心素养导向的评价量表（表6-6）。

表6-6　核心素养导向的创享语文课堂观察及评价量表

观察维度	评价指标	指标解读	维度选择
教学设计 （10分）	1. 内容选择与课堂类型相匹配	1-1. 课堂类型：语言思维型课堂、语言审美型课堂、语言文化型课堂。 1-2. 内容板块：识字与写字、阅读、习作、口语交际、综合性学习。	

158

观察维度	评价指标	指标解读	维度选择
	2. 设计理念与思路体现创享课堂的主张及策略	2－1. 教学主张：（1）创享课堂是语文核心素养生长的重要场域和途径；（2）创享课堂旨在"从教走向学、从学走向创、从创走向享，让儿童享受有价值和情趣的语文生活"；（3）创享课堂注重创新素养培育，为培养时代新人奠定基础。 2－2. 实施策略：动机唤醒策略、内容创生策略、思维激发策略、多元互动策略、评价导航策略。 2－3. 关注学生的课堂生命状态和精神生长质量。	
	3. 教学目标适切且直指核心素养培育，重难点目标精准定位到某个素养层级	3－1：把握教材编排意图，确定适切性目标。 3－2. 聚焦素养培育，体现素养层级。 （1）语言素养：识记与积累、理解与运用、转换与创生； （2）思维素养：识别与推测、分析与整合、释疑与创新； （3）审美素养：发现与辨识、比较与评鉴、想象与创造； （4）文化素养：积累与感受、理解与体悟、应用与传播。	
	4. 教学设计遵循该课堂类型基本节点，并灵活运用	教学基本结构：预热点—启学点—点拨点—生成点—升华点 （1）语言思维型：质疑预热—问题启学—交互点拨—观点生成—思辨升华； （2）语言审美型：视听预热—赏美启学—鉴美点拨—创美生成—互鉴升华； （3）语言文化型：经典预热—读悟启学—启悟点拨—体验生成—传承升华。	
	5. 教学内容选择适切，体现创生	符合课标年段要求，对接学情、时代生活、地域文化等	

观察维度	评价指标	指标解读	维度选择
课堂生态 （20分）	1. 人际关系和谐	教师充分信任、尊重学生，师生、生生平等对话，共同参与活动，正面评价，赋予激励	
	2. 价值取向正确	思想开放，包容接纳他人的不完美，拥有积极向上的品质，共建、共享、共成长	
	3. 显性环境适宜	情境创设适宜（生活情境、文学情境、问题情境、物化情境）；学生参与面广；教学组织有序；学习氛围轻松、活泼、愉悦；学生充满自信、敢于表现、勇于质疑	
教学活动 （40分）	1. 认真落实并忠于教材的基础性活动	符合年段课标，落实语文要素，完成课后思考练习	
	2. 灵活开展基于学情的个性化活动	根据学生认知、能力、情意等欠缺不足或兴趣点，针对性地开展语文实践活动	
	3. 导引延伸基于生长的创造性活动	将课堂学习引向真实且广阔生活的语文实践活动（如：时代背景、时事热点、地域文化等），开阔视野，陶冶情操，提升素养	
	4. 点拨评价与互动生成	点拨评价与互动（教学机智、时机把握） （1）教师语言具有激扬、启发性，能抓住生生、师生多边对话的闪光点、矛盾点、质疑点、意外点，能相机运用多样化、个性化教学方式，引动课堂深度对话。 （2）学生表现与学习生成（投入状态、独立性思维、批判性思维、创新性思维及其个性化表达）。	
素养达成 （30分）	1. 语言素养得到提升	语言素养：识记与积累、理解与运用、转换与创生 （具体指标见附件1）	
	2. 思维素养得到发展	思维素养：识别与推测、分析与整合、释疑与创新	
	3. 审美素养得到生长	审美素养：发现与辨识、比较与评鉴、想象与创造	
	4. 文化素养得到丰盈	文化素养：积累与感受、理解与体悟、应用与传播	

观察维度	评价指标	指标解读	维度选择
课堂记录（根据观课维度完成记录和评议）			
课堂描述		评议	
得分（根据观课维度的权重赋分）：			

（一）评教学设计

教学设计是教师将教学理念转化为实践的直接反映，是连接理论和真实课堂的重要桥梁。可以从内容板块、课型定位、遵循创享课堂思想的教学理念与思路、目标表述、素养聚焦、活动设计、核心素养达成度等展开多维度的教学设计评价，并达到以下要求。

1. 教学内容要与课堂类型匹配。

根据小学语文教学四大板块（识字与写字、阅读与鉴赏、表达与交流、梳理与探究）和四大核心素养（文化自信、语言运用、思维能力、审美创造）对教学内容进行准确分析和解读，匹配对应课型：语言文化型课堂、语言思维型课堂、语言审美型课堂。

2. 设计理念体现教学主张及基本策略。

教学设计体现创享课堂教学主张：教学从儿童出发，让学生站在课堂中央；教学重学导互动，知行统一获真知灼见；教学与生活链接，拓展素养生长的源泉；教学以问题导航，点亮思维的个性之光；教学促创生共享，让语文生命情韵流淌。

根据课型结构设计教学活动，有效运用创享课堂动机唤醒、内容植根、思维激发、评价激扬策略，避免教学活动与教学目标游离。

动机唤醒策略，即通过环境浸润、问题诱发、愿景激励、目标驱动，激发学生的内部动机。内容植根策略要求教学内容着眼于学生终身发展，植素养之根，具有适切性、激发性、丰富性、选择性。思维激发策略，通过培养学习内需，还原学生主体，丰富创享活动，促成学生"识别与推论、整合与解释、质

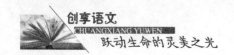
创享语文
跃动生命的灵美之光

疑与创新"三阶思维素养培育。评价激扬策略，以鉴定学生语文核心素养发展程度，注重学习潜能激发和精神成长质量，引动、激发课堂动力与活力，促进课堂质量和效能提升。

3. 目标表述准确，尊重教材和学生。

要求把握教材编排意图，直指核心素养培育，重难点目标精准定位到某个素养层级，能持续激发学习动力，导引学习能力发展与潜能开发。

4. 教学设计遵循课型基本环节并灵活运用。

教学设计指向语文核心素养培养，遵循课型基本环节：预热点—启学点—点拨点—生成点—升华点。体现两条主线：以问题导学、问题探究、问题解决的成果共享为明线，以情境浸润、兴趣激发、融入情感的思维发展为暗线。体现五个特征：情境性、内源性、统整性、创生性、共享性，教师能根据教学内容、班本学情和教学个性，对应课型适当调整并灵活运用。各课型的基本环节是，语言素养型：积累预热—情境启学—要素点拨—运用生成—拓展升华；思维素养型：质疑预热—问题启学—交互点拨—观点生成—思辨升华；审美素养型：视听预热—赏美启学—鉴美点拨—创美生成—互鉴升华；文化素养型：经典预热—读悟启学—启悟点拨—体验生成—传承升华。

5. 内容选择适切、体现创生。

教学内容符合课标年段要求，能紧密围绕目标达成，呈现素养发展的梯度。内容能体现创生性，对接学生生活创建真实语境或问题场景，进一步激发求知欲和探究力。

【案例呈现】

陈燕老师结合创享课堂理念，设计了六年级《借漫画读经典》一课，以下是她的教学设计。

课题	借漫画读经典
内容板块 （在□内打"√"）	识字与写字□　阅读☑　习作□ 口语交际□　综合性学习□
课堂类型 （在□内打"√"）	语言文化型课堂□　语言思维型课堂□ 语言审美型课堂☑

课题	借漫画读经典	
设计理念及思路	选择了三篇古文《粘蝉老人》《知不知》《割席绝交》，将"借漫画读经典"作为议题。借助蔡志忠的漫画，通过图文对照释意思、图文对比悟道理的方法读懂经典故事，感悟经典深刻的道理以及情感、人格、美感，达到培养学生语文素养能力的目的	
教学目标	借助蔡志忠的漫画，通过图文对照释意思、图文对比悟道理的方法读懂经典，感悟经典蕴含的道理以学习经典蕴藏的情感、人格、美感，培养经典学习能力和人文素养	
素养聚焦	目标描述	素养层级
	在阅读实践中，感悟经典蕴含的道理以学习经典蕴藏的情感、人格、美感，培养经典学习能力和人文素养	转换与创生

教学活动及设计意图

一、图文对照释意思

(一) 图文对照，读准读通

1. 出示古文《粘蝉老人》，读出疑惑

　　学生分享自己的疑惑，教师带领梳理疑惑。

2. 图文对读，解决疑惑

(1) 介绍蔡志忠；

(2) 出示漫画《粘蝉老人》，生自读；

(3) 学生交流读漫画后解决了哪些疑惑。

引导通过图片、文字、图文对比读懂意思，体会老人形象。

3. 读出理解

自由练习朗读，指名展示，合作朗读，点评。

(二) 提炼方法

回顾学习，梳理方法（对照漫画图片 对照漫画文字 图文对比解释意思）

二、图文对应显形象

(一) 自主学习《知不知》或《割席绝交》，出示要求：

(1) 速读两则古文，任选一则借漫画读懂词句、读出韵味。

(2) 小组自由汇报。展示时可以提问、质疑、辩论。

(二) 小组汇报，分享学习

1. 预设《割席绝交》

教师重点引导：漂亮的马车就是"轩"，华丽的服装就是"冕"。结合漫画的"!"体会最后一句的朗读。

2. 预设《知不知》

引导"病"和"知"在文中的意思，体会人物形象。

三、图文对照悟道理

1. 学生写学习后的感悟提示

(1) 阅读中，类似的典故、人物；

(2) 生活中，类似的事例；

(3) 尝试评价短文中的一个人物。

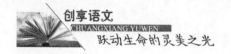

续表

课题	借漫画读经典
2. 学生交流感悟 写完后，小组交流，推荐一篇，全班交流。 3. 总结：图文对照悟道理 阅读蔡志忠读完短文后写的感悟。思考他的想法和表达与我们一样吗？ 四、图文对读传经典 多角度推荐蔡志忠的漫画作品（出示：蔡志忠成语、诗词、名著、传记）	

【案例分析】

本课教学设计聚焦语文核心素养，匹配"语言思维型课堂"。在教学设计中，教师坚持以生为本、学导互动，先以一则古文为例导方法，以问题导航，让学生在质疑、释疑的过程中总结学习方法，再运用方法实践后两篇古文的学习。在目标定位上精准定位到素养层级的"转换与创生"，通过图文对照释意、图文对比悟道的方法读懂经典故事，感悟经典深刻的道理以及情感、人格、美感。课堂符合积累预热—情境启学—要素点拨—运用生成—拓展升华的基本环节。在实践中，学生做到了在充分的语文实践中创生创享。

（二）评课堂生态

传统的语文课堂常常是"一言堂"，教师以自己的"知识权威"控制课堂环节，"教"多于"学"，课堂缺乏探究、体验和对话。教学目标常被异化为"客观的知识"掌握，偏离语文学科本质。良好的课堂生态应以促进学生全面发展、健康成长为根本，并能激发、彰显生命活力。课堂生态评价的内容要点如下。

1. 人际关系和谐。课堂人际关系即民主、平等、和谐的师生关系。创享课堂要求课堂主体地位发生质的转变，既不是传统的教师中心，也不是放任自流的学生中心，而是师生共同参与，教师充分信任、尊重学生，师生、生生平等对话，共同参与活动，正面评价、富于激励。

2. 价值取向正确。教师应围绕立德树人根本任务，以学生能力培育和素养形成为目标，有正确科学的教育理念。尊重学生思维和语言发展规律，接纳学生年龄和阅历的局限，达成共建、共享、共成长的课堂。

3. 显性环境适宜。创建良好的、适应创生的学习氛围，包括生活情境、文学情境、问题情境、物化情境。课堂学习氛围轻松、活泼、愉快。学生自由交流，敢于表达、敢于质疑、敢于试错，自我认同感强，了解自己的优势也悦纳自己的不足，敢于、乐于与教师平等对话。

（三）评教学活动

如果教学目标体现的是理念上的"知"，那么教学活动就是实践中的"行"，只有"知行合一"，才能实现真正的学习。因此，教学活动不能只是热闹的"花架子"，一定要有效促进学习目标的达成。学生是学习的主体，在教学活动中，教师的"教"是为了促进学生的"学"，因此，教师应以提高学生语文素养为目的，积极倡导自主、合作、探究的学习方式，促进学生在互动中创享学习。创享语文教学活动评价的要点如下。

1. 认真落实忠于教材的基础性活动

是否有效促进学生的语文学习，是教学活动的评价标准之一。教师如果仅将课本的内容作为理解对象，或为了活动而活动，很容易让语文课失去"语文味"。教学活动需要紧扣教学目标，落实语文要素。

【案例】三上《小狗学叫》是一篇趣味性很强的童话故事，某老师将理解故事内容作为重点，花了很多时间让学生梳理内容并合作表演，课堂非常热闹，但目标不准，本单元本课的基本任务没有落实。三上四单元的语文要素是：学习预测。本课作为第三篇略读课文，应该运用前面学习的预测方法进行阅读实践。评价教学活动时首先看其是否与目标匹配，看是否落实课前提示和课后问题，这是帮助学生落实基础性学习目标的重要途径。

2. 灵活开展基于学情的个性化活动

落实了基本目标后，教师还可以根据学生认知、能力、情意的欠缺点或兴趣点，针对性开展语文实践活动。

以四下《小英雄雨来（节选）》一课为例，老师通过指导学生较快默读，用列小标题的方式来解决本课的核心目标：把握长文章的主要内容。本课内容较长，但故事性很强，描写细致生动，引人入胜。在理解雨来"小英雄"形象的处理上，老师结合学生兴趣点和班级活动开展《小英雄雨来》课本剧片段的表演。抓住"雨来智勇斗鬼子"部分中的人物描写，通过关键词句的提取与情

境表演，进一步体会作者通过人物的语言、动作、神态的细致传神描写刻画雨来这个小英雄的表达方法。

3. 导引延伸基于生长的创造性活动

挖掘教材与自然、生活、社会的联系点和育人价值，融合时代特征、地域文化、学校特色和学生生活，开发有学科拓展性的教学内容，使课程内容丰富多彩、贴合学生的生活实际。

以四下五单元为例，这是一个习作单元，学习按游览顺序写景物。资源上可以结合地方教材《可爱的四川》开展综合实践学习，学生分组学习实践，通过书籍、网络、实地参观等不同的方式了解和分享我们身边的名胜古迹。时间上与"五一"假期对接，孩子们正好可以利用假期去参观体验，真正感受我们四川的壮美山河与历史文化，为习作做准备。

4. 点拨评价与互动生成

创享语文课堂评价，要求教师语言具有激扬性和启发性，能抓住生生、师生多边对话的闪光点、矛盾点、质疑点、意外点，能相机运用多样化、个性化教学方式，引动课堂深度对话。要求学生做到积极投入学习活动，充满自信、敢于表现、勇于质疑，具有创新性思维及个性化表达。

（四）评素养达成

根据小学生语文核心素养评价指标，从文化自信、语言运用、思维能力、审美创造四个方面评价课堂是否实现了素养达成目标。要求教师把握教材编排意图，直指核心素养培育，重难点目标精准定位到某个素养层级，能持续激发学习动力、导引学习能力发展与潜能开发。

【案例】以陈燕老师教学《借漫画读经典》为例，展示通过课堂观察对素养达成的评价。

	素养指标	对应教学活动	素养达成表现
文化自信	应用与传播	环节四：图文对读传经典。分类多角度呈现蔡志忠的漫画经典作品，激发阅读兴趣，并传播经典	通过本课的学习，能利用漫画读懂经典古文，对阅读经典产生兴趣
语言运用	转换与创生	环节二：图文对应显形象。通过对比阅读梳理学习古文的方法，举一反三实践运用到二、三则古文的学习中	学生能通过对比阅读发现学习方法，运用方法读懂第二、三则古文
思维能力	释疑与创新	环节一：质疑、梳理疑惑、图文对照释疑	学生通过读古文提出疑惑，并通过图文对照解决疑惑，总结方法
审美创造	比较与鉴赏	环节三：图文对照悟道理。读懂古文并表达自己的感悟	学生能通过阅读欣赏语言，并能表达自己独特的感受

三、评课外活动

课外语文学习活动是课堂活动的延伸。课外语文学习活动是以学生为主体，以家庭、社会为主要语文学习空间，以在实践中学习和运用语言文字、树立文化自信、培养思维能力和审美创造力为目标的各类型活动。评价课外语文学习活动，要求教师遵循"创享语文"理念，开展语文实践活动，关注语文学习活动的设计、发展、结果运用，践行学科育人、发展语文生命。

（一）评活动设计的适切性

活动设计适切，直指语文核心素养培育，持续激发学生学习动力，导引学习能力发展与潜能开发。

1. 目标适切。课外语文学习活动要立足于"学生核心素养发展"，评学生活动计划、组织、合作能力，以及语言积累运用、自我建构的能力，评学生发现、探究、解决问题的能力，评学生文化传承和审美创造能力。评教师设计活动目标是否做到符合学生实际，满足不同层次学生需要，是否符合语文课程标准，能够发展学生语文核心素养。

2. 层次凸显。课外学习活动设计充分考虑不同阶段、不同层次学生特点，进行整体规划、合理分工，明确个人必须完成的任务、在小组内需要承担的合作任务和共同研讨的任务，鼓励学生在活动过程中及时发现问题、解决问题。层次凸显是创享语文课外学习活动的外在表现。

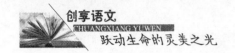

【案例】杨丽名师工作室开展了"融入广阔生活，体验创享语文"的暑假专题活动，分学段设计了不同的语文学习活动。

一年级"乐尝夏日水果"，完成有趣挑战。水果超市：以"图片＋名称"的形式，尽可能收集自己吃到的水果，比比谁的水果多；水果小档案：选择自己喜欢的水果，为它们制作一份小档案。档案里可别忘了水果的"自画像"和"自我介绍"哦！

二年级"打卡阅读圣地"，完成阅读挑战。打卡三处阅读书馆，或三次打卡同一个书店或图书馆。每次打卡，需在书店或图书馆里进行自主阅读至少1小时，可以选购一本自己最喜欢的图书，还可以拍照留念、记录此次挑战的感受。

三年级"做家庭小主人"，提高生活技能，体验生活的幸福滋味。承担一项家务劳动，例如：购买生活用品、买菜、做一道拿手菜、打扫房间、洗衣物……记录过程和收获。

四年级"cosplay名家画作"。选择自己喜欢的一幅名画，用自己喜欢的方式（可以自己当模特儿，也可以用生活中的物品拼搭……），脑洞大开地来一次特别的"cosplay"！并附上能够体现自己语言风格的作品解读！

五年级"创意生活手账"。记录我们的暑假生活。

六年级我是"泡馆"小达人。游览前：选择一处场馆，做好游览攻略；游览中：拍摄照片、做好记录；游览后：可制作一份特别的"泡馆"指南，可写一段推荐广告，可写一篇参观记。

3. 预期清晰。预期就是蓝图，即最后呈现出的结果。学生通过课外语文学习活动，完成识字与写字、阅读与鉴赏、表达与交流、梳理与探究四个方面、不同学段的要求。比如教师开展"乐尝夏日水果"课外语文学习活动，预期目标是：学生能认识水果的名称与对应的汉字，能简单了解水果，最终实现在生活中识字，能用图文的方式整理、为喜欢的水果做档案卡，涉及了三个语文实践活动：识字与写字、表达与交流、梳理与探究。

（二）评活动开展的过程性

1. 学生参与面、参与度。学生是学习活动的主体。学生是否有效参与，是衡量一个学习活动是否有效的重要指标。学生是否有效参与，参与面、参与度是两个可以衡量的指标。可观察学生分组讨论、表演等行为参与，以及思考、讨论、争论、写作等思维参与。在开展活动的过程中，教师要有意识地记录和关注，确保每位学生积极参与，积极思考解决问题。

【案例】杨丽老师语文课堂有课前常规活动，一是经典诵唱演；二是"笛音小讲堂"。课前诵读是诵读分社的一个常规阵地，由诵读分社负责安排学生每天的诵读内容。"笛音小讲堂"是演讲分社的主阵地，安排在"课前诵读"后，每节课都有一个同学演讲。这是一个兼具包容力和活跃力的平台，贯通了学生的课内学习与课外学习、课本学习与生活实践。这个社团经常性开展阅读、演讲、辩论、书法、诵读等活动。

"笛音文艺社"是班上学生展开语文学习活动的长线实践平台。其中新闻调查社每周进行一次新闻播报，报刊社负责编辑出版报刊或文集，演讲社开展课前"笛音小讲堂"，其余分社轮周开展活动。分社活动由分社全体成员自主策划、实施，带动全班同学全员参与，要求做到"不让一个同学在活动中沦为'看客'"。

"笛音文艺社"做到了学生参与面广、参与度高，成为学生常态、丰富、具有趣味性和挑战性的语文学习场域。

【案例】某老师在开展"革命领袖人物风采"语文学习活动时，鼓励学生四人小组合作。小组四人分工明确，每个人都参与其中。全组同学确定主题，然后围绕主题搜集信息。擅长画画的可以担任页面布局、排版的任务，书写工整、美观的学生可以誊抄诗歌；诗歌整理成册后，小组四人共同汇报。学生的参与度、参与面是衡量该活动是否满足学生需要的重要表征。

2. 教师全程指导与适时反馈改进。虽然学生是课外语文学习活动参与主体，但并不意味着教师退居一旁，什么都不管。在课外语文学习活动中，要求教师参与学生活动的全过程，进行全程指导，"不缺位，退居学生身后，为学生出谋划策"；根据学生实际不断进行调整，适时反馈、改进，确保学习活动有效完成。

【案例】围绕"奋斗的历程"主题，开展"制作小诗集"语文实践活动。王老师在开展活动前提出学习要求："和同学一起查阅资料，搜集红色诗词，感受其中蕴含的深厚的革命情怀。"当这一要求发出后，学生明白需要查阅一些资料，但要查阅哪些资料呢？王老师给出了资料范围："搜集革命领袖、革命英雄写的诗词；搜集歌颂中国共产党、歌颂新中国的诗词；搜集讴歌改革开放和新时代的诗词。"这时学生明白了要查阅哪些资料。紧接着王老师引导同学们"分成不同小组"，这样对同一内容感兴趣的同学就可以临时组成小组。接下来学生搜集了很多资料，有打印的，有手抄的。如何把这些资料变成诗集，这对于同学们来说有一定难度。王老师将小组长召集起来，先听组长们的想法："我们觉得每个同学都要参与制作，还应该配一些图，这样图文结合，大家更容易感受诗中蕴含的情感。"听完组长的想法后，王老师补充道："每首诗要包括诗歌、诗人简介、写作背景、自己的理解等基本内容；小组内搜集的诗可以按时间或人物排序；可以制作封面、目录，这样就一目了然。"组长们向组员们转达王老师的建议后，利用课后延时学习时间就把诗集的雏形做出来了。

学生在制作小诗集的过程中，老师或单独辅导，或全班讲明活动要求，或借助组长带领大家合作，始终和学生在一起，共同完成了本次语文实践活动。

3. 合理运用资源。在开展活动过程中，合理运用资源可以事半功倍。充分利用小组合作的优势，四人共同完成学习活动任务；可以向同学、家长请教，可以网上查阅相关资料。这些都有利于学习活动顺利开展。这也是评活动资源运用的要点。

（三）评活动结果运用的提升性

创享语文课外学习活动的设计、开展、总结，按活动流程基本完成后，还要强化结果的运用与提升，才能实现活动育人价值的最大化。这也是创享语文课外活动的评价要素。

1. 紧扣目标达成。将活动前的预设目标与活动后的目标达成进行比较，考量两者之间的差距。如果差距较小则说明活动目标达成度高，反之则达成度较低。这时教师要及时组织学生总结收获、反思不足。

【案例】杨丽老师执教《古诗二首》的目标达成度。

开课前杨老师预设了教学目标：（1）诵读古诗，体会诗人心中的水景及情感（前者是与溪水的"依依惜别"，后者是对西湖美景的"无限赞美"），比较两首古诗不同的描写方法（《过分水岭》的拟人手法、《饮湖上初晴后雨》的比喻手法）。（2）自主推荐与水有关的古诗，丰富古诗积累，激发学生持续的诵读热情。课后我们随机采访了学生，通过学生讲述我们验证了这堂课目标达成度很高。学生讲述如下：

杜菁苗：这节课我太开心了！因为我有机会在课前分享我写的小说，分享我笔下的人物——苏妮珊，我的分享得到了全班同学和台下这么多老师的掌声……还有作为笛音文艺社的社长，我为诵读分社编排的朗诵节目——《水调歌头》和《临江仙》能向来自全国各地的老师展示，感到自豪。我们班上有许多同学都在写小说，都特别希望有机会晒一晒自己的小说，杨老师在语文课上为我们开辟了"笛音小讲堂"，我们在这里就可以晒小说了，当然也可以分享自己读的课外书哦。

阮宇晗：我喜欢杨老师让我们选择喜欢的方式学习古诗，尤其喜欢"跟随诗人的脚步，讲述诗人的见闻与感受"，杨老师让我们用第一人称或第三人称讲述诗人的所见、所闻、所思、所想。我们把自己当成诗人在旅行、在体验，把理解古诗变成了分享游记，变成了讲故事，我们沉醉其中、乐此不疲。

此课结束后，诵读分社还组织开展了"古诗词中的湖光水色"诗词诵读会。诵读会以小组挑战赛的方式进行。第一轮为"比比谁积累的与水有关的诗句多"，各小组开火车诵读诗句，要求做到不重复，每说对一个诗句，记分员为该小组加1分。第二轮为诗词"诵、唱、演"，以小组为单位选择一首或几首诗词，进行现场编排，要求做到有朗诵、有歌唱、有情境表演。小组排练5至8分钟后开始展示，各小组派出一个评委。经过两轮比赛，评出了金、银、铜星小组。

2. 及时总结提炼。活动完成后教师要及时总结，反思本次语文课是否提升了学生语文素养，还要从活动准备、开展过程、展示阶段等方面归纳整理、比较分析，提炼有价值的活动成果。

3. 活动成果展评。活动成果展评是对语文学习活动结果的推广，也是衡量学习活动开展是否完整的一个指标。活动成果展评包括展示学生的书面作品、个人展示、QQ群播报、班级墙展示、公众号推广、作品评奖、作品网络投票等。活动成果展评既是对学生活动成果的评价，也促进了大家相互学习借鉴，在互评中实现个体表达、自我比较和自我成长的途径。

【案例】新光小学王莉老师执教的语文综合实践活动《制作成长纪念册——留住最美的时光》

【活动目标】

1. 认识成长纪念册。

2. 收集、筛选资料，根据需要对收集的资料分类、筛选，制作成长纪念册。

【活动流程】

1. 收集、筛选成长资料

学生通过爸爸妈妈的微信朋友圈、班级 QQ 群相册，选出最能反映小学生活、有代表性的资料。例如有纪念意义的照片，与成长相关的习作、书法、美术作品等，各种获奖证书、奖牌（复印件及照片），老师和同学的寄语、祝福等。学生浏览收集的资料，筛选出可以用来制作成长纪念册的内容，并打印出需要的照片和文字。

【活动意图】学生通过爸爸妈妈的微信朋友圈、班级 QQ 群相册，找到与自己有关的资料，创意表达自己小学六年的成长与变化。

2. 合唱歌曲，激情导入

播放歌曲《童年》，一起演唱。

学校是我们成长的摇篮，在这里我们结下了深厚的感情。大家即将离开生活了多年的母校，告别朝夕相处的同学，肯定会依依不舍。童年的时光匆匆而过，在小学即将毕业之际，同学们一定想把美好的童年生活留在记忆里，让我们一起动手，拾起童年生活的点点滴滴，选出我们有代表性的照片，动手制作一本毕业纪念册吧！

【设计意图】在轻松的音乐中，心情更愉悦，更容易激发自己动手制作班级纪念册的灵感和意愿。

3. 选取范例，重点讲评

（1）展示学生收集的照片（PPT 呈现），思考：这张照片是在什么情况下拍摄的，其中有什么故事？

（2）你为什么用这张照片？它有什么特别的意义？它能说明什么？想一想，谁愿意说一说？

（3）讲评重点：围绕一个内容意思要具体，特点要介绍清楚。

（4）教师讲评，启发思维，引导学生介绍各自照片的特点。

【设计意图】综合性学习重方法、重体验。通过体验、探究和教师点拨、示例，学生能选取时间轴上有代表性的内容并与同学分享。

4. 选题习作，修改誊清

（1）选题：①为我的照片写一份说明（介绍照片中的"我"）；②为同学的照片写一份说明（介绍照片中的"他"）；③为老师的照片写一份说明（介绍照片中的"老师"）；④为校园里你最喜欢的地方写一份说明（介绍照片中的美景）。

（2）限定时间，快速习作。

（3）找照片里的朋友、老师，征询意见，自行修改。

（4）把小作文修改、誊清。

【设计意图】教学中应注重让学生积极投入思考、设计、动手实践，培养实践操作能力，促进主动学习和思维能力发展。

5. 合作讨论，制作相册

讨论纪念册内容

第一步：给"成长纪念册"取一个贴切的名字，设计个性化封面。同学们可以互相帮助，擅长画画的同学可以帮助不擅长画画的同学，合力完成封面。

第二步：完成扉页（卷首语）或成长感言，可以自己写，也可以请老师或家长写。

第三步：完成正文内容［板块："师恩难忘""同学情深""个性特点""集体荣誉""运动场上""艺术天地""美好祝愿（离别赠言）""依依惜别"］。

（呈现的方式可以多种多样，可以是电子相册，可以是书刊式的纸制纪念册，也可以是网页式的多媒体纪念册。不管是哪一种形式的纪念册，都要充分发挥每一位学生的聪明才智，努力做到图文并茂，有的还可以用实物。老师鼓励大家有创意地制作"成长纪念册"。）

【设计意图】综合性学习通过学生有目的地搜集资料并根据需要给资料分类，拓宽了语文学习的内容、形式和渠道。

6. 学生完成"成长纪念册"

教师引导：接下来，我们就开始制作属于自己的成长纪念册吧，希望同学们都能用成长纪念册记录下自己最难忘的小学生活。

【设计意图】制作成长纪念册，其实是对学生搜集、整理、筛选信息能力的综合培养。学生通过自己的制作过程，可以进一步学会如何根据需要搜集整理筛选有价值的信息，这种语文能力是可以迁移运用到生活其他方面的。

课后活动：在学生完成制作的过程中，教师把握时间节点，及时查看大家完成的进度。教师重点关注学生对资料的分类和排序是否合理，及时表扬封面、目录设计等有创意的同学，组织小范围交流。同学们在展示自己的成果和欣赏别人成果的过程中相互学习。

7. 活动展评

教师：在过去一段时间里，我们一起回忆往事，梳理成长过程中的关键事件，制作成长纪念册。同学们都很用心，今天我们就将过去一段时间的学习成果展示给大家。

发放活动评价卡，组织同学们以小组为单位互相翻看成长纪念册，为自己翻看的作品打分。

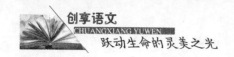

成长纪念册评价卡

制作者姓名	
内容评价	等级
成长时间轴	☆☆☆☆☆
封面设计	☆☆☆☆☆
目录设计	☆☆☆☆☆
创意	☆☆☆☆☆
语言运用＋图片	☆☆☆☆☆
评价人简短评价	

本次活动共设计了最佳封面奖、最佳目录设计奖、最佳个人成长时间轴奖、最佳创意奖，获奖作品由教师发布在班级公众号和班级QQ群里，进行播报表扬。

8. 活动总结

教师：看着同学们制作的成长纪念册，我似乎和你们一起回到了6年前。在时间轴上，我看到了大家在努力成长。这一阶段的学习任务我们差不多要告一段落了。最后，我想请同学们再认真思考这个问题：

在"制作成长纪念册"活动中，你掌握了哪些整理资料的方法？这对我们以后的学习有什么帮助？

【案例评析】

《制作成长纪念册——留住最美的时光》语文综合实践活动，意在培养学生综合性学习能力，按照"明确任务—制订计划—实施探究—交流评价"的活动流程，重点探究与掌握运用学过的方法整理资料，将语文能力与实际生活进行链接。本次语文实践活动和学生个人经历紧密相关，符合学生实际，满足了不同层次学生的需要，学生最后的成果——成长纪念册涉及表达与运用、梳理与探究两个任务群。学生全员参与，教师全程参与并指导。在制作成长纪念册过程中，同学们合理利用资源，积极向身边的同学、老师、家长寻求帮助，减少完成任务的阻碍。活动完成后，教师及时总结、反思，进行成果展评。

表 6-7 创享语文课堂外的学习活动观察及评价量表

一级指标	二级指标	指标解读	教师评价
活动设计的适切性	目标是否适切	符合学生实际，满足不同层次学生的需要，符合语文课程标准，能发展学生语文核心素养能力	
	层级是否凸显	符合不同阶段、不同层次学生需要	
	预期是否清晰	学生通过课外语文学习活动，完成识字与写字、阅读与鉴赏、表达与交流、梳理与探究四个方面不同学段的要求	
活动开展的过程性	学生参与面、参与度	小组成员分工明确，学生有行为参与、思维参与、全员参与	
	教师是否全程指导与适时反馈改进	教师全程参与并指导；根据学生实际情况，不断调整，适时反馈、改进	
	是否合理运用资源	充分利用小组合作的优势，四人共同完成学习活动任务；可以向同学、家长请教，可以网上查阅相关资料	
活动结果运用的提升性	是否反扣目标达成	将活动前预设的目标和活动后学生达到的目标进行比较，考量两者之间的差距	
	是否及时总结提升	教师和学生要及时总结	
	是否进行活动成果展评	书面作品展示、个人展示、QQ 群播报、班级墙展示、公众号推广、作品评奖、作品网络投票……	

四、评班级、课堂、家庭语文生态环境

班级、课堂、家庭语文生态环境，共同组成创享语文生态环境。良好的班级语文生态环境、家庭语文生态环境，应该以促进学生全面发展为根本目标。班级语文生态环境是以班级为主要场域，以学生和教师为主要对象形成的适合语文学习的生态环境，包括：教室里是否有语文方面的环创文化、语文学习风气和语文学习习惯。家庭语文生态环境是以家庭为主要场域，以家长和学生为主要对象形成的适合语文学习的生态环境，包括家庭藏书量，是否有专供孩子

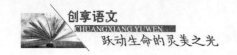

学习和阅读的环境，家长是否会和孩子一起阅读，以及家长的教育观念是否有利于孩子的语文学习与成长。其评价要点如下。

（一）关系和谐

班级关系和谐是指学生处在民主、公正、团结、友爱的班级氛围中，学生与学生、学生与老师之间相互平等、相互信任、相互理解。创享语文课堂学生积极参与，教师全程指导并反馈，教师充分信任、尊重学生。在活动过程中，师生、生生平等，相互帮助、相互鼓励，共同参与活动，积极评价，激励双方共同成长。

比如：杨丽老师的语文课堂用"规则"护航，把学习权利还给学生主体，变"要我学"为"我要学"，创建了关系和谐的班级语文生态。主要做法如下：

首先杨老师以"自主起立发言"代替了"举手发言"常规，有效解决了课堂抽答有失公允、缺乏针对性和激励性的长期诟病。其次，让学生"开口即自信"，促进形成"互动分享"的课堂氛围。杨老师发动学生共建了"七有""七来"课堂发言模板："七有"即我有补充、我有夸奖、我有疑问、我有提醒、我有反驳、我有建议、我有发现；"七来"即我来朗读、我来讲解、我来挑战、我来回答、我来帮他、我来表演、我来汇报。发言模板的实践运行带来的是课堂自主发言的规则护航、生动有序、互动高效。

最后，引导同学们建立"组内交流"和"全班分享"约定，"课前自学"和"课堂预习分享"流程，小组合作团队共进机制等规则，充分彰显了学生的课堂学习主体性。

家庭关系和谐是指在家庭生活中家庭成员相处融洽，家庭生活其乐融融。良好的家庭环境可以为孩子提供一个和谐、平等、充满关爱的成长环境。

陈燕老师执教《刷子李》一课，引导学生通过文中直接描写和间接描写的词句段落充分感受到刷子李技艺高超、派头十足、规矩奇特、自信满满、传艺巧妙的"奇人"形象后，设计了如下延续性学习活动：

活动一：角色转换，丰满形象，体会侧面描写的表达效果。
师：你就是经历了头一天学徒生活的曹小三，你会怎么讲给你的家人听呢？
活动二：想象创生，延续"奇人"，运用侧面描写表现人物特点。

PPT：

第二天，曹小三跟着师父又去刷另一间屋子，曹小三又会有怎样的所见所闻所学呢？充分发挥想象，采用侧面描写突出刷子李的特点，如规矩奇特、技艺高超……

活动三：推荐阅读《俗世奇人》。

活动四：走进老成都的"奇人"。

以上几个学习活动无疑需要学生在家庭生活中完成，需要家庭成员之间的互动，需要家庭成员的共同参与。

（二）分工合作

在教学活动中"教"是为了促进"学"，教师应以提高学生语文素养为目的，积极推行自主、合作、探究的学习方式。小组合作是当下语文课堂中使用最多的一种学习方式。

【案例】以杨丽老师执教的北师大版五年级上册《古诗二首》（教学实录片段）为例

师：古诗中有悠扬的音乐，有美妙的图画，还有动人的故事、丰富的情感，让我们走进古诗，去欣赏其间的美丽水景，感受丰富的情韵吧。

（板书："景""情"）

师：（PPT出示学习提示）

> **走进水景、体会情感**
>
> 　　方法1：跟随诗人的脚步，讲述诗人的见闻和感受（可以是第一人称，也可以是第三人称）。
>
> 　　方法2：抓关键词句想象并描述看到的画面，体会诗人的情感。（小组共同选择一首古诗、一种方式进行合作学习）

请同学们看要求，小组任选一首古诗，选择一种方法合作学习。第一种方法：跟随诗人的脚步，用第一人称或第三人称讲述诗人的见闻和感受；第二种方法：抓关键词句，想象并描述画面，体会诗人的情感。（四人小组学习，教师巡视）

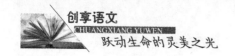

师：准备好的小组就上去展示，看哪个组捷足先登！（一个小组占领了讲台）

师：你们用第几种方法？

生：第一种。

师：选的是哪首诗？

生：《过分水岭》。

师：用第一种方法学《过分水岭》的请举手，待会儿你们特别注意他们的汇报。

师：用第一种方法学《饮湖上初晴后雨》的请举手，给你们一个机会，跟他们比赛一下。（另一个小组走上讲台）

师：让我们来听听这两个组的讲述，看看他们分别为我们展示、传递了怎样的诗中景象和情感？

小组汇报一

生1：溪水无情似有情。

生2：应该是溪水本是无情的，但好似有情一般。

师：你们是在一句一句地解释，请直接讲述诗人的所见、所闻、所感。

生2：第二句就是到分水岭已经三日了，身旁的溪水一直和温庭筠走在一起。

生3：要分开了，就要离别了，伴随了他一夜的水声就要和他离别了，这种依依不舍的感觉，大家一定感受得到吧？

师：你们一会儿在解释诗句，一会儿像在讲故事，方法一的运用体现得不够好。看看另一个组的分享能不能给你们一些启发？

小组汇报二

生1：今天的天气很好，我和我的朋友来到了西湖，我们划着小船来到了湖中央，柔和的阳光洒在湖面上，阵阵清风拂过，湖面上碧波荡漾。

生2：突然，天空变得晦暗下来，乌云叠在湖面上空，不一会儿便下起了蒙蒙细雨，湖面上腾起了雨雾。远处本来清晰可见的翠绿的山，变得模糊、迷茫起来。

生3：西湖变幻多姿的景象真美啊！眼前的西湖简直恰如美女西施一样。

生4：无论她化淡妆，还是化浓妆，都是那样的美丽动人。

师：两个组PK结束，你们欣赏哪一组的讲述？

生：我觉得第二组比较好，因为他们是在跟随诗人的脚步去观察景物，用自己的语言描绘景物并抒发感情，第一组只是在一句一句解释诗句，听起来不生动……不过，我对第二组有个补充——"这西湖的美景好似西施一般奇妙。"

师：有没有不同看法？

生：你不可能说一个人是奇妙的吧？

生：我的意思是说，"山色空蒙雨亦奇"，突然天空变得雾蒙蒙的，下起了绵绵细雨，西湖的景色变得非常奇妙。

师：景色可以用"奇妙"来形容，人不能用"奇妙"来形容。

师：从这个组带给我们的分享中，你们欣赏到了什么样的西湖？可以自己说，也可以请下面的同学说。

生：我欣赏到了多变的西湖。

生：跟西施可以比美的西湖。

生：美丽的西湖。

生：奇妙的西湖。

生：波光粼粼的西湖。

（师相机让学生依次在黑板上写出关键词）

师：会讲述的同学就能给同学们多姿的风景！（转向台上第一个小组）这次 PK 你们觉得怎么样？

生：我们之前准备不充分，所以上台就乱了，下次我们一定要超过其他组。

师：虽然败了，但是不言弃，有拼搏精神，值得肯定！

师：（转向台上另一小组）我想采访一下，你们组读到了诗人怎样的情感呢？

（生答不出）

师：能讲诗人的见闻，却不能说出诗人的情感，看来"不识庐山真面目，只缘身在此山中"呀！我们看看台下的同学能否说得出来。（向台下同学示意）

生：（自主起立）我从刚才这个小组听出了诗人对西湖美景的赞美之情。

生：我感受到了诗人对西湖美景的欣赏、热爱。

（师相机板书：赞美、热爱、欣赏）

案例点评：教学以任务创设的小组合作学习为主要方式，让各小组自主学习两首古诗，从"跟随诗人描绘风景、体验情感"与"抓关键词句描绘风景、体验情感"方法中选择一个，促使学生展开实践性学习：自主探索、理解、思考、表达、发现与求解问题。特别是在合作、互动中突破难点，把学生的思维和情感引向了高潮：老师从学生在"岭头便是分头处"一句体会到了一种伤心情感，追问"伤心从何而来"。被激发起来的学生如是道来：我们小组从"惜

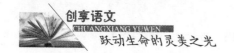

别潺湲一夜声"中先抓住"惜"字，读出了不舍的感觉；我们发现"潺湲"就是一种声音彻夜不停地响，还发现"潺湲"不仅代表溪水的声音，还代表"哭泣"，第一句"溪水无情似有情"感觉到温庭筠也在哭泣。老师乘机点赞引导："真了不起！这个组的同学走进了景物，走进了诗人，读到了诗人和溪水的依依惜别之情。深度融合讨论的台下学生更是高人一筹，道出了真知灼见：其实溪水本无情，是因为诗人的心中有情，所以才看出了有情义的景物。师生互动、生生合作，相互启发、激发创生，形成了教学高潮，全班自发地爆发出热烈掌声。

【案例评析】

本案例中，杨丽老师通过营造和谐的师生、生生关系，以突出实践性的学习方法为导引，撬动传统讲授式学习方式的改变，让学生充分利用小组合作学习方式，在明确分工中共学、乐学、享学。例如，课堂上，各学习小组根据实际，自主选择学习方法（"讲述诗人见闻和感受"、"抓重点词句想象描绘画面、体会情感"）和学习内容（自选一首诗）走进诗中"水景"，体会诗人情感，随后组员结合自身的特点优势，自主选择学习任务。在面向全班的 PK 分享中，组员们依次展示，及时补位，充分地体现了学生在课堂语文学习中的合作意识、能力，展示出良好的语文课堂生态环境。

（三）程序清晰

程序清晰是指语文活动有一套固定的学习或活动程序。这个学习程序或活动流程是根据学生能力基础和认知规律，慢慢形成的一种默契。比如，我们在设计语文实践活动"制作红色诗词集"时，需要注意的是这一活动的完成不是一蹴而就的，而是有一个持续性的过程。这就需要教师明晰活动过程，设计活动环节，并动态给予学生相应的方法指导。要制作出一本红色诗集，首先要培养学生收集素材的意识，将收集的素材进行分类整理。随后成立学习小组，各小组将分类好的诗歌素材，进行个性化的制作，如图配文、相关资料（诗人背景、创作背景）等补充、自读感悟批注等。最后，设计封面、目录等，将个性化制作的诗歌作品编辑成册，完成本组的红色诗词集。这样清晰的程序设计，让学生能够自主、高效地参与语文活动，顺利达成学习目标。此外，我们还从"氛围良好""活动积极"两方面来丰富语文生态环境的评价，具体见表6-8。

表 6-8　小学语文创享课堂班级生态、家庭生态观察及评价量表

	指标	指标解读	家长评价	教师评价	学生评价
班级（家庭）语文生态环境评价	关系和谐	学生与学生、学生与老师之间相互平等、相互信任、相互理解； 在家庭生活中，家庭成员相处融洽，没有争执，家庭生活其乐融融			
	分工合作	小组合作，每位学生分工明确			
	程序清晰	有一套固定的学习程序或活动程序			
	氛围良好	在班级里，固定的阅读时间、适宜的阅读环境、丰富的班级图书馆藏量，形成爱阅读的班级文化； 家庭藏书量、类型、独立的阅读空间、固定的阅读时间、家长与孩子对书的交流，影响学生对语文的态度			
	活动积极	家长支持孩子积极参加语文活动；孩子在遇到语文学习困难时，家长积极提供帮助；学生本人主动参加活动			

第三节　践行创享语文评价策略

随着基础教育课程改革的推进，"语文核心素养"在语文教学研究领域成为高频词。教学评价作为以育人目标为导向的价值判断行为，连接着课堂教学实施过程中师生的交往活动，连接着教与学的行为过程和行为结果。对"语文核心素养"的理解是小学语文课堂教学评价的前提，推动小学语文课堂教学评价改革是提升学生语文核心素养的重要环节。

一、小学语文评价存在的问题

在中共中央、国务院印发的《深化新时代教育评价改革总体方案》中首次提出"四个评价"：改进结果评价，强化过程评价，探索增值评价，健全综合评价。"四个评价"指引着小学语文评价改革的走向。近年来，随着"五项管

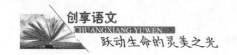
理"和"双减"政策出台,各学校都在探索小学语文评价改革,在一定程度上改变了传统评价一考下定论的局面。然而纵观当前小学语文评价依然存在不少问题,主要表现如下:

(一)结果性评价"不可撼动"

近年来,随着新课改的深入,教学评价从附属形式逐渐融入教学内核并独立存在,评价本身成为课程的一部分,融入教学全程全域,促进学生语文核心素养发展的隐性功能也越来越被重视。但目前分数仍然是评判教学质量的重要标准,家长们都希望孩子成为"学霸",这种长期形成的唯分数论评价一时难以改变。"尽管平时的考试以等级形式呈现,但家长也会偷偷去折算分数。""这也很正常,毕竟中考、高考的压力摆着的。""应试"重重"围堵",评价依旧侧重于知识技能的掌握,忽视培养素养发展的全面性,缺少学生学习习惯、动力等方面的评价。

究其原因,一是评价方式的单一性。在以分数为衡量标准的应试教育影响下,语文教学评价主要形式为期中测试、期末测试和升学测试。这种以答题形式进行考核的方式,忽视了对学生思想道德、审美能力等的考查。这不仅违反了新课标"以人为本"的教育理念,还阻碍了学生核心素养的形成。二是评价思维的单一性。语文学科的评价方式是由学科特点和学生特点决定的,可是因教学的功利性,教师往往对评价内容只做知识层面的处理,忽视思维引导,这会导致学生文化修养的缺失,不利于学生发展的延续性。

(二)过程性评价"随意性强"

2022年版语文课标指出,过程性评价重点考查学生在语文学习过程中表现出来的学习态度、参与程度与核心素养发展水平,应依据各学段的学习内容和学业质量要求,广泛收集课堂关键表现、典型作业和阶段性测试等数据,体现多元主体、多种方式的特点。

然而,现实中的过程性评价却容易走向功利性,考什么就教什么,做什么能得分就做什么。目前语文教师面临的困境是虽然建立了相对完善的评价体系,却缺乏有效的评价工具,大多数教师都是依据自己的教学经验进行评价,评价目标不明确,评价过程随意,出现跟风、夸大、无边界等问题,缺乏科学性。

教学评价需要具体的教学经验,也需要系统地科学建构。如何将课程标准强调的教学目标、学段要求以及学业质量与教材对接,与学情融洽,形成一套过程性评价梯级目标及操作要领，成为小学语文评价改革的重要任务。

（三）即时性评价"宽泛机械"

无论语言评价还是书面评价，大多是对学生当下状态的评价，忽视了评价的引导性，更忽视了评价增值增能的可能性。教师在评价增值方面的匮乏主要体现在三个方面：第一，评价缺乏推动教学开展的意识。教学评价虽然作为教学中独立的一环，但不代表它可以独立于教学之外。恰当的教学评价可以有效推动教学。第二，评价缺乏促进学生自身发展的意识。课堂上为了响应"以人为本"的要求，评价内容大多是正面的，如"你真棒""真是个爱思考的孩子"等评价语，虽能够保护学生的积极性和自尊心，但这些评价语言过于单一，缺乏针对性与引导性。教师无差别对待所有学生，一开始会提高学生的积极性，但学生听多了千篇一律的鼓励语，便不能从中得到更多实际性帮助，效果反而会适得其反。第三，评价缺乏指向学生未来发展的可能性。很多时候教师在课堂上对学生的学习行为和学习品质评价只局限于"眼下"，没有建立起将评价的指向性与学生的未来连接在一起的意识。

二、践行创享语文评价策略

在深入分析评价问题与长达十余年的实践探索过程中，杨丽名师工作室提出以"聚焦素养，激扬创生"为价值导向的评价体系，系统建构了促进学生语文核心素养发展的评价指标，提炼出三大评价策略：激扬性评价策略、情境性评价策略、过程性深度评价策略。指出评价需要通过沁润、感染形成一种自我反省、自我反思的场，让学生走向内生型评价。通过评价导引素养生长的方向、拓展素养生长的内涵、唤醒语文发展的潜能、催生语文的关键能力、内生语文发展的动能。强化评价的情境性，将评价变成激发创生的策略。将评价的结果变成正向能量，并提供个性化跟踪指导方案。

（一）激扬性评价策略

杨丽名师工作室以课题引领，着力探索以学生发展为核心、体现素质教育要求、科学多元的激扬型教学评价，原创性开发了激扬型评价工具——四类激扬型评价量表，充分发挥评价的导向、激发、诊断、矫正等多元育人功能，为创享语文插上了改方式、改评价双翼飞翔的翅膀。

激扬性评价策略，是鉴定学生语文核心素养发展程度，注重学习潜能激发

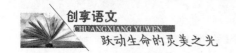

和精神成长质量，引动激发课堂动力与活力，促进课堂质量和效能提升。

激扬性评价注重促进创享语文实现的"六大思想主张"：让"教学从儿童出发，让儿童站在中央"的儿童主体教学思想，主导课堂行走；让"教学与生活链接，让学习真实发生"的生活教育思想，联通课堂与实践；让"教学以问题导航，向深度学习前行"的问题导学思想，引领教学抵达学习的本质；让"教学重学导互动，知行统一获真知灼见"的教学互动思想，力改师教生学的被动状态；让"教学重拓展延伸，广阔语文学习的时空"拓展语文学习场域，优化语文学习的时空环境；让"教学促创生共享，让师生生命情韵流淌"成为语文教学的本质追求，开启语文教学新境界。

激扬性评价在改善传统终结性评价的基础上，注重运用发展性评价、多元化评价、过程性评价、增值性评价思想，强调基于任务驱动、问题情境、能力生成、证据支持的表现性评价，强调将评价贯穿于课堂教与学的全过程，强调学习动力、学习能力、学习质量的评价。

在实施激扬性评价的过程中，我们展开了量表式评价、反馈式评价、访谈式评价、信息技术跟进式评价，开发了评价工具——四类激扬型评价量表，侧重评价课程内容、课堂结构和教学方式、课堂氛围和语文核心素养的达成度。

1. 评价维度

"教学目标"评价，从教学目标的适切性、层次性上评价，体现目标导向功能。

"课程内容"评价，从"原则""策略""环节呈现""效果描述"四个维度观察记录，着力评价课程内容与生活时代、学生兴趣点和发展需求的对接，评价教学内容的整合、增补、删减和独创，促进教学内容精准供给和持续创生。

课堂结构和教学方式评价，从"原则""环节呈现""效果呈现"三个维度观察记录，侧重评价教学设计、教学环节、教学方法等是否体现创享语文主张，是否做到了"以学为中心和主线"，是否实现了"基于情境的问题导学和关键能力生成"，是否做到了教与学潜能的双向激发和课堂活力的充分涌流，是否带来了优质高效的教与学结果。

课堂氛围评价，从"课堂氛围""环节与形式""课堂呈现""效果描述"四个维度观察记录，着力从课堂上"学生的优质生成""教师的精准点评""学生的参与度""课堂的融通互动"四个点位实施过程性评价，突出评价课堂问题是否熨帖心灵并具点燃性和激发力，课堂互动是否实现了平等而有质量的创新生成，教学过程是否具有智力生长性和审美愉悦性。

学生核心素养评价，从"关键能力点""设计体现""学生表现""发展质量"四个维度观察记录，着力"文化自信""语言运用""思维能力""审美创造"四大素养评价，突出学生发现问题、提出问题、求解问题、生成共享的问题解决能力评价。

激扬性评价在以"四个量表"进行课堂学习过程评价的同时，还注重评价前移，通过前置学习测试，找准教学起点，推进精准教学。注重全程评价，发挥评价的教学诊断、矫正、激发等功能。注重结果运用，根据学习达成度进行原因追踪，以巩固升华或矫正教学思想与行为。

总之，激扬性评价与创享课堂融合共生，发生在教与学的全程与关键点位，并在评价目标、内容、方法上创新提质，充分发挥评价的价值导航、亮点激发、难点攻坚、盲点突破、品质升华等课堂教学引动功能，使评价成为照亮创享课堂改革的思想和行为航线。

2. 评价策略

（1）教学目标激扬性评价。

发挥激扬性评价的激发、导引功能，我们建构了创享课堂教学目标评价指导思想：突出目标的开放性；实现保底目标和提升目标、共性目标和个性目标、基础目标和拓展目标结合；注重目标的层次性，核心指向关键能力、价值观念、必备品格培养。

我们用小学生语文核心素养发展性评价指标导航教学目标建构，意味着将核心素养的指标转化为教学目标。

【案例】黄玉军老师执教《荷叶圆圆》第一课时的教学目标设置如下：①综合运用多种方法认识12个生字，重点运用猜读方法识字；②联系生活，借助图片、动作演示等方式理解重点词句；③以分角色体验、表演等方式，引导学生有感情地朗读课文，做到熟读成诵；④初步感知比喻的特点，借助课文句子形式进行拓展表达；⑤认识"身"字旁，书写"美""圆"等4个生字，提升写字能力。在这些目标中，认识"身"字旁、认识12个生字、书写4个生字、有感情朗读课文，是保底和基础目标；综合运用多种识字方法、多种理解词句的方式、有感情朗读课文的方式，是共性和提升目标；熟读成诵、感知比喻的特点，借助课文句子形式拓展表达，是拓展和个性目标。学生根据这些目标，展开猜读、演示、表演、看图、仿创等学习活动，有效培养了语文素养。

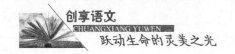

评价教学目标是否具有激扬性，既要关注目标设置的层次性和指向性，也应关注目标是否贯穿于教学全程，特别关注目标是否能持续激发学生学习动力、导引学习能力的发展与潜能开发等。

（2）教学内容适切性评价。

评教学内容的适切性即根据素养目标确定教学内容，有三个标准：符合课标的年段要求，对接学生的学习天性、特点与需求，激发求知欲和探究力。

文言文是小学语文教学的难点，在教材之外选择何种文言材料进行拓展学习，既要培养学生的文言阅读能力，又要降低学生的畏难情绪。

【案例】杨丽工作室的"国学经典专题研究"中，陈燕和黄玉军老师选取了"蔡志忠漫画经典系列作品"作为学习辅助材料，试图借助漫画这种喜闻乐见的形式，突破经典教学难关。在"漫画经典同课异构"展示课上，两位老师选取《割席绝交》《粘蝉老人》《知不知》三篇文言作品和蔡志忠漫画作品作为学习内容，三组漫画具有适应儿童学习直观、想象、好奇、好玩、好动、游戏等生命天性和学习特点，蕴藏着丰富优质的情感、智慧和人格教育价值。漫画的呈现方式既能调动学生课堂参与的积极性，又能在轻松愉悦的状态中理解重点字词、发展思维能力、增强审美素养、滋养文化气质。不得不提的是，两位老师都获得了成功，这既有漫画教学方式的功劳，也有教学内容适切的贡献。

（3）教学过程创生性评价。

教学过程创生性评价重在评课堂的关键之处：教学过程中的重点突出和难点突破对接评价指标；注重情感生长点的激发，让情感自然生成。这种评价从三个维度展开：课堂氛围的营造、教师能力的展现（教学机智、时机把握）、学生表现与学习生成（投入状态、独立性思维、批判性思维、创新性思维及其个性化表达），以促进课堂达成创享特征：让儿童站在课堂中央，尊重儿童的想法；营造开放、包容、和谐、民主的氛围；教师语言具有激扬、启发、煽动性，能抓住生生、师生多边对话的闪光点、矛盾点、质疑点、意外点，能相机运用多样化、个性化教学方式，引动课堂深度对话。

【案例】陈燕老师执教《借漫画读经典》如是开课："自读古文，有读不懂或产生疑惑的地方，可以标上'？'。"入课问题源于学生而非教师预设，是真真切切从学生需求出发。司空见惯的是课堂上往往是教师提前预设问题，并强加给学生，还美其名曰问题教学，实际上是假问题教学。只有来自学生的真问题并提炼为主线问题，才是真正的问题教学，才利于课堂有效创生。

陈老师在《粘蝉老人》教学中这样提问："对比看看3、4两幅图，你发现了什么？"一个男生指着图画激动地说："看看第一幅图老人的竹竿多长，手比他的身体还大，就像一个远镜头。第二幅图老人眼中只有蝉翼。"老师饶有兴趣地追问："这个发现太有意思了。那他为什么要这样画呢？"男孩若有所思："他的眼睛此时是最重要的。"老师抓住契机继续追问："通过眼睛中只有蝉，他想表达点什么呢？你看出了一个怎样的老人？""老人的专注，老人的用心，全神贯注，心中只有蝉。"在这一"发现"中，老师敏锐抓住学生思维的闪光点，一次次地追问式评价，巧妙地将学生思维引向深刻，并开启了生生之间、师生之间、师生与文本之间优质高效的对话。

教师点拨、评价亮点是问题源于学生和课堂情境，问题开放而聚焦，善于诱导、刺激与点睛，这样的课堂创生看似在意料之外，却又在情理之中。

（4）教学结果增值性评价。

评价教学结果的增值性，根据素养发展指标去发现评价的契机、情境和内容。可从评测时机、评测内容、学习成效三方面介入，以学生课前、课中、课后知识基础、能力发展、情感情意的变化，剖析创享课堂的教学效益。

【案例】谭琳老师教学《小问号的旅行》习作课后，陈燕老师对学生做了采访："这节课你有什么收获？""你最喜欢哪个活动？""你觉得你的进步大吗？""我的收获特别大，以前我的想象都局限在一个方面，上完课我的想象力范围更广，想得更丰富了。"小男孩特别激动。一个脸儿红通通的小女孩兴奋地说："今天我真快乐！学会了写诗，以后我会用笔记下自己的点滴感受。"同学们纷纷表示"很喜欢这节课""大自然太奇妙了，我还想去探索"。显然，学生获得了情感与态度、知识与能力、方法和策略的发展与提升。

陈燕老师执教"国学经典小专题"《借漫画读经典》的最后环节，让学生书写感悟，比对蔡志忠的感悟以提升认识，明白经典之所以历久弥新，是因为我们的思考和再创造。学生在悟理中思考走向深刻。"阅读三篇古文，拿起你手中的笔，选择一篇写下你的思考。"学生开放地表达、自由地书写，既有人物的评价，也有续写故事、联系生活的收获。老师及时评价："每个人站的角度不同，感悟就不同。思想是相同的，但表达方式各有千秋。"这样的激励性点评充盈整个课堂，学生在肯定与赞许、兴奋与愉悦中频频举手，讨论激烈、

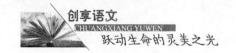

"妙语惊人"，开启了生命真实成长的创享课堂样态。

无可否认，激扬性评价促进了课堂教学和学生发展增值：围绕学生课堂学习优化、学科核心素养发展这一核心价值，进行了系统性、本质性关注，既促进了课堂公平，又进行了潜能开发性、问题矫正性诊断，使评价在创享课堂这块改革创新的教学沃土，实现了价值回归和价值创生最大化。

激扬性评价紧扣创享课堂的育人目标精准施策，教师教学思想和行为得以改变，学生潜能得到开发，好奇心、创造力和持续学习动力得到了激发，课堂真正成为学生语文关键能力生长的沃土，课堂质量和效益显著提升。

在创享课堂评价实践过程中，我们遵循改进过程性评价、探索增值性评价、健全综合性评价思想，建构运行激扬型评价策略，充分发挥了评价之于创享课堂的教育价值。通过创享课堂激扬型评价探索，我们获得以下启示：课堂评价应该综合性一体化构建，并贯穿于课程各要素之中，包括目标、内容、实施和结果；评价是撬动学习内驱力的杠杆，能持续调动学生的学习动力、激发学习潜能、提升学习质量和效能；评价的作用力度大、影响面广、可持续性强，能助力学生语文核心素养优质发展。

（二）情境性评价策略

当下注重激励的语文课堂，往往陷入了浅表浮华。原因之一是过重激扬的评价策略强调通过外驱来调动内需，具有一定的局限性。课堂评价需要创建评价情境，通过浸润、感染形成自我反省、反思的力量，实现内生型评价。

因此，创享语文注重构建一种适切的情境性评价，通过评价导引素养生长的方向、内生语文发展的动能、唤醒语文发展的潜能、催生语文的关键能力，提升素养生长的内涵与品质。

1. 情境性评价的创享表达

创享语文情境性评价是在特定情境中，围绕学生语文学习或生活体验进行的质性评价。在情境性评价中，评价内容包括贯穿学生整个学习体验过程的状态与品质、思维与表达、探究与合作等。可以说，在创享语文评价体系中，情境性评价能充分体现创享语文的评价主张：以评为导向，聚焦学生学习动力与活力激发，着力学习力、创造力和精神生长力培育，拓展语文学习时空，引导学生经历语言建构、问题解决、创意表达、互动共享的学习过程，实现语言素养、思维素养、审美素养、文化素养融合共生的教育理念。

（1）情境性评价的特点

形式多样性：情境性评价是以多维立体视角，对学生语文学习和语文生活进行随机性、过程性的质性评价，评价内容各不相同，评价形式灵活多样，如师生交流性评价、教师引导式评价、学生展示性评价、生生互动式评价等。这些不同样态的评价方式，极大丰富了学生学习的过程评价，充分调动了学生学习、创生的主观能动性。

功能多元性：情境性评价的内涵与特点决定了评价功能的多元性，包括调控性功能、诊断性功能、激励性功能、启发性功能、反思性功能等。将情境性评价有机融入语文学习过程，能充分发挥评价的多元功能，实现评价育人价值。

过程动态性：学习过程是学生在一定的教学情境中，通过师生的相互作用，借助倾听、探究、合作、分享、反思等方式，获得知识、发展能力与素养的动态过程。因此，在学习过程中，情境性评价不是固定或静止的，应随着学习过程的推进或变化及时改变调整。

（2）情境性评价的原则

主体性原则：创享语文倡导"让学生站在学习舞台的中央"，明确在学习过程中学生的主体地位是不可撼动的。因此在情境性评价过程中，我们坚持学生主体性原则，充分发挥学生在评价过程中的主动性、参与性。这里要强调的是，坚持评价主体性原则不是一味追求形式上的学生自主评价，而是教师要树立科学的学生观，在情境性评价过程中凸显学生的主体地位，无论教师点评还是学生互评，都要立足学生学习的特点和真实需求，真正体现"学生是学习的主人"。

发展性原则：培育学生语文核心素养，是创享语文的育人目标，这充分体现了促进学生全面和谐发展的育人价值观。在学习过程中，情境性评价必须充分发挥评价对学生的激励性、启发性、反思性功能，帮助学生克服学习困难，寻求学习方法，总结学习经验，促进学生全面而个性地发展。

结合性原则：在语文学习过程中，个体的探究学习与集体合作分享，是必不可少的组成部分，实施情境性评价必须坚持个体评价与集体评价相结合的原则。这既能关注具有个体差异的不同学生的学习发展，也能整体关照学生群体的学习发展。个体评价切忌以某个学生为标准进行对比性评价，而应根据学生个体实际进行积极性评价。集体评价应关注合作精神，即在合作学习中发现、探究、解决问题的综合性表现等。

（3）情境性评价的标准

根据创享语文情境性评价的特点和原则，结合 2022 年版语文课标，我们建构了创享语文情境性评价标准，学习氛围评价关注学生是否积极参与学习，

能否在学生独立探究、合作分享中营造出浓郁的学习氛围。学习能力评价关注学生在学习过程中能否积极思考、主动探究、乐于表达。学习效果评价关注学生是否在学习过程中实现了语文核心素养发展。

2. 情境性评价的创享实践

（1）情境性评价的实施场域

创享语文情境性评价的实施场域，不仅在语文课堂上，还延伸到学生课外实践活动和日常生活中，这是因为语文学习的全域性，要求我们让学生的语文学习从课堂走向生活，从序列化知识技能走向综合性核心素养培育。语文学习场域发生了变化，评价场域也应及时调整、改变、创新。例如开展主题为"博物馆奇妙之旅"的语文综合性实践活动，应将评价贯穿于学生整个活动情境，包括如下内容：①活动的前期准备：制订参观计划、预设参观过程中会遇到的困难及解决方案。②活动的实施开展：前往博物馆参观，记录参观感悟，完成研学手册。③反思总结：复盘此次博物馆研学历程，总结收获，反思不足。由于学习活动内容及场域不同，学习情境不同，评价场域也随之改变。但无论在何种场域，情境性评价目标都指向：学生计划、组织、合作能力的发展，积累运用和自我建构能力的发展，发现、探究、解决问题的能力发展，文化传承和审美创造能力的发展。

（2）融入核心素养要素的情境性评价

2022年版语文课标明确指出：核心素养是学生通过课程学习逐步形成的正确价值观、必备品格和关键能力，是课程育人价值的集中体现，包括文化自信、语言运用、思维能力、审美创造能力等。如何将核心素养要素融入情境性评价？①评价标准确定应根据评价对象、评价内容，与2022年版语文课标的语文核心素养内涵相融通，凸显学生语文核心素养提升。②评价过程坚持以学生为评价主体，善用多元评价形式，促进学生核心素养提升。③评价结果运用不只是数据或单一的判定式呈现，而是对学生进行综合性评价，包括学生学习效果、能力发展和素养提升等。

（3）情境性评价的方式

情境性评价的点拨、展示、互动三种方式，在课堂上互为补充、三位一体。

【案例】黄玉军老师执教《笠翁对韵》，其中一篇模仿中央电视台"经典咏流传"形式。开课创设了与学生校园生活相关的"小西牛诗社"——招募小小诗人的情境，先让诗社四位学生以诵读表演的形式，展示之前学习过的《笠翁对韵》篇章，并介绍诵读表演的妙招，教师相机点评和提炼方法：读、诵、演。此时的点拨来源于学生又高于学生。接着教师提出学习任务：这节课，我们就以学习小组为单位尝试用这样的方法完成一篇新的《笠翁对韵》诵读表演，刚才诗社的四位表演者充当小老师角色，参与各小组作艺术指导，从而将评价权利还给了学生，激发了学生参与学习的积极性。当每个小组经过10分钟排练开始展示环节时，诗社的四位表演者又变换角色，充当起大众评委角色，还邀请诗社老师作点评专家。在整个展示环节中，观众、大众评委、点评专家、表演者等多重角色互动评价，精彩纷呈，每个孩子都卷入其中。在基于任务驱动的情境中不断融入自然真诚的评价，在基于真实的交际情境中不断进行对话式评价，学生的语言建构与运用能力得到发展。

（4）情境性评价的主体

创享语文情境性评价突出学生主体性原则。某老师执教统编版语文四年级下册《记金华的双龙洞》，为让学生身临其境感受"孔隙"的狭小，提出问题：能否利用教室现有的条件，模拟坐船穿过进入内洞的"孔隙"，感受其特点？一石激起千层浪，学生很快围成小组，首先自主分析课文对这一部分的描述，在理解的基础上利用两个小组间的桌子、衣服以及人墙等不断尝试修正，搭建起一座"山洞"，然后找来跳绳和木板模拟工人拉绳进船。当坐船体验的学生出洞后，现场"游客"对坐船之人采访其感受，被采访者不仅说到了"孔隙"狭小的特点，还将穿越孔隙时的动作、心理活动、心情等多元生动地表达了出来。学生在这样的情境模拟实践中，有效实现了自主学习、自主实践、自主表达、自主发展。

总之，创享语文情境性评价突出学习动力、学习能力和价值生成评价，有效发挥了评价的引导、激发、诊断、矫正等功能，激扬了课堂活力与效能，激发了学生的学习动力，导引了学习能力发展与潜能开发，促进了学生语文核心素养生长。

创享语文情境性评价注重评价主体的多元与互动，突出了语文课程评价的过程性和激励性，较为准确地反映了学生的学习水平和学习状况，充分发挥了语文课程评价的多重功能。尤其根据不同年龄学生的学习特点，按不同学段的课程目标，抓住关键，突出重点，提高评价效率，改变了偏重于甄别和选拔的评价状况，突出了评价的诊断和发展功能。

进一步拓展深化创享语文情境性评价，如整体构建核心素养、真实情境和

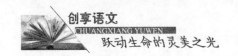
课程内容的关系，分析不同课程单元的学习目标和学习任务，明确不同课程单元核心素养的具体内涵，建立素养目标与单元学习的匹配关系，将日常评价与素养目标对接起来。将评价结果变成正向能量，变成激发创生的策略，提供个性化跟踪指导方案。

（三）过程深度评价策略

过程性评价强调学习过程和学习结果评价，注重学生能力的培养和习得过程的评估与测量。过程性评价是面向学科核心素养的评价，是关注情境创设和学生学习的评价，是从问题解决中提升学生自身元认知的评价，是落实新课程标准的有效评价手段。

过程深度评价即通过课堂观察、师生行为分析、作品分析、档案袋资料采集等方式，指向教学过程的改进评价，这一评价目的在于促进深度学习，在学方面明确为什么学、学什么、怎么学的问题，在教方面让教更有深度，明确为什么教、教什么、怎样教的问题。

过程深度性评价聚焦三个方面：一是指向课堂的激扬创生而非给学生下结论；二是指向课堂创生的信息涌流、精准生动；三是指向课堂的实践探究、思维提质。

1. 评价指向课堂的创生而非给学生下结论

在绝大部分师生、家长的固有观念里，评价就是给出一个结果，下一个结论，这对于学生的持续发展毫无意义。因此，评价要从侧重甄别、选拔功能转向诊断、激励、调控和教学功能的发挥，在课堂上将评价作为一种重要的手段和资源，以激扬创生为导向，使评价能够实现创享语文主张之一"教学促创生共享，让师生生命情韵流淌"，体现评价对教学的激励功能。

以陈燕老师执教的六年级上册第二单元习作课《如何写好场面》为例。

> 初稿：大扫除开始了！勤劳的蜜蜂工作了！值日班长大声吼着，催促队伍上场。看，推桌子的同学们一拥而上，稀里哗啦，不到两分钟，所有的桌子都推到了教室最前面。"扫地的同学，上！"值日班长又叫起来，扫地的同学拿着扫把一字排开，不放过任何一个角落。现在该拖地的同学了，他们气势汹汹，举着拖把，从靠窗的位置开始，一边拖一边往门外退，拖过的地板，光洁如新。

"对这个片段，你最欣赏哪里？"

"用一拥而上、稀里哗啦、气势汹汹写出推桌子的同学和拖地同学的气势，展现了大扫除时的热闹劲儿。"

"能不能给这段提个建议？"

"他写了三个场面，推桌子、扫地、拖地，每个场面都是一两句话，我们只看到面，看不到点，可以有详有略地写，选一个最有意思的场面写一两个具体的人，他们是怎么做的。"

"那我们一起来改一改。你们觉得哪个场面最有意思？"

"推桌子，推桌子气势最大，有的同学还把两三张桌子一起开火车，哗啦一下推翻了！""还有拖地，拖着拖着拖把断了！"

（追问）

"推桌子里给你印象最深的是谁？"

"小琪！"

"她怎么推的？"

"她肚子顶着桌子，上半身趴在桌子上，蹬着弓步，咬着牙，包着嘴，憋足了劲儿，一边往前推嘴里一边吼着'啊'！"

"是不是这样？"

（场面还原）

"小琪，你来示范一下，你当时是怎么推的？"

小琪示范，其他同学观察。

"哈哈哈，就是这样推的。"

"我觉得还应该加上一点，因为推的时候非常快，脚在地板上摩擦着，发出'滋滋'的声音。"

"小琪和小豪还暗自较劲，一边推一边用眼神示意对方，自己才是真正的大力士。"

"是的，最有意思的地方就要重点写，要具体写重点人物的表现，这样读者也喜欢读。"

改后稿：大扫除开始了！勤劳的蜜蜂工作了！仿佛一场很有仪式感的战斗，两个指挥员高声叫着，叫谁上场谁就上场。现在，是推桌子的时间。推桌子的同学们一拥而上，稀里哗啦，桌子像长了腿一样向讲台前跑。只见小琪把肚子趴在桌子上，脚蹬得高高的。"唰"的一声飞了出去，脚在地板上摩擦着，发出"滋滋"的声音。小琪看小豪推的另一串桌子追上来了，

急得加到了最大马力，"啪"出"车祸"了！顿时，人仰马翻。小琪把桌子抱得紧紧的，躺在地上，像个战败的将军。"哗啦"一声，桌子里的书一股脑儿倒在她身上，像给她穿上了一件"书衣裳"。小琪眼睛瞪得像铃铛一样大，嘴巴做出"O"形，足足可以塞下一个鸡蛋。椅子呢？那可怜的小椅子早就被小琪踢到十万八千里以外了！她一个空心跟斗从地上弹起来。两只手捏着，撇着嘴，把书一本一本地送回去。装好书后，小琪拍拍屁股上的灰，嘟着嘴，把手抱在胸前悄悄地跑了。

瞧！拖地队上场了！他们气势汹汹，举着拖把，从靠窗的位置开始，一边拖一边往门外退，像探地雷的小分队一样，每个角落都不放过。小婧是拖地队的组长，格外认真。她一手握住拖把上端，一手抓稳拖把杆中间，一丝不苟地盯着地面，睁大眼睛，搜索每一个小小的污点，身体左右摇摆，游刃有余，像一位大书法家有力地在纸上练字。"咔嚓"拖把的头和身体分开了，小悦呵呵地笑了起来。

在教学片段中，教师引导欣赏习作、修改习作，通过追问、学生演示，还原班级大扫除时的场面，教学生如何做到点面结合写场面，激发学习积极性。课堂气氛活跃，创生的作品有趣且具体。

2. 课堂创生指向信息涌流、精准生动

课堂创生包括文化自信、语言运用、思维能力、审美创造四个方面的创生，应该成为当下每个小学语文教师的教学追求。反思当今小学语文课堂的一个致命问题是缺乏课堂创生。灌输性、复制性、牵引性教学让学生在学习中亦步亦趋，学生像被绑住翅膀的鸽子，无法展翅飞翔。课堂中学生知识的建构、潜能的开发、个性的形成、创造力的培养大都成了"纸上谈兵"。

在观课时，我们常常看到两种极端，一是上文说的缺乏创生，通常在常态课中体现；二是花式招摇、毫无边界、满堂创生、偏离主题、游离目标，老师还在点赞摇旗，通常体现在公开课上。什么样的课堂创生才能指向核心素养的培育？

（1）培育教与学的转化力量，信息涌流。

创生的前提是参与者的信息差，如果每个人拥有的信息是一样的，思维也是一样的，创生无从谈起。教师往往是信息拥有最多的参与者，创生常常由教师引导发起，这种学习亦是牵引式学习，学生缺乏自主性。因此，要尽可能多地让学生拥有不同的信息，培育教与学的转化力量，让课堂信息涌流。

教与学之间的关系是相互转化的，所谓教学共长、教学相生。如何实现教

与学的相互转化？创享课堂要求变教什么为学什么，变教了什么为学会了什么；变"教"为"学"，变"学"为"教"；课堂中将"教"与"学"辩证地互动起来，让师生在课堂中形成"教"与"学"的合作关系。

【案例】徐洪玉老师上古诗类课文时，上课时总是让小组自主学习后再进行全班交流。此时，徐老师成为平等的参与者，较简单的古诗学生能根据习得的方法读懂，同时在全班交流碰撞中读透。在教学六年级上册第 17 课《古诗三首》时，有一位同学补充了《浪淘沙》中的典故，帮助全班学生理解了诗人一往无前、逆流而上的豪迈气概。在大家交流《江南春》主题时，一位同学从书中了解了背景，反哺了同学和老师的知识空缺。

（2）学习导评，精准生动。

激发课堂创生的一个重要手段是导评，导评指向何处，创生就走向何处，导评的深度就是创生的深度。

抓住时机，在学生困顿处导评。课堂导评不只是单纯的对或错、棒或真棒之类的语言评价。创享语文主张抓住时机在关键处进行课堂导评，即导评在学生解决问题处于困顿、同伴互助无法解决时；导评在学生跑偏、本堂课核心目标尚未达成时；导评在出现普遍性问题发现规律时，将学习上升到学习之道、成长之道、语文之道的层面，教师就要进行导引和评价。

走向深入，使用策略支撑性导评。评价时，应该指向方法的引导、问题解决方法和策略的指导。例如，"你的观点是错误的，请你再读读第 3 自然段，你就能找到答案。""我觉得你的拿手好戏写成了魔方的教程了，你夸自己还不够，应该多写旁人的反应来体现玩魔方是你的拿手好戏。"

【案例】教学《老人与海》，学生提出两个问题："鱼肉都没有了，老人为什么要把鱼骨架拖回来？""老人几乎耗尽力气才把马林鱼绑在船上，故事此时已到高潮，为什么还要写几次遇到鲨鱼，置老人于绝境？"

老师导评："大家去找一找写作的背景，可能会有助于思考这两个问题。""试着换一种结尾，如果作者这样写：老人将鱼骨架扔在海里，划着小船回到自己破旧的家中，沉沉地睡去了。这种表达效果与原文对比，如何？"

学生通过查找资料，在自主思考、合作分享、深度探究中生成观念："尽管只有一副鱼骨架，奋斗过程和精神才是永恒的光辉。""结尾拖回一副鱼骨架升华故事，意犹未尽，老人看似失败了，但鱼骨架就是不屈精神的丰碑。"在

导评后的自主探索中，学生个性思维、创生潜能涌流开来。

3. 评价指向实践探究，思维提质

（1）探究性活动助推思维提质。

学生在学习中，多感官参与，实践与思考同步。思维的角度发散、思维的深度提质、思维的灵活性增强，都能带给学生身心活跃、呈现蓬勃的生命样态，享受学习的成就感。

探究性活动必须满足四个条件：真实问题导引、生活情境激发、激励程序支持、内容留白处理。

一年级学生生活经验少，语言表达比较单一。课堂上经常出现知识复制和表达内容单一的情况。执教一年级上册第十课《大还是小》时，为了帮助孩子突破固有的"大""小"仅表示物体体积的经验，老师让学生以"我长大了"为主题回家体验劳动、帮助他人等活动。教学时，谈论"大与小"的话题，老师出示了孩子们在家扫地、洗碗、倒垃圾、收拾房间等场景；在学校积极举手、认真书写、专心听课、当午餐珍惜员等镜头；在路上拾起垃圾、主动让座、帮妹妹提书包等图片，链接他们真实生活的情境再现。然后启发学生，"从这些照片中我看到了小小的身体大大的孩子"。这样的谈话启发学生思维，再引导学生谈一谈"什么时候你会觉得自己大？"链接生活，让学生的理解和表达变得丰富而有深度："我帮妹妹提书包的时候，我觉得自己大！""当我自己会整理书桌和书包的时候，我觉得自己大！""当我改正了自己的缺点，变得能干的时候，我觉得自己大。"

此案例将教材中的理解任务转化为真实生活情境中的探究活动，学生的生命样态自然比被动完成老师布置的作业精彩得多。

在六年级上册习作单元"围绕中心意思写"教学活动中，谭琳老师以"暖"字为例，指导学生多角度选材。师：看到这个"暖"字，你想到了什么？生：春天、火炉、太阳、被窝、母爱。发散活动使学生思维开阔。师：说了这么多，我们来分一分类。生：春天的阳光是季节赐予我们的温暖，火炉、暖手袋、被窝这些生活中的事物给予我们温暖；亲情、友情、师生情等美好情感，让我们感受到世界多么温暖；生活中的点滴事情，也时常带给我们温暖。分类活动使学生从零散性思维变成结构性思维，实现了由单向思维向多维思维、系统思维提升。

适度的内容才有创生的时间和空间，内容过满，答案既定，都不利于创

生。教学设计的扁平化，更是创生的禁忌，因此，在教学中既要留白，又要考虑学生思维层级提升。

徐洪玉老师在执教六年级绘本阅读《失落的一角》时，通过"这本书讲了一个什么故事？""缺了一角的圆辛辛苦苦地找到了一个合适的角为什么要放下？""从缺了一角的圆寻找和放下的过程中，你受到什么启发？"三读三探，让学生读懂了文本包含的深刻而丰富的内涵。《失落的一角》虽插图简单朴实，文字极少，但文句充满了淡淡的哲学味。基于此，教学中徐老师在"从缺了一角的圆寻找和放下中，你受到什么启发？"处留白，让学生带着问题再次阅读绘本，然后把自己的观点写在黑板上。此处交流环节的留白，使孩子的个性化思维得以尊重，全班同学共提出了11个不同且有价值的观点。

（2）适切性情境助推思维提质。

创设学习情境，教师应利用无时不有、无处不在的语文学习资源与实践机会，引导学生关注家庭生活、校园生活、社会生活，增强在各种场合学语文、用语文的意识，建设开放的语文学习空间，激发学生探究问题、解决问题的兴趣和热情，引导学生在日常生活场景和社会实践活动中学习语言文字运用。

现实中情境创设主要存在以下问题：一是虚拟情境代替真实情境，二是与学生的认知脱节、生活经验脱节，三是宽泛笼统，四是评价方式不交互，五是情境不具有滋养性和激发性。这五类情境不利于学生的学习，甚至可能起到副作用。

【案例】教学六年级上册二单元的习作《写倡议书》时，为避免学生空谈、套话连篇，教师创设了"我是社区小小倡议员"的情境。让学生去发现校园、社区存在的真实问题等，引导学生针对实事进行"倡议"，写完后把倡议书张贴到校园、社区，让其真正发挥作用。这样写出来的倡议就是真倡议，学生有观察、有情感，创生角度多样。

此案例将解决真实生活中的问题作为情境，将语文学习不着痕迹地融入生活里。巧妙创设情境，关照儿童的心理期待，形成一个前后连贯且充满兴趣的学习氛围。

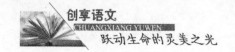

【案例】小学语文二年级上册口语交际《做手工》，本课的教学目标是介绍自己做的手工，介绍清楚做的是什么，怎么做的。对说的要求是按顺序说，对听的要求是注意听，记住主要信息。以下为成都七中初中附小李珍老师的教学实践。

导入：老师让每一个学生带一件自己做的手工到学校，并在四人小组内评选出优秀作品。再让每个组以优秀作品比赛，由全班同学投票选出最好的两件作品。当学生以为老师只是要看谁的手工做得最好的时候，老师告知大家今天要来一场《手工制作直播秀》，让观众跟着他们来学一学做手工。原本这节课带来了自己制作的手工作品的学生就比较兴奋，这下发现居然还有个自己从未参加过的活动，这样就更加激动了。"手工作品"这一特别的节目名称，使学生一下子就提起了兴趣。

尝试：老师讲解直播秀的规则，两个同学分别当"主播"，对自己手工的制作过程进行讲解。台下同学作为观众，根据"主播"讲解得是否清楚，分别为他们点赞。当两位"主播"开始"直播"讲解后，老师组织学生进行一次点赞投票。投票结束后选出优胜者，并对投票的几名"观众"进行随机采访：你所投的同学获胜了，请问你刚才为什么给他点赞呢？老师引导作为观众的学生用语言清楚表达出他选择的原因。学生回答的投票原因并不全部相同："因为比较喜欢他的作品；因为我和他是好朋友；因为他讲得比较清楚；因为他声音洪亮，我坐在最后都能听见……"老师抓住学生提到的讲得比较清楚这一点继续追问，引导其他学生开始关注这一问题。随后，老师再次提出要求："既然很多同学都觉得××同学讲得更清楚，那么现在让你来照做一次，或者讲一讲刚才的制作过程，你可以吗？"这时学生已经发现，自己并不能复制刚才的制作过程，甚至不知道从哪里入手，头脑中没有一点记忆。老师随即引导学生察觉到为什么自己不知道怎么做的原因：一是"主播"没有说清楚，二是内容太多时自己没有记录。记录的问题好解决，最重要的是解决"说清楚"的问题。找到问题后开始对症下药，学生自己讨论对策汇报。之后再总结出手工制作直播宝典：①在介绍制作过程时需要按照顺序说。②要使用表示顺序的词语。③要使用恰当的动词。④声音要洪亮。

提升：知道如何解决"说清楚"之后便展开了实践过程。向台下观众发起"优秀主播"观众挑战赛，比赛谁的手工制作过程介绍得最清楚。四人小组内为第一轮海选，之后大组内投票复赛，最后四个大组优胜者参加班级决赛。全班剩余同学最后投票。挑战赛比一般汇报显得更有挑战性，也更加体现了学生的自主性。在最后的挑战赛中，学生一遍又一遍说，观众一遍又一遍听。观众和演讲者的角色在不断变换，这是一个已知方法的实践与再学习。

　　本堂课教学，老师首先将教学目标藏在有趣的情境中，以新颖的题目吸引学生。其次，以新颖的活动形式吸引学生。口语交际本身就是在实践中学习的，在创设的环境中学习的。创设情境，选择当下最流行、最好玩儿，适宜二年级学生特点、学生兴趣最浓的形式更容易让学生融入其中，以采访的形式让学生发现问题，顺势引导学生思考讨论后解决问题。教学内容不仅是让学生知道如果讲清楚制作手工的过程，还延伸到了如何发现问题和解决问题上，最后再由学生自己总结方法和运用方法进行二次提升。把普通的"讲"变成了"直播"，把普通习得知识的练习变成了挑战赛，评价贯穿全程激发了学生的主动性。

　　创享语文评价是一种内生型评价，指向自我意识的觉醒。同时，因为其价值明确，目标精准，将过程性评价作为重要的评价方式，建立了丰富的内涵指标，形成了清晰的操作办法，在一定程度上纠正了结果性评价不可撼动、过程性评价随意性强、即时性评价宽泛机械的问题。创享语文评价作为一种课程，聚焦素养，激扬创生；统整融合，适性滋养；信息涌流，精准生动；思维灵动，活力绽放；适切具体，情韵流淌；适时适实，融通生长，实现了促进学生语文生命活力迸发、创生涌流、素养生长的评价育人价值。

启 示 篇

第七章　卓然芳华

——铺展创享语文生命原野的嘹亮笛音

第一节　放歌创享语文的生命力量

创享语文实践研究注重发挥语文学科育人功能，架设语文与生活、语文与生命、语文与世界的桥梁，学生在语言运用实践中提升了语文生命价值，实现了语文素养与人文精神的共生共育。

建构小学创享语文实践范式，推动语文认知与实践、语文情感与价值观念融合发展的语文教育改革创新，使创享语文的教学主张、价值取向和理想图景变成富有质效的课堂实践和丰富鲜活的语文生活，赢得了新时代小学语文学科教育质量的优质高效和学生语文核心素养的优质成长。

一、绽放小学生语文核心素养的生长活力

创享语文致力于为学生打下厚实的精神底蕴、语文功底、关键能力，充分发挥小学语文奠基学生发展的价值，为学生创造了当下美好的课堂生活。学生在真情投入、实践体验、互动激发、潜心探究、自主建构中，实现了语文知识、思维方法、情感情意、价值观念等的创生共享，优化了知识结构，发展了思维能力，丰厚了语文情感，提升了价值观念和语文生命质量，学生呈现出生机勃发的语文生命状态。

创享语文课堂常常出现这样一幕：下课了，学生仍意犹未尽，纷纷找到老师表达"我还想说……"，思维活力和学习积极性被充分激发了出来。新冠疫情期间，创享语文作业设计团队从语文核心素养出发，以"课本－生活－创新"的设计思路，分年段设计了"线上中秋 趣团圆"主题系列作业，以年级

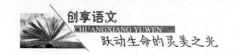
为单位分六个"站点",让学生在一系列语言实践与拓展活动中体会传统节日的魅力。

近年来,创享语文主研教师所教班级学生获全国中小学生创新作文大赛特等奖 4 人、一等奖 31 人;获四川省中小学生创新作文大赛一、二等奖超过 200 人次;获"写经典,诵经典"比赛全国、省市级一等奖 100 余人次。

二、引动教师专业素养的发展质量

围绕创享语文实践研究主题,杨丽名师工作室根据成员分布情况,设立了川东、川西、川南三个工作站,组建了由成员领衔的 13 个工作坊。省级工作室下携杨丽市、区两级工作室,组成了超过 200 人的参研教师团队,形成了以"室"为中心,"站"为桥梁,"坊"为基地的组织架构,以及省市区工作室联动运行机制,促进语文教学转向语文教育,建立新型语文育人模式,发展教师教学特色与风格。

参研教师积极践行"创享"课堂理念和策略,释放了课堂动能与活力,教学水平和专业素养迈上新台阶。黄玉军确立了"呵护儿童美好天性,引导儿童个性发展,使其语言和精神共成长"的教育理想,擅长以幽默风趣、形象化的表达启迪儿童,课堂呈现出情智交融的境界。陈燕在探索创享语文理念下的小学高段群文阅读模式中,开发了系列阅读课例。学生在课堂上深度阅读、思维碰撞,课堂充满探索发现之趣。谭琳组织学生开展了"巷子文化调查""收集即将消失的票据""自制时装发布会"等语文实践活动,学生实现了在生活中学语文、用语文的理想目标。

创享语文 200 名参研教师中,4 名教师获评四川省特级教师,1 名获评首届四川省"四有好教师",1 名获评正高级教师,5 人获评市区名师工作室领衔人,3 人成为县(区)小语教研员,21 人成为市级名优教师,20 人跻身区级语文学科带头人,12 人获聘区教研员、学科中心组成员,30 人走上校级干部、中层岗位。参研教师 39 人次获国家、省市区赛课献课一、二等奖,杨丽老师《古诗二首》课例入选《名师语文课》丛书,获评部级优课;李明镜老师的习作课《我和___过一天》、陈慧婷老师的习作课例《形形色色的人》先后在中国教育学会小语专委会举办的全国小学语文青年教师优质课展评中作视频展示。

杨丽工作室 9 人参与国家统编教材小学语文教师用书及配套教案编写,3 人成为华东师范大学出版社统编小语教科书《教学设计与指导》编写者。杨丽入选人民教育出版社统编小学语文教材培训专家。

由省、市、区三级工作室成员、学员组建了小专题研究团队,展开了创享语文理念下的评价研究、大情境、大任务教学、作业开发与实践等五大板块21 个小专题研修。关于创享语文的系列研究在《中国教育学刊》《小学教学参考》《未来教育家》《语文教学通讯》等国家、省级刊物发表论文 30 余篇。创享语文家庭教育指导团队还做客四川交通广播电台《家有萌娃》栏目，围绕"怎样培养孩子语文核心素养"，开展了 10 期"创享语文家庭教育"专题访谈。

三、助力学校和区域语文教育高质量发展

小学创享语文实践研究引起了业界关注，带动了成都市 40 多所小学语文教学改革，吸引了省内更多学校实践创享语文。成都市成华小学、南充市仪陇县新政小学、沐川县沐溪小学、眉山市青神县学道街小学、自贡市汇西小学等16 所学校，先后建立了"创享语文"实践基地。成华区双林小学御风分校还将创享语文认识与实践成果运用到各学科教学改革中，成功申报了市级科研课题。

创享语文研究成果《核心素养导向的小学创享语文实践范式》获四川省第七届教学成果二等奖，阶段成果《小学创享语文的构建与实践研究》获省、市二等奖。"创享课堂""创享语文"研究成果在成都市教育局、成都市教科院专题会议推广，应邀在《中国教师报 课改中国行》向全国交流，走进巴中市、营山县等区域进行推广。创享语文实践研究成果先后被《语文报》《未来教育家》《教育科学论坛》《四川教育》等报纸杂志推介、宣传。

自 2020 年以来，创享语文研究团队受邀参加各级讲座、送课送培 40 余次，其研究成果辐射 13 个省 35 个市、州的 120 多所学校。创享语文研究被四川广播电视台、成都广播电视台、红星新闻网、四川教育在线等媒体报道 59次。"创享课堂"和"创享语文"研究成果序列文章多次在省级、国家级刊物发表，《聚焦核心素养 践行"创享课堂"》一文被人大报刊复印资料《小学语文教与学》全文刊载。创享语文实践范式引领、辐射了区域语文教育改革创新、转型发展、质量提升，带动区域性语文教育高质量发展。

"创享"之恋　蓄能绽放

2018 年 10 月，我幸运地成为成都市杨丽名师工作室成员，开启了一段与

杨丽导师和工作室成员们的美好相遇。杨丽名师工作室"素朴轻扬、汇兰沉香"的文化浸润着我的思想。杨丽导师"成就别人，快乐自己"的人梯品行感召着我一路前行，带着我从品行修炼到专业蜕变。杨丽导师带着伙伴们提出了创享语文"从教走向学、从学走向创、从创走向享，让儿童享受完整的语文生活"的教学主张，指导工作室从创享语文根系式研究团队建立，到课题引领的小专题研究，再到工作室开展的大量创享课堂实践研究，一步一个脚印前行。基于创享课堂特质的整体把握，构建了核心素养导向的小学语文创享课堂实践范式，开启了内生性动能与创造性活力涌流的课堂教学新生态。我在邂逅创享语文的过程中，开始了语文教育思想和行为蜕变，在这里实现了深耕课堂、创享炼能、丰盈成长。

一、初遇创享，深恋出发

进入杨丽名师工作室以来，我开启了一段与创享语文的美丽之约。记得2018年10月23日，成都市杨丽名师工作室启动仪式暨市级课题"基于关键能力培育的小学创享课堂实践研究"在高新区新光小学举行开题仪式。"你们是我教育生命中最重要的伙伴，我愿意与你们携手成长，陪伴你们去拥有属于自己的生命精彩……"杨丽老师质朴的欢迎词开启了本次活动的序幕。她介绍了工作室的文化、组织建构、运行模式，亮出了工作室的研究方向和主题。她希望我们针对自己语文课堂上的问题填写《研究意向调查表》，诊断自己的教学优势并选择自己的研究方向。接下来，两位市级工作室成员代表选取了台湾著名漫画家蔡志忠先生的三幅"漫画经典"作品，进行了"群文阅读教学的同课异构"展示。同样的教材、不同的教学内容、不同的取向、不同的议题，都践行了"创享课堂"教学理念。这次活动使我第一次了解了"创享"课堂，"创享"二字留在了我的心里。工作多年，在忙碌的工作状态下，我没能很好地静下心来思考自己课堂教学的优势与不足，没有叩问自己的课堂怎样找到生长点。工作室为成员定制的问题需求式成长路径，指引我在研修中改变。在这里，我完成了人生第一份需求式的专业发展诊断书，围绕专业成长计划剖析自己专业发展的短板，梳理自己未来三年的专业发展目标。从此，创享语文的种子种在我的心里，我恋上"创享"，开启了语文教学改革新路探索。

二、深耕课堂，小试牛刀

工作室以课题为引领，遵循学生语文学习规律，聚焦语文学习力、创造力、精神生长力，积极创建核心素养导向的小学语文创享课堂实践范式。每次研修活动都根据学员专业发展的需求，采用任务驱动的沉浸式培训，专家引领、导师辅导、课堂研讨、学员分享、成果交流，工作室开展的创享语文改革一路走来。在工作室四年多的学习实践研究中，我广泛阅读教育教学类书籍，丰富理论储备，促进课堂教学从经验型向理性型提升。作为学校教学管理者，站好讲台，上好每一节课是我一直的追求。工作室对每一位学员展开课堂诊断，引导学员找准自己课堂存在的问题，"对症下药"做好课堂改革实践，逐渐形成语文教学风格。我研究融合教育多年，在课堂中一直践行"为每一个生命提供适合教育"的理念，如何把融合教育理念与创享语文相结合，让自己在创享语文实践中注入新的生命力？记得疫情防控期间，天府新区教科院安排开发各年级教学资源包，我们组承担开发四年级上册《文言文二则》学习单和微课视频任务。如何把握语文课程标准的学段要求、本册单元主题、语文要素等，更重要的是如何在线上指导孩子们学习？这对于我们来讲是一个巨大的挑战。但我们反复研读、不断修正，用创享语文理念指导这次课程资源开发，终于打开了思路。尤其是如何与学生线上互动以及时间的把控，我们进行了反复推敲琢磨，一次次推翻重来。这次语文微课的制作让我有了新的思考，也有了新突破，最后提交的资源包受到了教研员好评。疫情结束后，我在学校语文校本研修中执教四年级语文《文言文二则》一课，因为有了此前的积淀，这次课堂教学实践又有了新的生长点。我按照创享语文"预热点、启学点、点拨点、生成点、升华点"五个环节精心设计，引导学生在课堂中自主体验、深度探究、仿创迁移、多元分享，并为学生语文核心素养培养提供了生长空间，课堂学习氛围融洽，课堂生成灵动，融合教育和创享语文的深度融合让创享之花在语文课堂中实现了精彩绽放。

三、专题微写，理性成长

今年暑假，我正在学校值班，突然接到杨丽导师的电话：完成《创享语文——跃动生命的灵光之美》微写作的任务，可谓时间紧、任务"重"。这个"重"是指此次意义重大。我是喜忧参半，"喜"的是能有这次锻炼的机会，只有真正参与式锻炼才会有真正的成长；"忧"的是完成任务确实有难度，虽然自己对"创享语文"有爱，但是要创造性地进行"创享语文"思想表达，自己的理论水平是有欠缺的，要按时完成任务确实是一次巨大的挑战。接下来的假期，就要继续加大理论学习的力度，进行教学案例梳理，才能对创享语文有自己真实的表达。本次我们组需要完成"生态场域"初步构建的微写作。我用关键词搜索的方法，在知网、万方等学术网站上进行大量的文献查阅，联系小学创享语文课堂的特点找到新的创生点，对创享语文的实践范式进行丰富。导师指导下列出的关于生态场域的微写提纲，精炼的关键词，逐渐在我脑海里变得

立体丰富起来。

根据创享课堂的特点，解读"生态场域"的特征，如何建立和谐的创享课堂生态场域？我抓住生态场域建立的几大要素：思想引领，关系建设，规则护航，空间拓展，进行阐述。组长黄玉军对本次微写作进行了分工，我们先总体理清框架，再分工完成，汇总修改。根据小组分工，我重点就空间拓展板块进行梳理。围绕创享课堂三大特质之一的情景性，如何对空间进行拓展？我聚焦有形空间与虚拟空间的结合、现场教学与线上教学的融合、虚拟空间与有形空间的辩证互动。如何落实在创享课堂中？有了理论论证，还需要具体案例支撑，才能实现创享课堂空间的真实拓展，体现创享课堂情境性特质，形成课堂对接生活、问题导引、情趣交融的和谐生态学习场域。在完成微写作的这段时间，我满脑子都是生态场域建立的思考。在每一次下笔写作过程中，既有创享理论与实践交融，也有对创享语文创特质新的思考。在这次微写作过程中，从接受任务、微写准备，到初试练笔、反复修改，我的理性思考有了新的提升，对创享语文有了新的思考和感悟，又一次对创享语文有了爱的升华。

四、思想传递，辐射引领

参加杨丽名师工作室，让我在语文教学专业路上不断成长，但作为学校教学管理者和语文学科负责人，也要让创享语文实践范式带动我校语文教师成长。工作室线上线下的研修活动，我都带领部分骨干教师一起参与研讨学习，组织好每一次学校创享课堂的学习交流。工作室每次关于创享课堂的研究成果，我都会在学校语文校本研修过程中渗透，如创享课堂观课量表、课堂实施策略、三种课型探索、课堂评价研究等，围绕创享语文开展的小专题研究鼓励青年教师积极参与实践，由此带动了我校语文课堂教学变革。创享语文研究成果在我校植入，我们坚持创享课堂"情境创建、统整融通、创生共享"三大原则，开展小学语文"语言思维型、语言审美型、语言文化型"三类课型实践探索。根据我校学生特点，尝试采用"自主体验、深度探究、仿创迁移、多元分享"四种学习方式，改革我校传统课堂以知识和考试能力为中心的牵引式、训练式教学方式，改变因课堂缺失语文素养生长机制与环境，学生缺失内生性动能与活力的现状。我们遵循学生语文学习规律，聚焦语文学习力、创造力、精神生长力，积极创建了创享课堂在籍田小学的实践范式，开启了内生性动能与创造性活力涌流的课堂教学生态的教学改革，让学生过上了一种有价值和情趣的课堂生活，整体提升了学生语文生命质量。这一学年我带着学校语文老师们一起参加天府新区语文教材解读比赛、课堂教学赛课、优化作业设计比赛，都取得了很好的成绩。我校荟英课程体系的搭建，各类校本课程的研发，课堂教学的改革也取得阶段性成果。创享语文课堂实践正在我校落地生根。2020年10月，杨丽导师到我校进行专题送教，天府新区大林小学和三星小学的老师也参与了此次培训。讲座中杨丽导师结合自己的成长经历，解读教师专业成长的密码，由老师们提出问题，带领老师探讨良好的班级文化对于学校发展、班级管理及学生成长的重要意义，分享营造优秀班级文化的七条路径，解答参会老师们在语文课堂教学中遇到的困惑。我们学校作为天府新区的一所存量学校，能够有杨丽导师带领的工作室团队进行专业引领，让我校语文老师在专业成长之路上有了新的营养，推动了我校语文教学高质量发展。

五、创享赋能，精彩绽放

在杨丽名师工作室四年多的学习过程中，我用全纳教学理念指导自己"创享"语文课堂实践。一组数据记录了自己一路走过的历程。作为成都市未来名师培养对象，我两次被评为优秀学员，2018年成为天府新区第二届小学语文、特教学科带头人。2019年我被聘为天府新区兼职特约检察员，2020年被聘为天府新区特教专委会成员，2021年成为天府新区陆枋名校长工作室融合教育二级工作坊领衔人，2021年被评为成都特教先进个人，连续三年被评为学校教学能手。近四年来，我有4篇论文发表，举办了6次市（区）专题讲座，有4节市（区）课例获奖。我主持的2个区级小课题研究成果获特等奖。我指导多名青年教师参与区级赛课获优异成绩。作为中国共产党成都市第十三次代表大会代表，我在成都市"十四五"规划意见征集中，三次参与市委和市委组织部组织的成都市"十四五"规划制定意见的收集座谈会，直接与市委书记范瑞平和市长王凤朝对话，分享自己对教育的思考，对成都教育发展的建议受到领导好评，被红星新闻记者报道。

参加杨丽名师工作室四年多的学习中，我与创享语文相识、相知、相恋，工作室带领我在语文课堂上一次次改变。创享语文丰盈了我的专业储备，我在课堂炼能中寻找到了属于自己的生命精彩。

（作者：四川天府新区籍田小学　唐建敏）

乐享求真　融创铸魂

在小学语文教学求真路上，我和杨丽名师工作室的伙伴们热情高昂，既用敢于突破的眼光聚焦学生关键能力培养，更用扎实的教研与实践，探索语文教学教文育人、弘扬人文的"铸魂"之路。

量表"量"课　感悟创享

12月10日，杨丽工作室在芳草小学开展小古文专题研讨活动，来自德阳市的50多位名师工作室成员和我们共探小古文教学。

杨丽工作室的张霞老师执教小古文《王戎不取道旁李》后，我们以沙龙形式分组议课，气氛热烈。正如德阳名师工作室领衔人叶俊芝老师所说，"沙龙让我们之间产生了化学反应"，在那个寒冷的冬日，我们研讨的热情被点燃，就像炽热的"化学反应"。

来自不同地区的老师怎样快速进入研讨？杨丽工作室基于小学语文关键能力培养的"创享课堂"观课量表，提供了良好开端。量表是依据，让老师们有话说，我们借助量表提示观课后展开分组讨论，各组再派代表交流发言。

我在课堂氛围观察组记录学生课堂发言、互动形式等，我关注到：课上老师的预设是根据提示把古文译成白话说一说，而一位女生发言则是用自己的话创造性地编故事。果然有老师提问："当学生水平超出了老师预设，怎样避免把学生拉回平均水平？"当时我想，假如是我，也可能会把学生拉回到提问要求，老师们的讨论引发了我的感悟：课堂需要逆向教学设计，强调从学生出发，以问题导学，注重学生活动体验，让学习真实发生；要根据学生参与课堂活动、解决问题的表现，统整教学内容、调整教学方式……

直面问题　自我突破

献课小古文教学后，张霞分享了心路历程："开始设计很传统，教学小古文就是解析字词，让学生读通、读懂、背诵。杨老师建议，应根据学生的学习特点和需求设计教学，变传统的机械诵读和教师讲解为学生读故事、讲故事、演故事、诵故事。我按这样的思路教学，看到学生如此活跃，更坚定了变'教学'为'学教'的决心。"她的激动之情溢于言表。

直面问题、敢于突破，一直是杨丽工作室恪守的教研风格。一年多来，工作室围绕"基于语文关键能力培育的创享课堂研究"，聚焦学生关键能力培养，追求"融创乐享"的语文课堂。

今年11月，工作室举行"聚焦口语交际能力培育的创享课堂研究活动"，曹小连老师执教统编教材口语交际《商量》，设计了学商量、练商量、用商量三个环节，并让学生现场找台下听课的老师练商量。可在互动中，学生不理解何为商量、为何商量，商量情节简单化……议课时大家聚焦让学生真正理解"什么时候需要商量、商量不成怎么办"的问题，认为只有和学生的生活真实链接，口语交际教学才会真实有效。

以学生学习中的真问题为线索，培育关键能力的创享课堂研究持续推进，我时常羡慕其他老师的课堂能有学生精彩的呈现，生生互动时老师甚至退到一旁。反观自己，教学设计如同一个个"挖好的坑"，领着学生往里跳……怎样避免课堂问答平面化，让学生回报体现能力的真实提升呢？我向杨老师提出了困惑，她说："学生回答呈现的是一种结果，此前需要从学生认知角度设计教学，让学生能力在求解过程中得到训练，而不是以老师想的主线来构建课堂。如果你觉得这样设计好，应该在自己的课堂尝试。"事实的确如此，当我有意减少知识讲授并让学生真实参与学习活动时，学生兴趣被点燃，学习能力也得到了提升。

同伴分享　助我成长

在小古文专题研讨中，杨老师说："上完课不能只把'远见卓识'之类的概念留在黑板上，告诉学生王戎是个有远见卓识的人。这样的'大词'是对大人说的，我们应该把'大词'变为儿童能理解的词。"她始终强调让儿童站在课堂中央，通过真实的学习体验实现语文生命的自然生长。

对于具体提问的设计，杨老师提到，不要笼统问"你喜欢谁，你懂得了什么"，要把问题关联到语用培养上来，把情感体验根植于语言要素中，注重阅读方法引导……潜移默化实现语文教学"教文育人、弘扬人文"的"铸魂"目标，这个任务对于老师们来说是个不小的挑战。

黄贺平老师在工作室三年成果报告会上，分享了她的成长故事。她直言不讳地说："每天重复的工作让我觉得陷入了瓶颈，十几年的教龄只是工作经验的堆积，直到加入工作室被导师和全体成员勤于钻研的氛围激励，我一改懈怠主动讨教，邀请老师们走进我的课堂……"现在的黄老师既是工作室组织骨干，课堂教学也成绩斐然。

"没有钻研的教学只是经验堆积，缺乏思想的生长；唯有深入思考与实践并行，才能实现教学生命有深广度的蓬勃生长。"带着这样的触动和启发，我勤于反思教学，努力探索真问题……从找不到方向、依赖研读教师用书教学，到关注学生学习的真实发生，把课堂"还"给学生，这既得益于工作室优质文化的浸润滋养，更离不开导师和同仁们的专业提点，我将其视若珍宝并化为课堂创享的力量。

（成都市泡桐树小学天府校区　王媛）

我的"生·活"写作教学故事

回首"生·活"写作教学的历程，也是我在成都市杨丽名师工作室的成长史，这段时光还可以书写成有意思的故事。

初探——往事随风

说到自己从教生涯的头几年，是在彷徨中度过的——没有目标，不得方法。

对作文教学我感觉无从下手：要学生写具体，他们偏偏写不出几个字；批改作文，花去我无数光阴却收效甚微。凡此种种，导致我在习作评改上搞起了"一刀切"：语句平淡直白的低分，字数不达标的降分，没按既定要求写的零分……现在回想起过去在习作上惨遭"荼毒"的孩子们，我总是惴惴不安。往事如风，一去不返。反思那一段灰色的习作指导经历，主要是应付教学的心态和对习作批改指导的无知而导致的。

溯源——为有源头活水来

2018年，是我从教生涯的转折点——我幸运地成为成都市杨丽名师工作室的一员。针对语文课堂普遍存在的过重牵引式、训练式教学，缺失语文素养生长的机制与环境，学生内生性动能与活力不足的问题，杨丽工作室展开了核心素养导向的"创享课堂"实践研究。创享课堂聚焦课堂动力与活力激发，着力学习力、创造力和精神生长力培育，引导学生经历语言建构、问题解决、创意表达、互动共享的学习过程，实现语言、思维、审美、文化等素养融合共生。

要说到这几年我在工作室的所学所得，对于令我一直困惑的作文教学，想来是大有益处的。工作室提出的"创享"理念，被我实践在作文教学当中。几年的共同研讨、磨课，创生了我的成功课例《察言观色写味道》《我和____过一天》等。在"创享"理念引领下，我将孩子们玩时的心态、玩的花样与习作紧密联系起来，让孩子们在兴趣的牵引下，在玩中学习写作、提升写作能力。

这些课例，我舍不得丢，也怕忘记，于是收录在电脑的文件夹里，不断试讲，推陈出新。事实上，这样的持续积累、不断实践、勇于前行，就是教师专业成长绕不开的必经之路。

蜕变——阳光总在风雨后

知道我爱研究习作教学，杨丽老师告诉我，她每周三下午都在芳草小学，如果我愿意，可以在那个时间去试讲。我喜不自禁，在研磨课例的时候，杨丽老师带着工作室的小伙伴陪我一起研讨、携手成长。记得我在试讲统编教材二年级的写话课时，向学生抛出了一个个写话的要点。杨老师发现我的教学现状后，她没有暴风骤雨般地批评，反而和颜悦色地和我促膝长谈，指出写作教学至关重要的一点：一切理论要从学生中来。我醍醐灌顶，根据杨老师的指导意见反复修订，最后完成了区教材培训献课任务。一次次，杨老师手把手教我研磨习作课，包括每一道流程、每一个细节。我知道了杨老师作文教学的"早起步、低要求、勤动笔、巧设计"十二字箴言；我感受到富有亲和力、充满智慧的课堂是孩子们快乐的天堂。

至今还记得在工作室里有太多的一次次，我无法一一道来。师从杨丽老师，我获取了教学上进步的巨大力量，倍感温馨、进步的动力源源不断。正是从那时起，我发现原来和团队共同研讨是这样的有趣，也正是从那时起，我的作文教学观发生了蜕变：努力践行工作室提出的"从教走向学、从学走向创、从创走向享，让儿童享受完整的语文生活"的教学主张，努力构建小学作文"创享课堂"实践范式。

追慕名师，犹如经历一次心灵的净化，有一种洗净全身凡尘、脱胎换骨的痛快淋漓感觉。

求索——快乐地前行

知足则长乐，知不足则求索。在明白自己的不足后，我开始为教学进行"原始积累"。

首先还是阅读。根据杨丽老师开给我们的书单，我的阅读涉猎范围很广：天文、地理、艺术、哲学，等等。是书，我拿来就看。这也为今后我拓宽习作指导思路提供了巨大的帮助。说到最钟爱的阅读类型，大致有三类：理论阐述、名师专著、专业杂志。

《语文教学通讯》《新作文小学作文创新教学》《课程教材教法》等杂志，我是每期认真研读，吸纳、消化、融合。全国各地教师的精彩言论、教学主张等，都是滋养我成长的精神食粮，我也尝试着模仿与创意，不断执教、不断设计，于永正、贾志敏、周一贯、王崧舟等名优特级教师的著述，我也尽可能地收集阅读。每读一次都像亲耳聆听大师教诲，受益匪浅，我从中学到的不仅是技巧，更是他们的教育思想、广阔情怀与人格魅力。我不仅读，每读一本都会亲笔写下心得，最后集结完成了厚厚的数本手写读书笔记。在阅读的同时，我也感到作为一名教师肩头的使命，应在学校教研活动中将平日所学所思服务于青年教师，解答他们教学中的困惑，导引他们的研修新路。

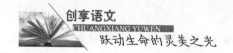

实践——理念与行动并轨

"纸上得来终觉浅，绝知此事要躬行。"在创享写作的研究领域中，我历来坚持两个做法"微习5+1"和"全程导写"。

"微习5+1"是用每周5+1的形式指导学生进行微练笔。"5"指的是每周一至周五，每天一段微练笔；"1"指的是，周末学生在五则微练笔中挑选一则扩写成一篇文章。这种练笔富有个性，学生在轻松的心理状态下表达对日常生活的感悟。为了兼顾班里不同学习状态的学生，我借鉴"新浪微博"，以原创、评论、转发为微练笔的基本形式。"原创"是针对习作基础较好的学生，在一天的学习生活中选取自己印象最深的一件事，记录下自己的所见、所闻、所感。"评论"的方式中等生用得较多，针对一天内看到的社会新闻或阅读到的名家文段发表看法。"转发"则是照顾学习较为吃力的孩子，他们可以摘抄每日读到的优美文段，增加课外积累，丰富词汇。

为了让实践更趋合理，我不断学习相关的教育教学理论，逐渐形成了自己的作文教学模式——"全程导写"。这一模式有三大关键词，即"作前""作中""作后"，尤其强调教师的"教"在教学全过程的重要性和不可替代性。从作前的准备，到作中的亲身指导，以及作后的修改与评价，强调在写作过程中关注儿童言说的情态，营造乐于表达的氛围，给予更多鼓励，促其表达的灵感生发。

提炼——教学主张的形成

持续多年研究写作教学，我开始从实践中反思自己的教学行为，确定自己的发展方向，归纳教学的主要特色，总结教学的关键要素。最终确立并提出了我的教学主张——"生·活"写作。

用以界定并形容写作的关键词"生·活"，就宏观而言，是对"教"与"学"的状态描绘。在教学中既注重教师教得"生动"，更注重孩子们学得"灵活"。教师应精准把握学情，了解教学规律，遵循教材编撰原理，合理设计，并在执教全过程中调和师生关系，达成生动的教学效果。孩子们通过积极主动的学习活动，参与师生之间、生生之间的多方互动，实现写作能力的提升。从微观来看，"生"具有三层指向，即学生、生活、生命，它明确了教学"为什么"的问题；"活"则有两项内涵，即教学策略和教学样态，它明晰了"是什么"和"怎么做"的问题。"生·活"写作教学主张，不是简单肤浅地追求课堂生动、活泼，而是谨慎地选取写作教学范畴内的"教"与"学"、"师"与"生"这两组关系，从"是什么""为什么""怎么做"三个方面进行科学、严密地建构践行。同时，对教师的备课、设计、执教全过程，以及对孩子的写作活动进行多方关注后，诚恳地提出写作教学中关于"生·活"的理解，并以此为纲，实现对教学实践的总体指导，最终期待形成一定的教学特质与风格。

"生·活"写作和传统写作有哪些区别？我提炼了三个突出特点：第一，"生·活"写作要融入生活，强化感知。生活是写作的唯一源泉，运用"眼、耳、口、鼻、手、心"感受和体验生活，是获取素材的唯一途径；第二，"生·活"写作应以创造性思维为主导，强调创意优先、创意为本；第三，"生·活"写作强调以"情境整合，讲评反馈"为基本标志的学科方法，设置多样化的课堂训练情境，通过分享交流，激发学生创作欲望和倾吐需要。

通过这些年的"生·活"写作课堂建设，学生畅享了有价值和情趣的语文课堂生活，获得了学习力、创造力和精神生长力的蓬勃生长。而我，从杨丽老师的市级名师工作室开始生长，秉持"生·活"写作的理念，形成了"小学生习作感知的目标体系和训练分层范式""学科融合下的想象作文教学探究"等序列化研究成果，先后获得各级各类荣誉称号。在这里获得专业成长的不止我一个人，工作室里的每一位老师回归语文教学本质，从根本上改变了教学认知和行动方式。

有了主张，教学如同有了主心骨，有了灵魂和方向。在创享语文理念引领下，我力求让写作与儿童的语言发展、生命成长、精神丰盈发生联结，以开启语文教学的全新探索，书写我写作教学故事的全新篇章。

（作者：成都高新区行知小学　李明镜）

第二节　探秘创享语文的力量启示

在创享语文理论建构与实践探索中，我们深入发掘、系统建构小学语文学科育人价值，明确创享语文育人目标，形成了创享语文教学主张。重构适宜学生核心素养生长的小学语文学科课程内容，创建了培育语文核心素养的创享语文途径，建立了创享课堂教学范式和创享语文评价体系。

创享语文以实践基地、工作坊、区域联动、送培送教等方式推广辐射，以课题群研究、课例培育、名师孵化等方式持续深耕，成为川派语文先行者。推动了区域语文教育改革创新，提升了语文教育质量和效能，促进了小学语文教师专业成长。回首创享语文的探索历程，我们得到了深刻启示。

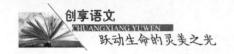

一、核心素养培育，是达成创享语文育人价值的重要体现

2022 年版语文课标指出："核心素养是学生通过课程学习逐步形成的正确价值观、必备品格和关键能力，是课程育人价值的集中体现。义务教育语文课程培养的核心素养，是学生在积极的语文实践活动中积累、建构并在真实的语言运用情境中表现出来的，是文化自信和语言运用、思维能力、审美创造的综合体现。"创享语文以"践行学科育人，发展语文生命"为价值引领，坚持"情境创建、统整融通、创生共享"三大原则，通过"文化育人、课程育人、方式育人、评价育人"四条路径，达成小学生语文核心素养培育目标，有效体现了语文学科课程育人价值。

二、建构适宜核心素养生长的课程内容，是践行创享语文育人价值的根本要求

课程内容直接决定着核心素养生长的质量。培育学生核心素养，践行学科育人价值，要求建构起适宜的课程内容体系。依据 2022 年版语文课标，语文课程内容概括为基础性、发展性、拓展性三层级的六类学习任务群（语言文字的积累与梳理、实用性文本阅读与交流、文学性阅读与创意表达、思辨性阅读与表达、整本书阅读、跨学科学习），并融入"识字与写字""阅读与鉴赏""表达与交流""梳理与探究"四种语文实践活动之中。创享语文根据国家课程设计和实践要求，进行内容整合、融通与创生建构，建立了适宜学生语文核心素养生长的内容体系，并落实到创享课堂和创享实践活动之中。实践证明，这样的课程内容建构，强化了课程内容的育人价值，对学生核心素养发展起到了重要的支撑作用。

三、路径优化是创享语文纵深前行的行为指南

杨丽名师工作室以细化课程内容板块为载体，调动省、市、区三级名师工作室和 16 个创享语文实践基地学校力量，组建研修小组，围绕课程内容板块展开创享语文实施路径研究。

创享语文课堂实施路径以课例为载体，提质"创享课堂"。课外实施路径以活动策划、过程与成果展示为主要方式，从案例分享中提炼经验，尤其强化

"创享语文"实践活动研究，如基于问题解决、高阶思维培养的语文探究性学习活动，融合听说读写实践的综合性学习活动，基于兴趣发展和特长培养的学生自主创学的语文社团活动，拓展视界、丰富经历、拓展情怀的研学活动等，为创享语文纵深前行、价值实现提供了行为指南。

四、科学评价是导引创享语文的力量引擎

在创享语文实践研究中，评价是重要的牵引力量。我们整体建构"创享语文"评价体系，结合课堂、学生学习表现和学习成果展开科学人文的创享语文评价实践研究。我们根据课程标准和教材要求，遵循小学生认知心理和语文学习规律，确立起三个学段不同层级的"语文核心素养发展性指标"，为创享语文评价提供了质量标准。我们开发培育小学生语文核心素养的创享课堂评价工具和小学生语文核心素养测评工具，通过观课议课、专家指导、测试访谈等方式展开评价。评价过程注重全程全域评价，全面关怀、关注差异、关注弱势、关注未来预期。开展学生语文学习质量前测、中测、后测，以监测学生语文学习质量与效能，反馈语文育人目标的实现程度。

五、教师素质提升是创享语文的重要支撑力量

构建创享语文首先要求教师破出传统观念下的舒适区，勇于投身课程教学改革，突破思想观念和行为惯性，在教育教学难点突破和常规提质中开发潜能，发展才能，增强效能感。其次，要树立"生本课堂观"和"学本课堂观"，课堂要回归学习中心，突出学生主体性，实现学生自主学习、主动学习。三是课堂要以学习为中心，让学生经历学习的全过程，真实地实现课堂学习。教师要有一双发现学生学习成长的问题、状态、优势及成果的眼睛，要及时展示、交流不同创生成果，实现成果融合共享，既整体扩大生成，又提升和创造着新的生成。让学生通过自主、合作、探究、展示等方式，实现问题学习和问题解决的能力培养。基于学生自主合作探究及教师精准点拨的学生深度学习，使课堂学习由具体问题的常态解决上升到常态方法、策略和规律层面的学习。整个教学过程让每个学生在真实的创生和交流体验中赢得一种情感的满足、需求的满足，获得一种成功的价值感。

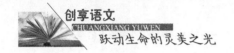
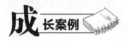

成 长案例

在"精准扶贫"中"站稳"课堂

作为一名拥有12年教龄的"成熟"教师，走进杨丽名师工作室三年，我在课堂教学中终于做到了关注学生需要，回归学生主体，真正尝到了站稳课堂的喜悦。回望来路，这都离不开导师杨丽和工作室团队不离不弃的"精准扶贫"。

导师引领，找准方向

被杨丽导师对教育本真的坚守和质朴无华、潜心教育的人格魅力吸引，我加入了杨丽名师工作室，初心很简单，就是要站稳课堂。

一名语文教师要站稳课堂，得学会紧扣文本，依据学情和学科特点，对课文来一番"虚心涵咏、切己体察"，以确定学习目标、内容和教法学法，课堂做到真实、朴实、扎实，可做起来并不容易。加入工作室后我发现，同伴们教学大都小有成就，即使比我年轻者也踌躇满志，原本不自信的我更加惶恐。杨老师察觉到我的自卑却不动声色，让我做信息统计、公众号管理、事宜联系……我不断与老师们沟通联系，时间稍长，自然和大家熟络起来，不知不觉融入了团队。到这时候，我才明白杨老师保护我自尊心的良苦用心。

守住自己的一亩三分地是教师本分，事务性工作再出色，也不能驱赶教学挫败感带给我的打击。在工作室多次研讨中我都没勇气谈课堂，没底气谈教学。作为高新区小语教研员，杨老师常到各校指导，我有幸多次同行，却依然难以排遣内心的消极自卑。杨老师每每问及我的感受，我都不敢轻易发言，而她总是淡然处之。眼见几堂经她指导的课焕然一新，我内心也燃起了向往。可杨老师太忙，我的课问题又太多，她会不会嫌弃我？几番犹豫挣扎后，我试探着问："看到他们课堂的变化，我觉得我也可以试试，可否请您和团队也去我的课堂看看？"杨老师眼睛一亮："你终于准备好了，我一直在等你的邀请哦！"喜出望外的我赶紧精心准备教学设计，反复背诵教案，试图有个完美的亮相，结果却是完美地走完了流程，至于学生我真的没顾上。工作室团队如是讨论我的课堂：肯定优点，指出问题，找准症结……大到教学理念，小到评价的眼神、手势，我第一次遇到了全面"血淋淋"的解剖，尽管内心羞愧难当，却有一种拨云见天的温暖与清新。这次诊断后，我对自己的教学有了清晰认知，开始有意改变一些"顽疾"，努力做到以学习为中心、问题为牵引，让每个学生尽可能卷入课堂问题，去发现、提出、探究、生成和共享。尽管杨老师从未对我提出硬性要求，但每次看到她那鼓励的眼神，听到她点拨的话语，我都忍不住对自己的要求越来越高。

团队扶持，快速发展

初入工作室，我羞于专业能力不强，不好意思请教，担任导师助理，从活动策划、团队管理到课堂研讨，都存在诸多障碍。工作室向我热情地伸出了援助之手，有的帮我出谋划策，有的主动承担任务，有的暗授"秘籍"，慢慢地，我的工作开始走上正轨。

我自己在进步，工作室活动的专业性也越来越强，对我的要求也越来越高，而此时，杨老师安排谭琳和徐洪玉两位老师走进了我的生活。和杨老师一样，她们都淡泊名利、潜心教育，我们常在一起谋划活动，主动承担工作室任务。华东师范大学研究生毕业的谭琳笔头好，文字在她手里变成了一个个有生命的精灵；徐洪玉是成都市优秀青年教师，教学理念先进，点子多，工作室很多好的创意都源于她。在她俩助力下，我的工作开始得心应手，以前主持总拿着稿子念的我，如今上台就能临场发挥。更可贵的是，一有空她们就拉着我说课堂、谈学生，"逼"着我做教育教学反思。"独行健，众行远"，在这样一个奋励前行、相互扶持的团队中，我想不进步都难。

自我突破，扬帆起航

主动承担专题研讨，做专题发言，上研讨课，做主持人……在工作室专业温情的研修生活中，我一改懈怠，全心投入，大胆尝试，及时反思，先前的自卑、羞怯不见了踪影，精神动力、专业气质和教育理念同步提升：连续三年参与高新区教材培训，加深了对《课标》的认识和理解，悟到了如何用教材和生活来"教文育人"，培养学生的语文核心素养；多次在工作室联盟活动中献课、做讲座，既锻炼了胆量、提升了自信，更在教学中落地生根了"创享课堂"理念。

最近我赴甘孜州参加"国培送教"活动，执教口语交际课《请教》，创设了丰富多样的实践情境，学生全程参与口语交际，掌握了请教方法，体验到了通过"请教"解决生活实际困难的成就感。在座老师听得津津有味，给出了一致好评。那一刻，我感动得要哭。

在日常教学中，我注重落实"学生为中心"和"深度学习"理念，抛弃过分的渲染、花样的形式、烦琐的分析，引导学生从学习中的问题出发，经历真实发现、提出、求解、共享语文素养生长的过程，课堂真实淳朴而趣味盎然。

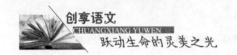

"黄老师，你的语文课堂越来越有趣了！"收到学生这样的小纸条，心里涌起一股暖流，我终于确定自己"站稳了课堂"。

"站稳课堂"，这是我在杨丽工作室艰苦探索、历经挫折、涅槃蜕变的一个叹号，更是一名语文教师"而今迈步从头越"的起点。

（作者：成都市石室天府中学附属小学　黄贺平）

创小语之美　享成长之乐

在小学语文学科育人路上，我与"创享语文"结伴而行，它已慢慢浸润我的每一寸肌肤、流进我鲜红的血液里，成为我熟识的一种生活方式和生命状态。独特的战略视角、缜密的思维拓展、精湛的学术智慧，因它而生长；丰厚的知识积淀、广博的学识积累、充盈的思想灵魂，因它而共享。"创享语文"为每一个孩子、每一位老师插上了腾飞的翅膀，让师生共享教育生命的蓬勃生长。

唤醒"成长的愿望"

温暖的春风吹散寒冬的阴冷，唤醒蓬勃的生机。2021年3月26日，四川省杨丽名师工作室在成都芳草小学开展小学语文"创享课堂"成果展示活动，一群语文人在春的召唤下共赴这场思想盛宴，追寻教育的诗和远方。我作为一名农村偏远山区小学语文新教师，有机会接触这样高端的会议，倍感荣幸。理念落地，课例先行，主题报告会后陈燕老师以五年级阅读课文《刷子李》为例，给与会老师带来了一场别开生面的"创享课堂"：陈老师关注学生个体差异，鼓励学生自由表达，将学生置于课堂学习的中央，珍视学生的独特感受，在师生创生共享的多元互动中，达成学生关键能力和核心素养的培育目标。整堂课犹如一场春雨"润物细无声"，孩子们在不知不觉中完成了一场叩问学识之门、丰盈思想灵魂的精神洗礼。一贯听课记录做得工工整整的我，早已享受在这顿教学大餐中，竟完全忘了做笔记，只能借用吴定初教授的激情赞誉来表达我由衷的佩服："本堂课淋漓尽致地展现了创享课堂的魅力！"思之则活，思活则新，思新则进，沙龙式议课在欢快而温馨的氛围中进行着，各研讨小分队老师们各抒己见、智慧表达、和而不同，在这些教育教学精英们的思维碰撞中，作为一名来自农村学校的新教师，我既没勇气谈课堂，也没底气谈教学，看着老师们精彩纷呈的智慧碰撞，让原本不自信的我更加惶恐，即使把头埋进胸膛，也依旧难以排遣内心的自卑情绪。

一名教师的成长，在于他内心之路的真正觉醒。会议快结束时，一股热泪充盈了我的眼眶，一种说不清的复杂情绪涌上心头，或激动，或遗憾，或珍惜，或心酸。"创享"一词就像一道耀眼的金光从我混沌的思维里闪现并留下深深的烙印。我的内心泛起久违的萌动和兴奋，一名年轻教师渴望成长的愿望被激活，自我蜕变也由此起行。

落地"创享的幼芽"

"学成归来"的我，满怀激动地回到学校，自信满满地向学校传递自己此次外出培训的"硕果"。可就在这个输出过程中，我才明白，很多"创享"的理念我并没有"吃透""消化"，甚至是一知半解，要想把"创享"基因植入自己的语文教学并彰显其独特魅力，可以说是可望而不可即，冷酷的现实劈头盖脸地砸来，我顿感"路漫漫其修远兮"。然而，工作室"素朴轻扬、汇兰沉香"的文化浸润，很快把我从迷茫的泥潭中拉出来，我决定放手一搏：调整视角，自主研读课标，深入解读教材，精心设计教学环节，"胸有成竹"的我不久便邀请我的指导老师参与了我"新鲜出炉"的《赵州桥》一课，毋庸置疑，结果以失败告终——照着教案、拖着学生艰难地走完了流程，还没等他开口，我已羞愧难当，这场"血淋淋"的教训让我至今记忆犹新。

从此，我一头扎进"创享"的海洋，拓展自己的思维，调整剖析教材的高度和深度，从儿童心理特点出发，与他们的生活链接；以问题导航，去除热闹浮华粉饰的浅表性教学，探求教育的本质。对"创享课堂"核心概念进行深入研究领会，对相关问题进行梳理检索，我明确了：创享课堂是以培育小学生语文核心素养为导向，聚焦语文课堂动力和活力激发，着力学生学习力、创造力和精神生长力培养，努力引导学生语言建构、问题解决、创意表达、互动共享，创建适合本班学生语文核心素养生长的新型课堂模型和教学策略。这次改变是全面的、深入的、彻底的，大到教学环节的理论支撑、教学过程的层层深入，小到一个具体的手势甚至一个眼神，我都进行了深入钻研、推敲、调整。功夫不负有心人，以"创享课堂"冠名的真正意义上的汇报课，终于在我校亮相了，校长的一句"小邓的课，听起来很舒服！"简短而有力的评价，使我近期的身心疲惫顿时烟消云散，一种"拨开云雾见青天"的温暖和清新涌上心间。

绽放"创享的魅力"

课虽结束，但感动仍悸动于心，思考仍在延续。暑假期间，我主动参与"'创享语文'之群文阅读课程建设与教学实践"研修活动，虽然"群文阅读"教学模式在省、市学校已流行了十年之久，而在偏远山区学校却少有开展。眼下的我，为寻找破局之法，立足学生语文核心素养培育，以"创享"理念指导，以"践行学科育人，发展语文生命"为价值引领，从"群文阅读"概念出发，了解其内涵、特点及群课构建的基本路径，遵循年段特点，构建彰显"创享语文"特质内涵的课程结构，教学内容基于统编教材中的人文主题及语文要素进行融合创生。我总算勉强撰写出教学设计，几经修改仍有许多不足，最后不得不鼓足勇气向杨老师求助。令我惊喜的是，杨丽老师很快给我引荐了工作室骨干成员王媛老师，她替我诊断教学设计，看着一行行用蓝色标注的修改文字，我感动不已，心中暗想：遇到这样一群良师益友，荣幸至极。深耕细研出成果，这份教学设计最终得到了杨老师及其他专家的认同。

九月份，新一轮教材改革加上"双减"新政落地，如何做到减负提质？"创享"的身影再次点亮了我迷茫的方向，我以"创享"理念导航，大胆尝试，突破自我，一改传统记叙文教学方式，施教《麻雀》一课，以关键字、词、句为切入点，从"落""挓挲""绝望地尖叫""它不能安然地站在高高的没有危险的树枝上，一种强大的力量使它飞了下来"等语言中，引导学生体会老麻雀爱子心切的情感，让学生受到情感熏陶，达到作者、学生、教者三者共情，进而启发学生寻找生活中平凡点滴的母爱事例，由此激发了学生内生性动力和活力。尤其是渗透了母爱的无私与伟大，学生在心底自然而然地升腾起对母爱的敬意。我由此拓展了教材空间，巧妙地挖掘了教材的高"附加值"。

2021年12月底，我有幸担任杨丽名师工作室小专题研究"黄小实践基地"的牵头人，刚接手这项任务时，由于专业能力不强，团队研讨、活动布置、磨课议课都存在诸多障碍。"一个初出茅庐的新教师，怎么有能力带领一群经验丰富的'老手'研究教学呢？"这时杨老师推荐给我的《教师如何做"小课题"》一书如雪中送炭，给我带来了莫大帮助，让我感受到了团队的温情与力量，这也成为我今后继续坚定不移地践行"创享课堂"的不竭动力。

4月21日，作为小专题牵头人，我率先本组教师开启中华优秀传统文化教学之旅，为课题组其他老师提供了可行的课堂实践范式和教学策略。本堂课，我以"古诗词中的爱国情怀"为议题，组合若干诗群，注重回归语文教学本真，从根本上改变认知及行动方式，在这些饱含爱国情怀的古诗词诗群教学中，基于文本主题创设学生为主体的学习情境，设置能提升学生阅读力的问题，让学生求同比异、整合文本信息，充分调动学习积极性，引领学生体会不同诗人表达的爱国情怀，有效提升了学生阅读素养，彻底改变了"师讲生听"课堂，走向"共读共议、共诵共品、共感共情"平等互助的课堂；而且优化了新课标背景下古诗词教学方式，让学生在创享课堂中享受学习中华优秀传统文化的自豪感和成就感。

感恩与杨老师相遇，感谢与"创享课堂"结缘，感激与课题组老师们相识，在工作室"素朴轻扬、汇兰沉香"文化浸润下，我往日的自卑、胆怯已渐渐淡去，教学水平和专业素养迈上了一个新台阶。在不断追寻语文个性化教学的路上，我在"学中教、教中思、思后实践"，在实践中不断修炼、丰盈、提升自己，并将"创享课堂"理念反哺在自己的课堂实践之中，我参与的教学展示、课题研究、汇报交流、论文撰写，都打上"创享"烙印。

（作者：沐川县黄丹小学　邓玉莲）

第三节　洞烛创享语文的育人规律

经过十余年探索积淀，基于语文核心素养生长机理，杨丽名师工作室发掘小学语文学科独特的育人价值，形成了创享语文核心理念，创新性建构了创享语文实践范式，打通了课堂、课外、社团三维学习空间，为学生素养生长提供了广阔场域。回首创享语文探索实践历程，我们探索发现了新时代语文教育规律，明晰优化了语文教学改革和语文教师专业前行的走向与路径。

一、核心素养生长是个人发展诉求与教育要求的辩证统一

新课改以来，语文学习中的知识化、碎片化，语文学习内容脱离生活实际、忽视综合能力和人文素养培养等问题被一再讨论，论者往往把问题归咎于教育管理、语文教材、教师素质及考试制度等，但更深层的原因还在于语文课程设置与社会生活的矛盾。随着信息时代的到来，这一矛盾更加突出，主要表现在知识的爆炸式增长，获取信息的便捷程度、信息的不确定性大大增加，从权威文本中获得知识、依靠教师传授知识的学习方式渐已失效，以积累知识为目标的课程变得越来越力不从心。现代社会生活内容复杂多变，个人处理复杂问题、同他人沟通合作、平衡身心发展、追求精神生活及个性发展的需求日益凸显。

我国在课改中沿用了 OECD 提出的核心素养基本理念，即"素养不只是知识和技能。它是在特定情境中，通过利用和调动心理社会资源（包括技能和态度），以满足复杂需要的能力"。所谓"复杂需要"是学生在未来世界中需要面对的实际问题，运用什么样的知识、方法来解决当前的问题，它包括对各种

资源的整合利用，强调解决现实问题的综合品质。

我们过去认知中的语文知识、语言技能要融入素养培养过程中，但这不能作为语文教学的直接目的，而是发展学生核心素养的必备工具。对接 2022 年版语文课标，结合前期探索，创享语文强调实践化、生活化、情景化、任务化的特质，持续探索语文核心素养的发展性创生，寻求更精准、独特地回应学生发展需求及义务教育新课标的要求，旨在以素养生长实现个人发展诉求与教育要求的辩证统一。

二、核心素养向教学目标的具体转化，是教学目标、内容与行为的内在统一

王荣生指出，设计语文学习任务，其困难在于确立"语文学习任务"是什么，即教学目标和教学内容。确定教学目标、选择教学内容，然后才能设计"有内在逻辑关联的语文实践活动"，即学习流程（教学环节）和学习活动。

创享语文着力核心素养培育，是在新课程标准导向下，着力解决以下问题：核心素养转化为具体的教学目标，创造出适宜素养生长的内容体系，是将目标与内容融入实践性学习的活动中，建构实施既导引学习过程又突出素养发展结果的评价体系（既实现课堂教学目标、过程、结果评价的统一，也是教学评的有机统一），创享语文实现的是教学目标、内容、过程、结果的创生共享，从而实现个体核心素养的优质生长。

创享语文以文化自信、语言运用、思维能力、审美创造四方面素养培育为导向，从不同学段学生的基础、立场、特点与需要出发，尊重学情，遵循课标，明确素养培养目标，明确评估证据、优化课程与教学活动的设计。创享语文通过"三读多追问"将核心素养转化为可行性的教学目标，并确立起相应的教学内容和教学策略，即通过"读课标、读教材、读学生"，深度解读课程标准，精细分解教材内容，联系实际，建立起融合创生性教学内容体系。通过"多追问"主要思考如下问题：对标课标，学生应该了解、理解、掌握什么样的语文素养；对标教材，明确什么内容值得学生了解、理解和掌握；对标学生，锁定学习针对素养培养的重要知识和基本技能，包括过程、策略、方法。在追问中实现"教学以素养导向，以问题导航，向深度学习前行"。"多追问"实际是将素养教学目标具体化，并创造适宜性的教学内容，融入学习活动的过程之中。

三、教学内容的融合创生，是学习任务群组织实施的核心支撑

学习不是模仿，不是被动的知识灌输，不是学生照着教师的示范依葫芦画瓢，而是学习者在与情境的持续互动中，不断解决问题和创生意义的过程。义务教育语文课程内容主要以学习任务群组织和呈现。设计语文学习任务要围绕特定学习主题，确定有内在逻辑关联的语文实践活动。可以说，脱离了富有价值和意义的优质教学内容，就没有任务群的组织和实施，这种优质的教学内容来自教学过程中的内容融合创生，因此教学内容的融合创生是学习任务群组织实施的核心支撑。

正是在这个意义上，创享语文十分注重语文教学内容的融合创生，尤其是基于现有内容学习的内容再次创生。依照《课标》要求，明确年段目标，结合班级学情，对接学生生活实际，将教材内容进行适宜的优化改动、增删变更，使教学内容更加精准适切、生动有趣。既包括教学展开前教师对内容的加工，也真实发生在学生学习过程中，注重将课堂现场生成的知识、情感等及时转化为新的学习内容，引导激发学生围绕学习主题再次创生。这就使学习内容由传统的老师提供变为源于学生自己和同伴的参与创生。例如为学校设计制作宣传片，学生从中学到如何收集资料，如何组织材料，如何表达和写作，在这一过程中知识本身不是学习的目的，而是解决眼下真实问题的工具和资源。知识不是客观和外在的，而是在实践中建构和生成的。

四、注重激扬的情境性评价，是实现语文生命创享的引擎

经过长期的实践探索，创享语文在践行语文新课标精神上，实现了四个方面的评价突破：第一，注重语文核心素养的整体性评价、整体性育人方式评价；第二，注重语文教学过程性评价，将语文学习的深度、效度、精度有机结合起来；第三，注重语文教学激扬性评价，在核心素养导向下，突出教学过程中的激扬性评价，特别是学习动力、学习潜能、学习创造力与学习共享力的激扬性评价，实际是通过评价激发、培育、提升学生的语文学习力；第四，将过去枯燥单调的评价变成情境性评价。一句话，创享语文评价是在关注语文整体素养和学习过程评价的基础上，突出注重激扬的情境性评价，为学生语文学习力发展即语文核心素养生长提供方向性、动力性、潜能性、创生性引擎——语文生命的创享引擎。

当然，创享语文还有待进一步深化、拓展、提质、升华。在创享语文实践中，学生主体的动能发现发掘、充分释放已有突破，但生本动能开发还有待深化。创享评价需要一种通过沁润、感染所形成的自我反省、自我反思，创造富于导向力、激发力、内生力的语文学习评价场。

创享语文需要进一步培育课堂动能系统，一种来自目标、内容、结构、方式、环境的动能，创造认知性发展动能、非认知性发展动能、情感发展动能、新技术动能的有机融合的动力系统，从而导引素养生长的方向、拓展素养生长的内涵、唤醒语文发展的潜能、催生语文的关键能力、内生语文发展的动能，促进学生语文学习力、创造力和精神生长力的融合发展，全面提升学生语文生命质量，优质发展学生语文核心素养。

成长案例

生活融贯，让语文教学"活"起来

"创享语文"注重培育适宜学生语文核心素养的课程内容，突出教学内容的生本适宜性、生活对接性、实践体验性、创生共享性，积极发挥生活经验的教育作用，让学习变得像生活一样自然有趣，达到生活与教学融会贯通的目的。实质上是用教学的眼光审视生活，把生活中的人置于课堂中央，既关注教学的"为我所用"，也关注学生的"舍我其谁"。教学与生活融合贯通有三层含义：课堂唤醒学习经验，经验与新知以某种方式相联系，生活经验参与新知建构。

在"创享"理念下的小学语文学习中，生活化的情境刺激并唤醒了学生的已有经验，学生以同化或顺应的方式联结经验与知识能力，最终以一种全新的具有生活特征的语用图式存入学习经验系统。因此，调用并发挥生活经验的刺激、负载和语用作用，在教学中显得尤为重要。为实现教学与生活融贯，从生活经验在教学中发挥作用的方式出发，可以采取以下教学策略。

一、课内课外互联——生活经验的散点拓展

依托具体的生活情境，将知识应用延伸至生活，会让语言实践变得更加生动而有活力。与常规学习不同，课内课外相互联结，将课堂知识放到实际生活中审视，与生活无缝对接，实现独特情境下某种能力的点状提升，这是生活经验对于语言综合能力培养的优势。

例1：教学三年级下册口语交际《劝说》，教师先让学生明确劝说要点，然后同桌相互练习劝说，最后设计表演了一组情境对话，老师饰演哥哥，与前来劝说的学生进行了一番交流。

生：哥哥，你又在打游戏呀？

哥：怎么了？你个小不点，还来管我？

生：哥哥，我没有管你。只是有道题不会，想请你帮忙。

哥：这还差不多。说吧，什么题呀？

生：让我们去量一量自己步子的长度。我怕自己做不好，想请你和我一起去。

哥：好吧！

生：哥哥，其实你的反应比我快，做事比我细心。我们老师说了，反应快的孩子聪明，就更应该把时间用在学习上。

哥：你又在劝我别打游戏吗？

生：哥哥，你看嘛，我一个人写作业很无聊的，你来陪陪我，一来让你的眼睛休息休息，二来也可以增进我们兄妹的情感，对了，我们还可以玩你喜欢的游戏呢！这样不是更好吗？别老是一个人坐在那儿打游戏，多没意思呀！

哥：你个小机灵鬼，好吧！我陪你玩！

与简单的"看见哥哥又在打游戏，你准备怎样劝说他"的平面任务不同，该设计进一步挖掘生活中较为复杂的交际情境，把单一的自说自话改为活生生的情景再现，其间有针对性的质疑、辩驳、应对，目的是让口语交际的交际性得到体现，将语言学习与个人心理品质、应对能力培养结合起来。"委婉切入、同感回应、有理有据"等口语交际的要求，在情境中得到了落实。

二、活动语言同步——生活经验的线性统整

教学与生活融贯是把学习任务融入生活化的体验中，让学生在经验调取、活动参与中自然而然地接受语言学习，实现经验再认与知识获取、语言习得之间同步发展。在语言学习中有活动，活动体验中有语言，二者平行重叠，保持线性的逻辑一致，把活动和语言紧密结合在一起。

例2：教学四年级上册习作《捏鸡蛋》，为了训练学生"有序的口头表达能力"，老师采取了以"说—做—说"为特征的活动语言同步策略。

师：大家说的这些方法都可以把鸡蛋壳弄碎，那有没有想过用捏的办法呢？一起做一做捏的动作。

师：现在请同学们认真仔细观察老师是怎样捏鸡蛋的。我想找一位同学跟我合作，我边做他边说，请他试着用上"先……然后……再……最后……"这

些词。

生：老师先取出鸡蛋，然后把鸡蛋横放在手心，再用五指紧紧包住鸡蛋，最后使劲捏。

（PPT 展示关键词：取、横放、包住、捏）

师：请同学们仔细观察，老师捏碎没有？没有。通过刚才老师的演示大家都知道该怎么捏了吗？谁愿意上讲台试一试？请你边说边做。

师：想不想都试试呢？现在请每个同学取出你带的鸡蛋，试着来边说边做，最后看看你能把鸡蛋壳捏碎吗？

师：鸡蛋碎了吗？还是没有！现在咱们来一场比赛，看谁动作更标准，谁用劲儿最大。参与比赛的同学按照动作要领捏，其余同学口述捏鸡蛋的步骤。让我们一起来为他们加油吧！

将生活经历或具有生活样态的活动纳入课堂，会让学生产生亲近感。案例中，从"边看边说"到"边说边做"再到"全班齐说"，体现了对生活经验的唤醒与尊重。从"拿过鸡蛋"的直接经验，到"观看老师捏鸡蛋"的间接经验，再到"现场体验"的直接经验，最后生活经验被"口述步骤"代替。至此，学生在参与活动的同时完成了语言学习。尝试体验与语言习得同步，发挥了生活对语言学习得天独厚的优势。

三、具象抽象同频——生活经验的层级调用

让生活情境介入概念的理解中，利用生活经验引导学生在具象、抽象间不断调试，达到逐渐深入理解的目的，是生活融贯理念指导下小学课堂教学的题中之义。

例3：三年级上册《检阅》有这样一句话："事情确实非常难办，因为博莱克左腿截肢了，现在靠拄拐走路。"教师围绕对"截肢"的理解，调动学生的生活经验。

师：结合你在生活中或电视上看到的情况，说说什么是"截肢"。

生：手脚残废了，不能留下，要切掉。

师：哦，切掉。在你们家厨房？用菜刀？

生：不是，是在医院，用专业的医疗器具来切。

师：看来同学们已经理解什么是截肢了。它就是指四肢的某一部分发生严重病变或受到创伤而无法医治时，把这一部分肢体割掉，以防止危及全身。

研究表明，8 至 10 岁小学生处于从具体形象概括向形象抽象概括的过渡阶段。他们在概括中越来越少地依赖事物的外部特征，而更多地依赖事物的本质特征。在他们的概括中，直观、外部的特征或属性的成分逐渐减少，形象、

本质的特征或属性成分逐渐增多。案例中，学生用生活经验组织语言进行概括，教师同样以生活经验提醒学生模糊的说辞不足以把概念说清楚，让学生再度调用生活中的抽象记忆，使用更靠近本质的特征去界定概念。显然，合理巧妙地调用生活经验，用经验语言系统与正在发展中的概括能力进行校正，有利于新概念建构。

四、概念通路并进——生活经验的网状建构

激活扩散模型理论认为，概念的组织依靠的是语义联系或语义相似性，当一个概念被刺激或被加工时，该概念所在的网络节点就会被激活，然后激活便沿连线向四周扩散，先扩散到直接相连的节点，再扩散到其他节点。这样的过程是多链交织的网状结构。因此，刺激生活经验的概念节点，并提供联结的通路，可以充分调取学生的生活经验记忆，为语言学习提供一个强大的背景。

例4：教学六年级上册第五单元习作"围绕中心意思写具体"，教师设计了如下选材练习活动：

师：我们写作文就是要善于调动自己的生活经验，还原生活情景。那么，说到"除夕"，你眼前仿佛出现了什么样的情景？

生：放烟花、做年夜饭、吃年夜饭。

师：你的耳边仿佛听到了什么声音？

生：相互敬酒的声音、鞭炮的噼里啪啦声，孩子们的笑声，春节联欢晚会的歌声。

师：你似乎还闻到了什么味道？

生：饭菜的香味，糖果的甜味，空气中弥漫的火药味儿。

师：说到这里，你真想说：除夕真_____。

生：除夕真令人激动，除夕真给力，除夕真热闹……

师：请你以"除夕真_____"为题写一段话，具体说一说除夕的情景。

学生对一种方法的习得，往往需要"进得去"，也要"摸得着"。"进得去"要有"生活背景"；"摸得着"要有"思考方向"。案例中，对除夕这一概念节点的刺激，激活了学生经验——吃年夜饭，放烟花，守岁等。教师引导的"看、听、闻、想"这样的思考通路，帮助学生传导出了感觉信息，形成了记忆的画面，调动感知觉建构了一个融贯的网络：有事、有人、有情，学生需要做的无非就是围绕中心句有选择性地截取表达罢了。

把生活作为言语学习的刺激源、负载体和语用场，这是需要贯穿课堂教学始终的重要理念。实现生活融贯，需要教师更多地关注生活本身，用教学思维

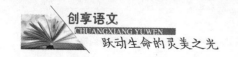

裁剪生活，在备课、上课、拓展、反思等环节，考虑学生的认知及经验，真正做到教学内容生活化、教学形式生活化、知识运用生活化。

（作者：广元市利州区北街小学　曾会苏）

【附录】

从"创享课堂"到"创享语文"：研究大事记

◎2018 年 11 月，杨丽名师工作室应遂宁市教科所、遂宁市船山区教育体育局邀请，与遂宁市高升实验小学联盟开展了"聚焦名师语文课堂 走近优秀传统文化"研讨活动。工作室成员黄玉军、陈燕同课异构《漫画经典》，彰显了杨丽名师工作室"涵育语文素养，激扬生命个性"教学主张。

◎2019 年 5 月 12 日，杨丽名师工作室在成都蒙彼利埃小学开展 2018 年成都市教育科研立项课题《基于语文关键能力培育的小学创享课堂实践研究》开题论证会。

◎2019 年 6 月 13 日，杨丽名师工作室携手重庆市树人教育研究院，在芳草小学开展了"小学语文创享课堂之群文阅读教学"专题研讨活动。

◎2019 年 7 月 17 日，杨丽名师工作室邀请《教育科学论坛》副主编张泽科指导工作室文化建设。

◎2019 年 10 月 7 日，杨丽名师工作室邀请四川省小语学会副会长殷宗祥、《教育科学论坛》副主编张泽科指导"创享课堂"课题研究，就"创享课堂"的内涵等理性认识成果进行了梳理。

◎2019 年 11 月 19 日，杨丽名师工作室在成都外国语学校附属小学（美年校区）开展了"'创享课堂'之口语交际教学"专题研讨，工作室成员曹小连老师执教二年级口语交际课《商量》，黄贺平老师作口语交际教学专题交流，四川省小语学会副会长殷宗祥现场点评。

◎2019 年 12 月 10 日，杨丽名师工作室在成都高新区芳草小学（南区）开展了"基于语文关键能力培育的'小古文'创享课堂"专题研讨，并向德阳市名师工作室导师及骨干成员研修团队作交流展示。

◎2020 年 5 月 13 日，杨丽名师工作室参加了成都高新区组织的 2020 年度教育科研课题阶段评审及线上答辩。

◎2020 年 11 月 11 日，杨丽名师工作室在成都高新区芳草小学南区开展了"培育语文核心素养的创享课堂'整本书阅读教学'专题研讨"，杨丽省、市、区名师工作室成员及学员线上线下参与活动，广东河源市名师高级研修班50名学员现场观摩并互动交流。

◎2020年12月14日，杨丽名师工作室举办了《"创享"文化浸润下的群文阅读课型建构与实践研究》开题会，此课题系全国教育科学研究"十三五"规划课题《基于大规模推广的群文阅读理论与实践深化研究》的子课题。四川省教育科学研究院义务教育研究所刘晓军副所长莅会指导。

◎2020年12月15日，杨丽名师工作室线上开展了"'创享课堂'之信息技术与教育教学深度融合"专题培训，邀请了四川省电化教育馆共建共享资源部高志丽老师作专题指导。

◎2021年3月16日，杨丽名师工作室在成都高新区小学语文教材培训活动中作"'创享语文'之综合性学习单元教学"专题研究展示，以四年级下册第三单元《轻叩诗歌的大门》为例，展示了"创享语文"教学中的"整合与创生"思想。

◎2021年3月26日，由成都市教育局指导，成都市教育科学研究院主办，成都高新区教育文化和卫生健康局、成都高新区芳草小学承办的四川省杨丽名师鼎兴工作室小学语文"创享课堂"成果展示暨"创享语文"开题论证会在高新区芳草小学（南区）举行。"创享课堂"研究成果线上线下向全市展示，"小学创享语文的建构与实践"课题（四川省教育科研名师重点课题）开题，成都教育科学研究院谭文丽副院长、黄静梅所长，四川师范大学吴定初教授、成都大学陈大伟教授等专家莅临指导。本次活动还为首批16个"四川省杨丽名师工作室'创享语文实践基地'"进行了授牌。

◎2021年11月，四川省杨丽名师鼎兴工作室启动了"创享语文之习作教学"专题研究，川东工作站四个工作坊各打磨了一节习作课例，省、市、区工作室各研究团队自主组织异步观摩、交流。12月1日，工作室进行了线上集中研讨、交流。

◎2021年12月27日，杨丽名师工作室线上线下开展"'创享语文'小专题研究"培训活动，现场发布"创享语文"研究方向，杨丽省、市、区工作室及创享语文实践基地学校自主确定研究意向，确立了21个"创享语文"小专题。

◎2022年3月15日，杨丽名师工作室在成都高新区小学语文教材培训会上，作"'创享语文'引领下的实践类长作业设计"交流，展示了"中秋——节日作业""大运会——时点作业""暑期——主题探究作业"三项作业设计成果。

◎2022年5月13日，四川省杨丽名师鼎兴工作室"创享语文"实践基地校——成都市双林小学御风分校承办了"创享语文"习作教学研讨活动，初步探索"大任务"驱动的习作指导课。

◎2022年5月17日，四川省杨丽名师鼎兴工作室徐洪玉工作坊、刘燕工作坊云端联合开展了"'创享语文'理念下的单元统整教学"专题研讨活动。

◎2022年7月19日，工作室举行了《"创享语文"理念下的中华优秀传统文化课程群建设》（四川省教育厅四川师范大学基础教育课程研究中心2021年度规划项目）《"创享语文"理念下的小学综合性学习课程建构与实施》（高新区2022年度教育科研规划课题）两个课题的开题会，进一步推进"创享语文"选点深耕。

◎2022年11月15日，四川省杨丽名师鼎兴工作室在四川省教育科学研究院附属实验小学举办了"'创享语文'理念下的识字写字教学"专题研讨，探索"学习任务群"视域下的课堂教学实践，展开沙龙研讨。

◎2023年3月16日，四川省杨丽名师鼎兴工作室开展了"创享语文"小专题研究成果阶段成果展示活动，按"创享语文之大单元教学研讨""创享语文之作业开发与实践""创享语文之特色项目研究""创享语文之教学评价研究"四个板块分设线上会议室，共有21个小专题进行了交流。

◎2023年5月26日，四川省杨丽名师鼎兴工作室与"创享语文"实践基地成都蒙彼利埃小学联合开展研讨活动。工作室学员张蕾、高敏敏分别执教习作课《我的自画像》及阅读课《巨人的花园》。杨丽省、市、区名师工作室成员（学员）以及各"创享语文"实践基地学校线上线下观摩，安徽省六合市王先如名师工作室36名老师现场参与本次活动。

◎2023年6月16日，四川省杨丽名师鼎兴工作室创享语文"中华优秀传统文化"暨"综合性学习"课程建构与实施专题研讨活动在"创享语文实践基地"——成都市成华区双林小学御风分校举行，四川省杨丽名师鼎兴工作室领衔人杨丽带领工作室省、市、区三级名师工作室成员（学员）、各创享语文实践基地学校教师代表等齐聚一堂，通过课例探讨和讲座共享创享语文研究成果。

◎2023年8至9月，杨丽省、市、区名师工作室及"创享语文实践基地"联合开展了"千人共读 学以致教"读书活动，共读《深度学习设计模板与示例》一书。9月26日"2023年成都市教师读书展示活动（高新站）"现场，杨丽省、市、区工作室30名成员、学员代表化身"学生"，在工作室领衔人杨丽老师与成员徐洪玉老师的双师课堂上，聚焦"'深度学习'vs'创享语文'"这一话题，演绎了一堂别出心裁的"教师读书现场课"。

"创享语文"的相关获奖

◎2021.03　杨丽名师工作室主研课题《核心素养导向的小学创享课堂实践范式》荣获四川省人民政府教学成果二等奖。（四川省人民政府）

◎2019.12　杨丽名师工作室主研课题《基于关键能力培育的小学创享课堂实践研究》，在成都市教育科研课题2019年度阶段成果评审中获二等奖。（成都市教育科学研究院、成都市教育科学规划领导小组办公室）

◎2020.12　杨丽名师工作室主研课题《培育语文核心素养的小学创享课堂实践研究》，在成都市教育科研课题2020年度阶段研究成果评审中，获一等奖。（成都市教育科学研究院、成都市教育科学规划领导小组办公室）

◎2022.10　杨丽名师工作室主研课题《小学"创享语文"的构建与实施》，获四川省教育科研成果阶段评审二等奖。（四川省教育科学研究院）

◎2023.07　杨丽名师工作室主研课题《小学创享语文的构建与实践研究》，获2023年度四川省教育科研阶段成果评审二等奖。（四川省教育科学研究院）

◎2021.01　论文《聚焦语文核心素养培育的"创享课堂"实践研究》获四川省小学语文教学论文评审一等奖。（四川省教育科学研究院）

◎2022.12　论文《打开语文学习的"创享"之门》获四川省2022年小学语文教学论文评选一等奖。（四川省教育科学研究院）

◎2019.11　杨丽名师工作室成员徐洪玉老师参加全国名校联盟、《小学语文教学》编辑部、《小学教学设计》编辑部主办的小学语文青年教师课堂教学大赛，课例《书本里的蚂蚁》获全国一等奖。

◎2019.04　杨丽名师工作室成员李明镜老师参加全国小学作文名师工作室联盟活动，展示作文课例《察言观色写味道》，获特等奖。

◎2019.12　杨丽名师工作室成员李明镜老师执教的《我和＿＿过一天》，在首届全国统编小学语文教科书优质课活动中被推荐为优质课提名。（人民教育出版社、课程教材研究所）

◎2023.10　杨丽名师工作室学员陈慧婷老师执教的《形形色色的人》一课，在第四届小学青年教师语文教学展示与观摩活动做视频课示范。（中国教育学会小学语文教学专业委员会）

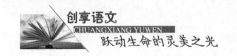

"创享语文"的宣传报道与辐射推广

一、宣传报道

2019.07　《语文报》"名师 T 型台"宣传推介杨丽名师工作室。

2020.02　《教育科学论坛》（2020 年第 2 期）彩页宣传杨丽小学语文名师工作室。

2020.04　《教育科学论坛》（2020 年第 4 期）彩页宣传杨丽名师工作室《构建"创享课堂"培育关键能力》。

2020.06　《教育科学论坛》（2020 年第 6 期）专题宣传杨丽名师工作室文化建设成果《淬炼教师集群成长的先锋力量——成都高新区杨丽名师工作室文化建设透视》。

2020.10 至 11　《教育科学论坛》（2020 年第 10、11 期）连续两期专题推介《让语文核心素养在"创享课堂"中蓬勃生长》（上、下）。

2021.04　四川广播电视台科教频道"川教观察"报道杨丽名师工作室"创享课堂"成果展示活动，题为《成果展示促提升 经验分享共成长》。

2022.10　《四川教育》（2022 年/9A）"名师引领"专栏以"深耕教学，铸造'创享语文'品牌"进行了专题报道。

2023.03　《教育科学论坛》（2023 年第 3 期上旬刊），专题推出创享语文研究成果，专题名称《从创享课堂到创享语文——植根核心素养的语文育人方式变革与实践新探》。

2023.03　《新作文·亲子读写》（2023 年第 3 期）封面宣传工作室成员李智——读写研究名师；封底宣传工作室——读写名师工作室 四川省杨丽名师鼎兴工作室。

2023.04　《教育科学论坛》（2023 年第 4 期上旬刊）彩页宣传四川省杨丽名师鼎兴工作室团队文化。

2023.05　营山县电视台报道，题为《四川省小学语文"创享"课堂（营山）论坛在城北实验学校成功举办》。

2023.06　《教育科学论坛》（2023 年第 6 期中旬刊）彩页宣传杨丽名师工作室创享课堂及创享语文实践成果，并作专题推介——《"五育"融合视域下"创享语文"改革实践（专题）》。

2023.06　《教育科学论坛》（2023 年第 7 期中旬刊）彩页宣传创享语文实践基地校风采、工作室送培送教及典型成员成长风采，并作专题推介——

《素养导向下的"创享语文"教学路径新探（专题）》。

2023.06　成都市广播电视台"天府教育"报道，题为《四川省杨丽名师鼎兴工作室开展"创享语文"专题研究活动》。

2023.09　四川广播电视台科教频道"川教观察"报道杨丽名师工作室读书活动，题为《以专业阅读促进教师专业发展》。

2023.10　《四川教育（综合版）》（2023.10C）专题报道杨丽省、市、区名师工作室建设经验，报道题目《创享语文，丰盈生命——杨丽省、市、区三级名师工作室特色创建路径》。

二、辐射推广

◎2018.04.18至21　杨丽名师工作室成员——芳草小学徐洪玉、新光小学黄贺平代表工作室赴郑州参加"郑蓉杭渝四地名师工作室好课堂学术研讨活动暨2018问道中原四地名优教师名校长高峰论坛"活动，黄贺平老师执教展示课《池上》，徐洪玉老师现场评课作工作室建设经验交流。

◎2019.03　杨丽名师工作室在2019年四川省名师工作室联盟活动——"名师工作室"与小学语文教师专业发展高段论坛上交流创享课堂的探索。

◎2019.03　杨丽名师工作室成员李明镜老师应邀在"广安骨干教师培训"活动展示习作课例《我和　过一天》，并作《让教材习作在童年世界中"重生"》专题讲座，传递了工作室"创享语文"教学改革主张。

◎2019.04.09至11　杨丽名师工作室成员李明镜老师代表工作室参加全国小学作文名师工作室联盟活动，展示课例《察言观色写味道》，彰显了杨丽名师工作室创享习作教学主张。

◎2019.11.15　杨丽名师工作室成员庚婷婷老师代表工作室赴甘孜州稻城县、乡城县以及雅江县三地，参加由成都师范学院培训中心组织的"国培计划（2018）"——中西部项目计划送教下乡活动，展示"创享课堂"课例《名字里的故事》《青蛙写诗》，并作《口语交际——孩子自信表达的舞台》《低段识字教学怎么教》专题分享。

◎2019.11.15　杨丽名师工作室成员成都市教科院附属学校西区吕婧老师代表工作室赴甘孜州城关第二完小，参加由成都师范学院培训中心组织的"国培计划（2018）"小学语文送教下乡活动，展示"创享课堂"之习作教学。

◎2019.11.15　杨丽名师工作室成员黄贺平老师代表工作室赴甘孜州新龙县，参加由成都师范学院培训中心组织的"国培计划（2019）"小学语文送教下乡活动，展示"创享课堂"之口语交际教学及专题分享《在融创乐享中提升语言表达力》。

◎2020.06.18　杨丽名师工作室成员邛崃北街小学王婷老师代表工作室赴甘孜乡城县，参加由成都师范学院培训中心组织的"国培计划（2019）"小学语文送教下乡活动。

◎2020.12.04　应广汉市教育科学研究所教师培训中心及李育兵名师工作室邀请，开展专题创享课堂专题送培活动，杨丽区级工作室成员张霞上展示课《王戎不取道旁李》，谭琳分享《创享课堂》，杨丽作统编教材培训及创享课堂课例点评。

◎2020.08　领衔人杨丽老师受全国"新课标"作文教学活动组织委员会、新作文杂志社邀请，在"名师教你教作文"2020年暑期线上研修活动中参与"统编教材童话类习作主题沙龙研讨"。

◎2020.11.09至14　杨丽名师工作室为"国培计划"西藏自治区乡村小学优秀教师助力培训项目班学员作"创享语文理念下的习作教学"专题培训，杨丽作专题讲座，徐洪玉、谭琳作课例展示。

◎2020.11.26　杨丽名师工作室赴眉山市青神县学道街小学开展"创享课堂"专题送培活动，黄玉军、徐洪玉上整本书阅读展示课，陈燕作创享语文理念下整本书阅读教学专题分享，杨丽作创享课堂专题报告。

◎2020.12.02　杨丽名师工作室向乐山市校长研修班学员展示"创享课堂——口语交际教学专题研讨"。

◎2020.12.05　杨丽名师工作室成员陶金金老师代表工作室赴甘孜州炉霍县，参加成都师范学院培训中心组织的"国培计划（2020）"小学语文送教下乡活动。

◎2020.12.06　杨丽名师工作室开展了"培育语文核心素养的创享课堂——习作教学专题研讨"，巴中市国培班50名校长参与现场研修。

◎2020.11.14　应四川师范大学继续教育培训中心邀请，为西藏自治区国培计划乡村优秀青年教师作专题讲座《习作教学的未来转型》。

◎2020.11　应东部新区胡建名师工作室邀请作专题讲座《愿生命的笛音一路嘹亮——我的自主成长与协同创享之路》。

◎2020.11　应成都东部新区邀请面向草池学区开展"构建创享课堂，培育语文素养"专题研讨活动，杨丽作专题讲座《创享课堂：让生命蓬勃生长》，徐洪玉执教展示课《失落的一角》，黄玉军执教展示课《神话故事》。

◎2020.12.28　四川省杨丽名师工作室成员谭琳代表工作室赴甘孜州新龙县，参加成都市师范学院培训中心组织的"国培计划（2019）"小学语文送教下乡活动。

◎2021.01.31　领衔人杨丽老师受全国"新课标"作文教学活动组织委员会、新作文杂志社邀请，在"名师教你教作文"2021年寒假线上研修活动中作《在观察与表达中创享》专题交流，徐洪玉老师的习作课例《看图画写一写》线上展播。

◎2021.03.24　四川省杨丽名师工作室成员徐洪玉老师应邀代表工作室赴"创享语文"实践基地——眉山市青神县学道街小学集团专题送培。

◎2021.04.06　四川省杨丽名师工作室选派成员徐洪玉、张悦悦老师赴成都东部新区三岔湖小学作"创享语文之习作教学"专题送培。

◎2021.05.17　四川省杨丽名师鼎兴工作室领衔人杨丽及骨干成员代表受邀来到巴中市巴州四小，与巴中、广元、达州、广安四市的300余名小学语文教师共同就"创享阅读课堂　润扬生命成长"主题展开了一次跨区域的联合研讨活动。

2021.06.02　工作室领衔人杨丽老师为青海省西宁市校长、名师参访团作《创享课堂：让生命蓬勃生长》专题交流。

◎2021.07.26　工作室领衔人杨丽老师为重庆市渝北区"未来教育家"（第二批教育家型教师和校长）培训对象作讲座《创享语文 放歌生命》（中国教师教育网）。

◎2021.09.26　工作室领衔人杨丽老师应四川师范大学继续教育培训中心邀请，为成都市小学语文骨干教师作《"创享语文"理念下的整本书阅读教学指导》。

◎2021. 12.06—10　应四川省继续教育成都师范学院培训中心邀请，杨丽名师工作室选派成员蒙彼利埃小学刘佳老师赴甘孜州参与"国培计划（2020）"——中国西部项目甘孜州巴塘县送教活动。

◎2022.03—07　工作室应四川交通广播电台"家有萌娃"栏目邀请，围绕"创享语文 放歌生命——培养语文核心素养"作专题系列访谈（共10期）：《确立正确的育人观》《培养孩子的语文学习兴趣和习惯》《趣味识字，提升识字能力》《日常生活中如何培养孩子的倾听和口头表达能力》《让孩子爱上朗读》《学会书面表达》《让孩子学会提问探究》《生活中培养孩子的综合能力》《语文学习方法分享》《激发学习内驱力》。

◎2021.06　应邀在中国教师报"课改中国行·新解新教师"第98场在线直播《核心素养下小学语文"创享课堂"实践》。

◎2021.07　工作室应邀到广元利州区北街小学集团送培，陈燕、徐洪玉分别上展示课《刷子李》《失落的一角》，杨丽作《核心素养导向的小学语文课

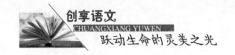

程－教学－评价一体化改革》专题讲座。

◎2022.08.20　工作室应邀为崇州市明湖小学作"新课标 新课堂 新教研"专题送培：杨丽专题讲座《落地核心素养的"课程－教学－评价"一体化改革》，徐洪玉执教作"新课标理念下课堂教学方式转变"课例展示《失落的一角》；谭琳作"创享课堂"教学成果分享《践行创享课堂，落地核心素养》，并主持议课沙龙。

◎2023.02.10　工作室领衔人杨丽应邀在中共攀枝花市仁和区委员会教育工作委员会组织的仁和区中小学、幼儿教师2023年寒假培训中作专题讲座《核心素养导向的"课程、教学评价"一体化改革》。

◎2023.03.01　杨丽应邀远程为郑州市管城回族区黄瑞名师工作室团队作《创享语文 放歌生命——小学语文课程变革的独立行走与集群创享》专题报告。

◎2023.04.12　工作室领衔人杨丽老师应中国教师教育网邀请为凉山州2022年市州统筹实施项目县级教研组长作专题培训《新课标背景下教学评一体化改革》。

◎2023.04.26　工作室领衔人杨丽老师为温江区小学语文青年教师骨干班学员（60人）作专题讲座《新课标背景下的小学语文教学改革》。

◎2023.05.22　杨丽名师工作室应四川省南充市营山县教育科技体育局、营山县教科所、营山县教师进修校邀请，走进南充市营山县开展"四川省小学语文创享课堂（营山）论坛"学术研讨会，工作室成员陈燕、张蕾分别作《牧场之国》《我的"自画像"》课例展示，领衔人杨丽老师作《核心素养导向的小学语文创享课堂实践》专题报告。

◎2023.05.23　工作室领衔人杨丽老师走进双流区车爽名师工作室，作《核心素养导向的创享语文实践》专题讲座。

◎2023.05.26　工作室领衔人杨丽老师应安徽教育出版社邀请，为安徽省六合市王先如名师工作室团队作《核心素养导向的创享语文实践》专题讲座，并展示创享语文课例。

◎2023.06.08　工作室领衔人杨丽老师为青海省西宁市城北区博雅小学教师团队作专题讲座《核心素养导向的创享课堂实践》。

◎2023.08　杨丽名师工作室成员徐洪玉、谭琳应邀为简阳市中小学新教师作"创享课堂"专题培训。

◎2023.09.23　工作室领衔人杨丽老师应中国教师教育网邀请，为凉山州会理市小学语文骨干教师（70人）作专题讲座《研读课标·读懂教材·变革教学》。

"创享语文"相关论文（案例）发表

序号	文章题目	作者	刊物名称、期数
1	《创建"三乡"：变知识为素养》	杨丽	《四川教育》（2023 年第 10 期）
2	《问题导航，点亮思维的个性之光——〈失落的一角遇见大圆满〉整本书教学设计分析》	徐洪玉 张颖 徐辰丞	《四川教育》（2023 年第 10 期）
3	《素养导向的"创享语文"教学路径新探》	杨丽等	《教育科学论坛》（2023 年第 7 期）
4	《课堂巧施妙招 语文绽开创享花》	黄黎明等	《教育科学论坛》（2023 年第 7 期）
5	《小学"创享语文"教学情境创设策略》	袁玲	《教育科学论坛》（2023 年第 7 期）
6	《学习任务群视域下的"创享语文"教学策略》	文萍 邓琴 杨丽	《教育科学论坛》（2023 年第 7 期）
7	《小学语文课堂应合理运用现代信息技术》	张翼萍	《教育科学论坛》（2023 年第 7 期）
8	《发掘小学语文教材中的"五育"融合要素》	刘燕	《教育科学论坛》（2023 年第 6 期）
9	《"五育"融合理念指导的创享语文教学路径探索》	徐荣嵘	《教育科学论坛》（2023 年第 6 期）
10	《在跨学科主题活动中探索"五育"融合——以生活为源泉设计"创享语文"实践活动的教学尝试》	钱军 罗红梅	《教育科学论坛》（2023 年第 6 期）
11	《"五育"融合视野下的"创享习作+"融合课程实践》	邱华	《教育科学论坛》（2023 年第 6 期）
12	《打开语文学习的"创享"之门》	杨丽 王媛	《教育科学论坛》（2023 年第 3 期）
13	《课堂创生：为了语文核心素养的蓬勃生长》	谭琳 徐洪玉	《教育科学论坛》（2023 年第 3 期）
14	《信息技术赋能创享语文》	黄珂 庾婷婷	《教育科学论坛》（2023 年第 3 期）
15	《在情境性评价中激扬语文创生力》	陈燕 黄玉军 庾婷婷	《教育科学论坛》（2023 年第 3 期）

序号	文章题目	作者	刊物名称、期数
16	《让儿童享拥一种有价值和情趣的语文生活——兼谈家庭语文育人观及其育人方式》	杨丽 张泽科	《教育科学论坛》（2022年第11期）
17	《想象，撑起童话阅读的星空》	杨丽 黄玉军	《语文报·小学教研版》（2021年第8期）
18	《合理预测，创享表达——以三年级上册〈续写故事〉为例谈续写教学策略》	庾婷婷 王媛 张冶	《语文报·小学教研版》（2021年第8期）
19	《观察质疑 想象丰疑 共享美疑》	谭琳	《新作文 小学创新作文教学》（2021年第7—8期）
20	《评价激扬，插上课堂创享的翅膀》	陈燕 黄玉军	《教育科学论坛》（2020年第11期）
21	《融合创生为课堂赋能——基于核心素养培育的小学语文"创享课堂"内容建构》	庾婷婷 王媛	《教育科学论坛》（2020年第11期）
22	《活动体验：实现语文课堂创享的根本途径》	谭琳 徐洪玉	《教育科学论坛》（2020年第11期）
23	《"UbD逆向设计"：凸显语文"创享课堂"的优势特征》	黄珂 黄贺平	《教育科学论坛》（2020年第11期）
24	《聚焦语文核心素养，建构践行"创享课堂"》	杨丽 杨晓霞	《教育科学论坛》（2020年第11期）［被人大复印报刊资料《小学语文教与学》（2023年第3期）全文转载］
25	《素朴轻扬 汇兰沉香——杨丽名师工作室文化生长景象溯源》	张泽科 杨丽等	《教育科学论坛》（2020年第6期）
26	《乐享求真，融创铸魂》	王媛	《教育科学论坛》（2020年第6期）
27	《越过山丘……》	朱宏芳	《教育科学论坛》（2020年第6期）
28	《从专业蜕变到品行修炼》	唐建敏	《教育科学论坛》（2020年第6期）
29	《我和＿＿＿过一天》	李明镜	《新作文 小学创新作文教学》（2019年第11期）
30	《以漫画学经典：吹来一股语文教学新风》	杨丽	《教育科学论坛》（2019年第5期）

序号	文章题目	作者	刊物名称、期数
31	《漫画经典——蔡志忠漫画经典群文阅读》	黄玉军	《教育科学论坛》（2019 年第5 期）
32	《小学生借漫画读经典的策略初探——以六年级〈借漫画读经典〉教学为例》	陈燕	《教育科学论坛》（2019 年第5 期）
33	《熊蚊趣事》	李明镜	《新作文 小学创新作文教学》（2019 年第 1—2 期）
34	《培育语文素养，激扬生命个性》	杨丽	《教育科学论坛》（2018 年第10 期）
35	《发掘"三妙"，领悟小说结尾的美妙意境》	陈燕	《教育科学论坛》（2017 年 4月上月刊）
36	《飞翔生命的笛音——小学生文艺社团创建的实践研究》	杨丽	《教育科学论坛》（2016 年第12 期）
37	《生活的情趣 诗意的飞翔》	杨丽	《作文精选》（2016 年第 4期）
38	《"语言储蓄所"：让记忆插上翅膀》	杨丽	《中国教育学刊》（2004 年第11 期）
39	《为规则护航》	杨丽	《四川教育》（2014 年第 2—3 期）
40	《看图画 写一写》	杨丽 徐洪玉	《新作文 小学创新作文教学》（2021 年第 1—2 期）
41	《古诗二首》	杨丽	入选山东教育出版社出版的《名师语文课·小学卷》（顾之川主编）
42	《素朴轻扬 汇兰沉香——杨丽名师工作室教师内生发展素描》	杨丽 谭琳等	《未来教育家》（2019 年第11 期）
43	《名师工作室：锻造名优教师持续发展的专业引擎》	杨丽 张泽科	《教育科学论坛》（2019 年第2 期）

后　记

2008 年，时任成都高新区芳草小学语文教师的我收到了一封学生联名信："杨老师，语文课好没意思哦！明明一读就懂的课文，老师却要讲上两、三节课，一个词语、一个句子挖来挖去，非得要挖出个'多层意思'……一个接一个的问题问下来，我们都懒得搭理……语文作业也是抄抄写写、读读背背，真是乏味……根本没有数学课刺激……"

这封信深深刺痛了我的自尊——自以为教材解读能力强，自以为教学设计精巧，自以为课堂教学行云流水且时有精彩，自以为……竟然遭到了学生的如此质疑！

当我把这一遭遇向同学科老师们吐露时，没想到他们竟习以为常："数学嘛，学生只要掌握了方法，做一道就能得分，学生有一种打游戏积分的感觉，自然带劲……语文学科当然是读读背背、抄抄写写、问问答答，我们已经习惯学生在语文课上'休养生息'了……"

我陷入了沉思，"语文是百科之母，与我们的学习和生活关系最紧密，没有谁能离得开她……为何这样不被学生待见呢？"静观当前语文课堂，阅读课大多按"引入课题—初读了解内容—细读理解内容、体会思想情感—分析写作特点及方法、布置学生练写"的流程教学；习作课同样按部就班，"审题明要求—结合例文讲方法—确定写作内容—列出习作提纲—完成习作初稿—讲评习作修改誊抄"；而教科书中的"综合性学习"课程内容更是被虚化和省略。显然，学生在这样的语文课上学到的不过是一篇篇的课文内容，了解到的也不过是一些碎片性的语文基础知识和名词概念，学生习作沦为"任务完成"，何谈"情动辞发"？

"学生不是来'忍受语文'的，而应是来'享受'语文的！"我暗下决心，一定要改变当前语文课堂现状，为学生开创一个崭新的语文学习新世界！

"教育就是用中国文化的基本精神滴灌孩子的生命之魂""站上讲台就是生命在歌唱"……我从人民教育家于漪老师的语文教育思想中汲取营养，探寻语文学习的本质和意义！"语文是生命的文字歌唱"是我对语文学科本质的基本表达——语文教学是师生基于语文课程展开的交往、互动、生长的过程，应培养学生认识生命、歌唱生命、表达生命的语文能力、文化底蕴和人文精神，导航生命走向、激发生命动力、提升生命品质。我以"点燃心灵、点醒智慧、点亮人生"为课堂教学的艺术追求，即以教师的激情和智慧创造出真实、生动而富有价值的教学情境，激活和提升学生的情感、智慧和道德生命，共享生命互动生成的愉悦和美丽。

研读当时的课标［《义务教育语文课程标准》（2011 年版）］，我进一步探寻语文课程的本质及教学规律："语文课程是一门学习语言文字运用的综合性、实践性课程""工具性与人文性统一，是语文课程的基本特点""语文课程必须面向全体学生，使学生获得基本的语文素养""语文是实践性很强的课程，应着重培养学生语文实践能力，而培养这种能力的主要途径也应是语文实践""学生是学习的主体，应关注个体差异和不同的学习需求，积极倡导自主、合作、探究的学习方式""语文课程应该是开放而富有创新活力的"……由此，我确立了"涵育语文素养，激扬生命个性"的语文育人目标，并描画了学生语文素养发展愿景——"会阅读、善思考、勤实践、乐表达"，我努力为学生创建"丰厚阅读、个性表达、多彩生活、缤纷展示"的语文生活——着力"阅读""表达""综合实践"三类语文学习课程，探索"读写联动""问题探究""经典诵唱演""阅读与演讲""习作分享"等多样课型，为学生搭建"笛音文艺社"这一长线的综合性学习平台，实施语文素养发展性评价，培育"自主互动、多元生成"的语文学习生态，激发了学生学习潜能与发展活力。

持续 5 年的独立行走、班本实践，我的语文课堂已从过去的"精于设计、步步为营、绵密大气"的教学特色发展为"真情质朴、灵动轻扬"的教学风格。我享受着和学生一起在课堂中的生命交响，课堂上没有学生的正襟危坐、束手束脚，没有学生的被动参与、表面迎合、无病呻吟，没有虚假表演和喧嚣浮华……

2016 年，我获批成立了成都高新区小学语文杨丽名师工作室，与首批 22 位成员、学员老师们踏上了集群探索语文教改之路。"师傅，为什么你的课堂上学生总是那么活跃、自信、自主？""我的学生总是不积极，课堂上我抛出的问题学生都不愿意接招，感觉自己上课就好像在自问自答。""学生为什么越到高年级就越不想举手了呢？""我的课堂为什么那样沉闷，总是不能形成互动的氛围呢？""学生的素养生长怎样体现在课堂呢？"……第一轮集体诊断工作室老师们的课堂，大家七嘴八舌吐露烦恼与困惑。我抛出刚刚发布的《中国学生

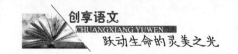
发展核心素养》，引导老师们对标"核心素养"分析现实语文教学弊端——以知识和技能训练为目标、以提高考试分数为中心、以走完教案为目的的告知式、灌输式、训练式、牵引式语文课堂教学，使学生陷入了被动学习、疲态学习、虚假学习、浅表学习的发展困境，缺失了学习动力与活力，缺失了探究力和创生力，导致语文核心素养生长乏力。

工作室进而展开"理想的语文课堂"头脑风暴——

"注重创设真实情境，实施问题导学，培育语文素养生长的实践体验场域。"

"灵活运用以学为中心的启发式教学、互动式教学、体验式教学、探究式教学等多种教学方式。"

"课堂应是民主、自由、开放、包容、绿色、生态的。"

"理想的课堂应充满活力和创造力，学生思维灵动、富有个性。"

"教师把学习的权利、时空还给了学生，学生在课堂上可以多元对话、共同分享。"

......

我们达成了共建"理想的语文课堂"共识与追求：在彰显"多元创新""共享共赢"特质的新时代，按部就班传授知识、培养人才的做法正被抛弃，教育变革的核心正走向"提供选择与学会选择""让学生从被动接受走向创新性学习"；课堂教学必须从知识传授和技能训练为主导的传统模式，转向发展学生应对现实世界、适应未来社会的关键能力和必备品质的新型模式。于是，我们把理想的语文课堂命名为"创享课堂"。

2018年，我获批成立了成都市小学语文杨丽名师工作室，申请立项了市级名师专项课题，市、区两级工作室踏上了"聚焦核心素养培育的小学语文创享课堂"实践研究之路。

"创"即创生、创造、创新；"享"即享受、乐享、共享。"创享"二字的提出，并非为了"贴标签""博眼球"，我们希望以"创享"二字的丰富内涵引领老师们探索充满活力、实践力、创造力、幸福力、共享力的语文课堂和语文生活。

我们赋予了"创享课堂"这样的实践价值——小学语文创享课堂是聚焦课堂动力与活力激发，着力学生学习力、实践力、创造力和精神生长力培育，引导学生经历语言建构、问题解决、创意表达、互动共享的学习过程，从而实现文化素养、语言素养、思维素养、审美素养融合共生的课堂。"创"聚焦课堂动力与活力激发，突出学习力、实践力、创造力、精神生长力培育。"享"指向学习过程与成果共享。"创"与"享"互动交融，共促课堂从教走向学、从学走向创、从创走向享，实现"教、学、创、享"共生共进。

我们构建了"创享课堂"的实践范式，即以"践行学科育人，发展语文生命"为价值引领，坚持"情境创建、统整融通、创生共享"三大原则，践行"预热点、启学点、点拨点、生成点、升华点"五个节点，采用"自主体验、深度探究、仿创迁移、多元分享"四种学习方式，构建"语言思维型、语言审美型、语言文化型"三类课型，实施"动机唤醒、内容创生、思维激发、多元互动、评价导航"五种策略，以达成"培育小学生语文核心素养"育人目标。

"创享课堂"在实践中彰显出了如下特征：情境性，即为学生创建了对接生活、问题导引、情趣交融的学习场域；内源性，即注重主体意识唤醒和内在力量激发；统整性，实现聚焦学科核心素养的教学目标、内容、评价的统整；创生性，导引学生在问题发现与提出、分析与求解中形成知识建构、思想方法、价值观念、情感情意；共享性，即在多元互动、展示交流中共享创生的过程与成果，享受有价值和情趣的课堂生活。

2020年，杨丽名师工作室进一步发展为省级名师工作室。聚合杨丽省、市、区名师工作室力量，我们将"创享课堂"的研究向"创享语文"纵深前移——系统建构小学创享语文实践范式，深入地践行语文学科育人价值。

我们期望能凝练一种语文教育理念，能构建一种彰显学科实践的语文教学新模式。创享语文强调语文学习注重实践体验、探究创生、共享共长，以学生语文核心素养发展为导向；创享语文着力创建互动融通、共振激发、个性激扬的生态场域，将教材单元转化为大情境、大任务统领的教与学单元，拓展学习的时空，让学生经历真实情境下的自主、融通、创生、共享的学习过程；创享语文通过场域与内容的创生，时间与机遇的赋予，实现学生语文素养的生长。

"创享语文"彰显了新时代的先进教育思想：一是"融合创生思想"，即通过多元融合实现语文教育的统整性，通过积极创生实现学科育人；二是"生态涵育思想"，即培育和谐的"教与学"的关系以及"教学与环境"的关系；三是"共享发展思想"，即以学生自我创生为前提，学生与学生之间、学生与教师之间的学习交互、思想交流、情感交融等，实现知识、能力、素养等全面发展。

贯彻《义务教育语文课程标准》（2022年版）精神，我们着力构建了彰显"语文核心素养导向的学科实践"特质的"创享语文133545"实践模型——"1"个核心目标：培育学生语文核心素养；"3"维学习空间：课堂学习创享、课外活动创享、特色社团创享；"3"类基本模型：语言思维型、语言审美型、

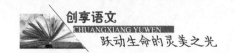

语言文化型；"5"个教学节点：预热点—启学点—点拨点—生成点—升华点；"4"种学习方式：自主体验、深度探究、仿创迁移、多元分享；"5"种育人策略：情境创生、多向融合、生态滋养、问题驱动、评价激扬。

从"创享课堂"到"创享语文"的实践探索，从"激扬生命"到"放歌生命"的价值提升，我们亮出了"创享语文"的教育主张——让儿童享受有价值和情趣的语文生活！并将这一主张化为了行动指南：

> 教学从儿童出发，让每个生命真切在场；
> 教学与生活链接，开掘素养生长的源泉；
> 教学以问题导航，点亮思维的个性之光；
> 教学重学导互动，知行统一获真知灼见；
> 教学重拓展延伸，洞开语文学习的时空；
> 教学促创生共享，让师生生命情韵流淌。

学无涯，教无止，研无尽。求教育之真，修幽兰之德，探创享之路，扬生命之帆。"创享语文"人必将坚守教育本真，倾情创建轻灵优美的课堂，以春风化雨般的情愫和智慧，轻叩和唤醒沉睡的心灵，把文明的种子播散在孩童纯美的心间，发掘成长的潜能，奏响生命的笛音。甘做质朴无华的教育耕耘者，如幽兰般贤德坚韧，在慎重弥久的践行中静待成长的香醇和芳香。

本书由"思想篇""实践篇""启示篇"三大主要板块构成。"思想篇"从语文教学的现实问题入手研判语文教育改革的发展方向，揭示从"创享课堂"走向"创享语文"的探索缘起，揭示创享语文的内涵、特征、价值，诠释创享语文的思想及主张。"实践篇"从内容创生、实践路径、生态场域、教学评价四个方面呈现"创享语文"的实践方略，展示鲜活的实践案例。"启示篇"以数据、案例、故事呈现学生成长、教师发展，实践基地及其他成果应用学校的发展变化，提炼创享语文的改革启示与发展规律，展望创享语文纵深探索前景。

本书各章节牵头人及撰稿人如下：

【第一章】牵头人：谭琳；撰稿人：谭琳、张悦悦、杨丽。

【第二章】牵头人：黄珂；撰稿人：黄珂、杨丽、刘佳、高敏敏、罗丝佳。

【第三章】牵头人：庾婷婷；撰稿人：庾婷婷、王媛、杨丽。

【第四章】牵头人：徐洪玉；撰稿人：徐洪玉、杨丽、张颖、杨洁、徐辰丞、朱宏芳、黄贺平、许雯雯；案例提供：张霞、黄贺平、徐洪玉、朱宏芳、张颖、张蕾、徐辰丞、王媛、文萍、杨洁、夏封丽。

【第五章】牵头人：黄玉军；撰稿人：黄玉军、唐建敏、杨丽。

【第六章】牵头人：陈燕；撰稿人：黄珂、刘佳、高敏敏、陈燕、李珍、王莉、谭琳、杨丽。

【第七章】牵头人：王媛；撰稿人：王媛、庾婷婷、杨丽；案例提供：唐建敏、王媛、李明镜、黄贺平、邓玉莲、曾会苏。

本书撰写得到了工作室首席顾问、《教育科学论坛》编辑部副主编张泽科先生的全程指导。在"创享课堂"到"创享语文"的研究历程中，有幸得到众多专家、领导的关心和指导——著名语文教育专家、华中师范大学教授杨再隋先生，江苏省教育科学研究院研究员、教育部基础教育课程改革指导组专家成尚荣先生，中国教育学会学术委员会顾问、《人民教育》原总编辑刘堂江先生，北京师范大学裴娣娜教授、华东师范大学李政涛教授、语文报社副社长裴海安先生，四川师范大学李松林教授、吴定初教授、张伟教授、张华教授、李江源教授、李华平教授，成都大学周小山教授、陈大伟教授，四川省教育学会小学语文教学专委会原副秘书长、乐山市教育科学研究所原副所长殷宗祥，四川省教育学会小学语文教学专业委员会常务理事、四川省教育科学研究院义务教育研究所副所长刘晓军，四川省教育科学研究院科研管理所王真东所长、杨贤科副所长，四川省教育评估院基础教育监测评估所汪桂琼所长，成都市教育科学研究院谭文丽副院长、大数据与监测评估所罗良建所长、教师发展所黄静梅所长、教育改革研究所陈宇燕副所长，成都高新区教育发展中心李建萍主任等，未尽列之，敬请见谅。最后，衷心感谢所有躬耕实践、热情传播"创享语文"的同仁们！

杨丽

2023 年 11 月 24 日